山东社会科学院出版资助项目

2021年度山东社会科学院博士基金资助项目

山东省社会科学基金项目"农村幸福院运行机制与优化路径研究"（17CRKJ01）

齐 鹏 著

中国城乡居民
基本
养老保险推进策略
研究

中国社会科学出版社

图书在版编目（CIP）数据

中国城乡居民基本养老保险推进策略研究／齐鹏著.—北京：中国社会科学出版社，2021.5

ISBN 978－7－5203－8004－1

Ⅰ.①中…　Ⅱ.①齐…　Ⅲ.①养老保险制度—研究—中国

Ⅳ.①F842.67

中国版本图书馆 CIP 数据核字（2021）第 038285 号

出　版　人	赵剑英
责任编辑	韩国茹　刘亚楠
责任校对	张爱华
责任印制	张雪娇

出　　版	中国社会科学出版社
社　　址	北京鼓楼西大街甲 158 号
邮　　编	100720
网　　址	http://www.csspw.cn
发　行　部	010－84083685
门　市　部	010－84029450
经　　销	新华书店及其他书店

印刷装订	北京市十月印刷有限公司
版　　次	2021 年 5 月第 1 版
印　　次	2021 年 5 月第 1 次印刷

开　　本	710×1000　1/16
印　　张	15.5
插　　页	2
字　　数	231 千字
定　　价	89.00 元

目　　录

第一章　绪论

第一节　研究背景及意义

一　研究背景

自 20 世纪 80 年代中期以来，中国工业化、市场化、城镇化不断推进，与之同时人口老龄化也持续加深，中国农村及城镇非就业人口老年人比重速生。而传统的家庭和土地养老模式已越来越不能适应城乡居民的养老实际，城乡居民养老问题日益成为突出的社会问题。党和政府审时度势，顺应社会需求，1992 年建立了老农村养老保险制度，以首先解决人数众多的农村居民的养老问题。但由于制度设计存在缺陷，尤其政府财政支持责任缺失，以至于 1999 年老农村养老保险不得不被清理整顿。随着国家经济财政实力增强①，2002 年以后，党和政府再度探索城乡居民基本养老保险制度，并鼓励有条件的地区先行探索。2009 年中央在总结各地探索经验的基础上决定在全国部分地区开展新型农村社会养老保险试点，试点 3 年实现制度全覆盖。同时，2011 年中央又开展了城镇居民社会养老保险试点，并于 2012 年实现制度全覆盖。与老农村养老保险试点相比，两项均制度试点取得了巨大成功。2014 年，党和政府为建设更加公平可持续的社会保险制度，决定将两项制度合并实施，建立统一的城乡居民基本养老保险制度。此次并轨迈出了中国养老保险一体化发展的重要一步，具有里程碑意义。然而，中国城乡居民基本养老保险发展时间比较短暂，

---

① 2009 年国家财政总收入 6.85 万亿元，是 1991 年 3610.9 亿元的 19 倍。

要实现持续发展还面临一些障碍和问题，如待遇给付、政策认同、经办能力如何提高？基金支付能力如何保障？基金监管如何高效？等等难点正是基于此，城乡居民基本养老保险成为当前中国养老保险建设研究的焦点、热点和前沿问题。也正是基于这种背景，本书对城乡居民基本养老保险相关问题进行研究。

二 研究意义

建立和发展城乡居民基本养老保险，对中国农村经济社会转型、统筹城乡发展等具有决定性意义，这是当前政府和社会所公认的道理。但是，国家实施城乡居民基本养老保险在中国是首次尝试，既没有适合国情的现成理论指导，也没有厚实的实践经验参照，这很不利于中国城乡居民基本养老保险制度的持续发展。而此处对城乡居民基本养老保险基金管理、经办及支付能力的研究恰能对这两方面有所贡献。一方面努力寻求理论研究突破，丰富和发展城乡居民基本养老保险理论体系，以便为城乡居民基本养老保险制度建设及实施提供理论指导；另一方面结合中国国情及农村经济社会发展实际，并借鉴国外经验，提出能解决和改善城乡居民基本养老保险制度设计及其实施问题的可行对策，以推进城乡居民基本养老保险制度健康发展。

第二节 基本概念及研究现状

一 基本概念

（一）社会养老保险

国内对社会养老保险的含义有几种代表观点。刘传济（1987）以法律权利为依据对社会养老保险作了阐释：按照国家法律规定，劳动者达到一定年龄，即依据法律规范丧失了劳动能力且解除了劳动义务，社会给予一定物质帮助[①]。侯文若（1991）基于老人权利保护对其作了界定：公民在年老失能而无法取得工作收入时，国家按

---

① 刘传济、孙光德：《社会保险与职工福利》，劳动人事出版社1987年版，第40页。

有关法律给予老人一定数量的收入补偿和物质帮助①。郑功成（1997）从制度方面对其作了解释：国家通过制定法律把劳动者养老纳入制度体系，由劳动者及其单位共同缴纳养老费用，形成社会保险基金，以解决退休劳动者晚年基本生活保障问题②。刘雄等（2006）从维护劳动者利益角度给出了定义：国家或用人单位在法律规定范围内，给予退休劳动者社会保险补偿，以保障其基本生活的制度③。曹信邦（2012）基于政府责任对其作了概括：国家以制定法律规范的手段向劳动者提供养老保障，并向劳动者及其单位强征保险费，待劳动者年老退休后再按一定标准支付养老金，以保障其基本生活的社会保险制度④。

综上分析，本书认为，社会养老保险是指国家和社会为保证劳动者在老年失能而无法取得收入时能获得基本生活保障，通过立法强制符合条件的单位和劳动者定期向保险机构缴纳部分收入，并与政府供给资金集中为养老基金，由保险机构管理运营，并在代际间或代际内统筹调配使用的社会保险制度。

（二）新型农村社会养老保险

新型农村社会养老保险一般是对 2002 年至 2014 年 2 月之间农村社会养老保险的称谓。其中，2002 年至 2009 年 9 月之间是全国各地对新型农村社会养老保险进行探索的时期，该时期各地农村社会养老保险普遍被称为"地方新农保"，不过有些学者也将其视作国家层面新型农村社会养老保险制度建立的探索阶段，统称为"新农保"，即新型农村社会养老保险。新型农村社会养老保险确立的标志是 2009 年 9 月中央颁布的《关于开展新型农村社会养老保险试点的指导意见》。即根据农村经济社会条件，保障水平低起步，在缴费和待遇上能与现实经济水平及各方承受力相适应，以基金筹集三方（个人、集

---

① 侯若文：《社会保障理论与实践》，中国劳动出版社 1991 年版，第 19 页。
② 郑功成：《论中国特色的社会保障道路》，武汉大学出版社 1997 年版，第 45 页。
③ 刘雄、张琪：《社会保险通论》，中国劳动出版社 2006 年版，第 30 页。
④ 曹信邦：《新型农村社会养老保险制度构建研究——基于政府责任的视角》，经济科学出版社 2012 年版，第 25 页。

体和国家）负担为基础且统账结合，保证农村居民年老时获得基本保障的社会保险制度。它的最大特点是财政支持。

（三）城镇居民社会养老保险

新型农村社会养老保险试点后，2011 年中央颁布了《关于开展城镇居民社会养老保险试点的指导意见》，这就是城镇居民社会养老保险（以下简称"城居保"）。即坚持低水平起步，资金筹集和保障标准与各地经济水平及各参与主体承受力相适应，以个人缴费和政府补贴为基础且统账结合，以保证城镇居民年老时能获得基本保障的社会保险制度。城镇居民社会养老保险与新型农村社会养老保险的制度模式，除缴费补助等有差异外，其他基本相同。

（四）城乡居民社会养老保险

为了建设更加公平可持续的社会保障体系，推进城乡统筹发展并实现城乡公共服务均等化供给目标，2014 年 2 月，国务院根据《中华人民共和国社会保险法》有关规定，在总结农村地区和城镇非正规就业居民社会养老保险试点经验及教训的基础上，颁布了两种制度并轨实施的指导性文件，即《关于建立统一的城乡居民基本养老保险制度的意见》（以下简称《意见》），决定将新型农村社会养老保险与城镇居民社会养老保险合并实施，建立统一城乡居民基本养老保险制度。即从城乡统筹发展出发，保证制度覆盖全体居民、能保障基本生活、制度设计有弹性、制度运行能保持可持续，并适应社会公平性和人口流动性要求，以基金筹集三方（个人、集体和政府）负担为基础，积极拓宽筹资渠道，实行统账结合，以保障年老城乡居民基本生活的社会保险制度。城乡居民基本养老保险在制度模式、筹资方式、待遇给付等方面与合并前的新型农村社会养老保险制度基本一致。

二　研究现状

（一）国内研究现状

国内关于城乡居民基本养老保险的研究主要集中于并轨前，而并轨后的研究并不是很多。但是，城乡居民基本养老保险是新农保与城居保的合并之物，并且与老农保存在难以割舍的联系，所以研究城乡居民基本养老保险问题对老农保、新农保、城居保都需有所关注，即研究必须以它们为基础。因此，国内相关研究综述如下：

1. 城乡居民基本养老保险制度建立必要性和可行性问题的研究

国内对城乡居民基本养老保险制度建立已成共识。张同利等（1996）认为，农村居民与城市居民的社保待遇差距大，前者相当于西方工业化初期水平，而后者类似现代福利国家水平，所以必须建立农村社保制度，以缩小城乡差距①。郑功成（2002）指出，在农村建立养老保险制度对保障老年人基本权益、发展农村经济、维护农村稳定和促进农村社会进步都有积极意义②。卢海元（2003）认为，中国全面建立农村养老保险制度的时机已成熟③。刘世锦（2008）也指出，城乡社保二元发展格局根本不适应城乡统筹发展，所以须加快农村养老制度建设④。郑功成（2011）指出，中国现行养老保险制度漏洞过大，部分群体还未被制度覆盖，所以必须根据不同群体特征建立不同的养老保险制度，形成包容全民和保障适度的多层次养老保险体系⑤。刘军民（2011）指出，建立城镇居民社会养老保险对调节收入分配、统筹城乡发展及实现城乡公共产品均等化具有重要意义⑥。

2. 政府在城乡居民基本养老保险制度中的责任问题研究

第一，政府担责已是共识。邓大松（2001）认为，政府必须承担

---

① 张同利、王坤：《我国农村社会保障制度的分析和设想》，《农业经济问题》1996年第7期，第20页。

② 郑功成：《中国社会保障制度变迁与评估》，中国人民大学出版社2002年版，第123页。

③ 卢海元：《中国农村社会养老保险制度建立条件分析》，《经济学家》2003年第5期，第36—41页。

④ 刘世锦：《构建城乡统一的基本养老保险制度》，《光明日报》2008年11月17日。

⑤ 郑功成：《中国社会保障改革与发展战略》，人民出版社2011年版，第4—12页。

⑥ 刘军民：《推进城镇居民养老保险建设的要点与要领》，《社会保障研究》2011年第5期，第26—27页。

社保建设的必要责任①。尚长风（2004）认为，政府担责是农村社会养老保险发展的关键②。曹信邦（2012）指出，农村养老保险长期缺失和不持续发展是政府责任长期模糊和责任推卸所造成的，农村养老保险发展不仅需要经济、人口及政治等条件，还需要制度供给的条件，各级政府只有落实财政责任才能使其有效运行，才能确保制度运行中基金收入与基金支出平衡③。第二，理论依据研究。杨方方（2006）认为，政府承担责任是由国家认同和政府公共职责决定的④。陈淑君（2009）认为马克思的"社会扣除理论"及社会保障性质为财政支持提供了理论依据⑤。邱云生（2011）认为，农村养老保险属于公共产品，仅靠市场无法供给，这要求政府利用权力优势和资源配置能力向农民自觉提供⑥。彭高建（2005）认为，个人在市场经济中的分享风险信息不对称使政府必须保障个人的安全⑦。第三，具体责任研究。陆解芬（2004）认为，政府在养老保险中应履行包括制度供给、财力支持和法律保障等责任⑧。李迎生（2005）认为，政府具体职责有：构建制度框架，提供多元财力支持，确保基金增值并完善监管，加强法制建设，创建社会环境，重视城乡均衡⑨。马雁军等（2007）指出，不同层级的政府在不同时空中承担的责任和负有的功

① 邓大松：《从公共政策的角度看政府在社会保障中的职能》，《经济评论》2001 第 6 期，第 53—55 页。

② 尚长风：《农村养老保险制度的财政学反思》，《南京大学学报》（社会科学版）2004 年第 5 期，第 20 页。

③ 曹信邦：《新型农村社会保险制度构建》，经济科学出版社 2012 年版，第 15—16 页。

④ 杨方方：《从缺位到归位——中国转型期社会保险中的政府责任》，商务印书馆 2006 年版，第 17—19 页。

⑤ 陈淑君：《新型农村社会养老保险的财政支持研究》，《学术交流》2009 年第 7 期，第 83—86 页。

⑥ 邱云生：《政府在新型农村养老保险机制构建中的角色定位》，《农村经济》2011 年第 6 期，第 69 页。

⑦ 彭高建：《中国养老保险责任问题研究》，北京大学出版社 2005 年版，第 12—13 页。

⑧ 陆解芬：《论政府在农村养老社会保险体系建构中的作用》，《理论探讨》2004 年第 3 期，第 24 页。

⑨ 李迎生：《论政府在农村社会保障制度建设中的角色》，《社会科学研究》2005 年第 4 期，第 30 页。

能须有侧重和区分①。第四，财政负担能力研究。杨翠迎等（1997）认为，在经济上和实践中，政府不可能提供充足财政供给以吸引农民参保②。而卢海元（2003）却认为，如果分期分批推进，只需政府财政收入的1%即可解决资金问题③。曹信邦等（2011）指出，地区不同农民的缴费和财政供给能力也不同，但保证财务收支总体平衡是没问题的④。可见，在财政负担能力方面还存在分歧。

3. 城乡居民基本养老保险制度模式选择问题的研究

郑秉文等（2001）认为，农村社会养老保险选择集体补助和国家政策扶持的个人账户积累制，因其既能规避西方福利国家的福利诟病，又能更好地协调城乡经济社会发展⑤。但反对者认为，如果选择基金积累制筹资模式，必将弱化甚至抹除国家和集体的责任，这不仅导致养老基金供给不足和保障水平低下，而且还会影响农民参保热情和制度建设，所以应由个人、集体和政府共同筹资。阳义南（2005）则对筹资路径或方式作了总结，即缴费筹资、缴税筹资和缴物筹资三种⑥。李剑阁（2007）提出，建立统筹账户与个人账户相结合制度，统一制定城乡养老保险转接制度⑦。孙志华（2009）提出，建立名义账户，落实政府责任，化解老龄化引发的基金不均衡⑧。吴航等（2009）指出，以账户为载体，以融资为核心，以政

---

① 马雁军、孙亚忠：《农村基本养老保障的公共产品属性与政府责任》，《经济经纬》2007年第6期，第111页。

② 杨翠迎、庹国柱：《建立农民社会养老金保险计划经济社会条件的实证分析》，《中国农村观察》1997年第5期，第23页。

③ 卢海元：《中国农村社会养老保险制度建立条件分析》，《经济学家》2003年第5期，第32页。

④ 曹信邦、刘晴晴：《农村社会养老保险的政府财政支持能力分析》，《中国人口资源与环境》2011年第10期，第129页。

⑤ 郑秉文、和春雷：《社会保障分析导论》，法律出版社2001年版，第150页。

⑥ 阳义南：《社会养老保险基金筹资机制改革的若干对策》，《农业经济问题》2005年第1期，第40—44页。

⑦ 李剑阁：《新型农村社会养老保险制度的发展方向与重点》，《决策咨询通讯》2007年第6期，第14页。

⑧ 孙志华：《新型农村养老保险模式选择》，《山东劳动保障》2009年第2期，第16页。

府兜底为保障，增强制度强制并激发参保积极性①。谭中和等（2011）指出，城居保必须坚持保基本和兜底原则，否则对城镇职工养老保险制度不利②。可见，农村社会养老保险模式选择仍未达成共识③。

4. 城乡居民基本养老保险基金管理运营问题的研究

刘贵平（1999）认为，农村养老保险基金市场信托管理可有效避免政府垄断经营的低效弊端④。赵殿国（2004）认为，农村养老保险管理机构既是基金管理者，也是基金运营者不符基金运营规律，必须建立国家和省级基金受托机构，集中管理基金投资运营，省级托管机构的建立应选择基金积累规模比较大和人才过硬的省份，而县级机构只能负责基金征缴、发放和收益分配⑤。尚长风（2004）借鉴国外经验提出了公私合作的 PPP 模式，即商业公司以投资运营方式负责基金保值增值，而政府和参保者只负责按时交保费和对商业公司投资监管⑥。秦建文等（2006）指出，可委托商业保险机构代理基金征缴⑦。刘子兰（2003）认为，基金管理和投资运营必须两线操作，市场运营是投资的主要方式⑧。牟放（2005）指出，基金既要多元投资，也要省级封闭管理，政府兜底⑨。柴文莉（2012）指出，城居保制度不

① 吴航、窦尔翔：《新型农村社会养老保险制度的筹资机制创新探讨》，《深圳大学学报》（人文社会科学版）2009 年第 3 期，第 64 页。

② 谭中和、赵巍巍：《补上城镇居民老无所养的"短板"》，《中国社会保障》2011 年第 7 期，第 47—48 页。

③ 华迎放：《新型农村养老保险制度建设研究》，中国劳动社会保障出版社 2013 年版，第 45 页。

④ 刘贵平：《养老保险的人口学研究》，中国人口出版社 1999 年版，第 145 页。

⑤ 赵殿国：《农村养老保险的基金管理与风险控制》，《中国劳动保障报》2004 年 9 月 23 日。

⑥ 尚长风：《农村养老保险制度的财政学反思》，《南京大学学报》（人文社会科学版）2004 年第 5 期，第 20 页。

⑦ 秦建文、石伟文：《农村社会养老保险的问题与对策》，《改革与战略》2006 年第 6 期，第 103—104 页。

⑧ 刘子兰：《中国农村养老社会保险制度反思与重构》，《管理世界》2003 年第 8 期，第 26 页。

⑨ 牟放：《完善我国农村养老保险制度的政策建议》，《中央财经大学学报》2005 年第 5 期，第 30 页。

合理，缴费档次吸引力不足，基金监管体制存在道德风险，并提出了相关的对策①。薛惠元（2012）针对城居保提出了基金筹集、增加参保率等六方面改进建议，主张提高统筹层次，以便基金收益提高②。郭嘉儒（2014）指出，城居保保障水平低且激励差、统筹层次低、筹资渠道单一、监管不完善等，并提出了相关具体对策建议③。薛惠元等（2015）指出，未来城乡居民基本养老保险个人账户基金收支将出现缺口，必须调整现行制度的养老金计发系数、提高个人账户记账利率及设立基金支付风险储备金等④。邓大松、仙蜜花（2015）提出，养老保险基金的安全性和收益性直接关系到参保人的切身利益，由于统筹层次较低，大部分地区的城乡居民基本养老保险基金仍是县级管理。在由县级管理向省级管理的过渡过程中，存在影响基金安全性的因素。同时，国内众多县级城乡居保管理机构导致管理成本的增加，加重地方政府支出负担。由于没有出台具体的投资运营细则，为保证基金的安全性，城乡居民基本养老保险基金目前的投资渠道主要是存入银行或购买国债，因此收益率较低⑤。

5. 城乡居民基本养老保险经办管理服务问题的研究

第一，加强经办管理能力建设研究。邓大松等（2010）建议，基层县乡村要形成垂直管理体制，县要设立管理中心，乡镇设立劳保所，村里要安排负责保险日常事务的协管员，三级管理服务要连接和互动⑥。张慧祯等（2010）建议，县乡应加大投入，扩大办公场所，

---

①　柴文莉：《城镇居民养老保险试点政策研究及建议——基于不完全保险理论》，《人民论坛》2012 年第 9 期，第 20 页。

②　薛惠元：《城乡居民养老保险制度六题待解》，《中国社会保障》2012 年第 6 期，第 30 页。

③　郭嘉儒：《城镇居民养老保险制度中存在的问题及其完善》，《理论学习》2014 年第 7 期，第 57—59 页。

④　薛惠元、仙蜜花：《城乡居民基本养老保险个人账户基金收支平衡模拟与预测——基于个体法的一项研究》，《当代经济管理》2015 年第 10 期，第 82—90 页。

⑤　邓大松、仙蜜花：《新的城乡居民基本养老保险制度实施面临的问题及对策》，《经济纵横》2015 年第 9 期，第 43 页。

⑥　邓大松、薛惠元：《新型农村社会养老保险制度推行中的难点分析》，《经济体制改革》2010 年第 1 期，第 40 页。

配备必需办公设备①。张建伟（2010）指出，要保证经办顺利高效，必须加强经办人才培养和建设，要让懂精算、懂操作技术而又能与本岗位适应的人才入驻岗位②。丁元竹（2010）指出，加强信息建设，建立全国统一信息信统③。郭嘉儒（2014）认为，城居保经办责任主体单一、效率低、经办力量以及专业水平低、账户管理不规范等问题，建议经办管理多主体参与、优化经办体制、完善社会参与等④。第二，加强农村金融服务体系建设的研究。卢元海（2010）建议，明确农村金融服务机构资质条件及其职责；鼓励金融机构在农村开设服务网点；明确农村金融服务机构与经办机构的业务关系及职能；做好农村金融机构与新农保信息管理系统的衔接；明确农村金融机构在基金管理中的职责和功能；构建农村金融机构管理体制及彼此竞争与合作关系⑤。第三，加大新农保宣传力度。邓大松等（2010）认为，宣传要吸引居民参与，多形式宣传⑥。石美遐等（2010）认为，宣传要突出政策精神及内容，调动农民的参保积极性⑦。卢海元（2010）认为，要加强交流培训，可通过各种形式的座谈会、现场会等加强经办业务交流，重点是对形势目标的认识、政策创新、宣传动员、组织管理、长效机制设计、经办管理服务方面的经验，不断把试点引向深入⑧。阙祥才

---

① 张慧祯、陈炳枝：《关于建立新型农村养老保障制度的探索》，《科技和产业》2010年第 5 期，第 56 页。

② 张建伟：《中国农村社会养老保险制度转型与发展》，《中央财经大学学报》2010年第 5 期，第 30 页。

③ 丁元竹：《当前新农保制度建设中的主要问题与对策》，搜狐网，http：//news. sohu. com/20100304/n270569434. shtml。

④ 郭嘉儒：《城镇居民养老保险经办管理机制存在的主要问题及其改善路径》，《长江论坛》2014 年第 3 期，第 47—50 页。

⑤ 卢元海：《我国新型农村社会养老保险制度试点问题研究》，《毛泽东邓小平理论研究》2010 年第 6 期，第 23 页。

⑥ 邓大松、薛惠元：《新型农村社会养老保险制度推行中的难点分析》，《经济体制改革》2010 年第 1 期，第 41 页。

⑦ 石美遐、王丹：《推进我国新型农村养老保险试点工作的建议》，《国家行政学院学报》2010 年第 3 期，第 18 页。

⑧ 卢元海：《我国新型农村社会养老保险制度试点问题研究》，《毛泽东邓小平理论研究》2010 年第 6 期，第 23 页。

等（2014）从政策认知、情感评价及行为取向三个方面对城镇居民参保意愿做了研究，认为城镇居民政策认知少、满意度低、参保意愿不高，所以须加强政策宣传，适当调整制度设计，公开基金信息，提高城镇居民信任度①。可见，对城乡居民基本养老保险经办管理服务的研究视角普遍多样化。

6. 城乡居民基本养老保险可持续问题的系统性研究

赵庆国（2004）指出，农村养老保险要保持可持续就必须对其存在的制度环境、基金收益、城乡统筹、城乡制度衔接等问题进行系统解决，并提出了包括可持续性指标体系和指标评价体系的评价标准等②。张国平（2006）基于制度建设对新农保发展提出了法律保障、财力支持、基金保值增值、风险担保、个人账户弹性及法律救济等对策③。寇铁军等（2011）从制度与财政角度提出了新农保可持续发展对策，如构建制度与公共财政相互作用机制、实施财政风险管理、根据地区经济差异建立财政差别支持机制、完善财政监督等④。梁永郭等（2011）针对新农保可持续发展，在筹资、参保率及衔接等方面提出了对策⑤。贾晓华等（2012）基于经济视角对新农保可持续发展也提出了一些具体对策，如提高农村居民参保意识和参保能力、制度化各级财政责任、完善法律制度等。⑥ 有些学者还对新农保非制度因

---

① 阙祥才、夏梦：《城镇居民参与养老保险的态度及其影响因素分析》，《统计与决策》2014 年第 1 期，第 96 页。

② 赵庆国：《农村社会养老保险的可持续性问题研究》，博士学位论文，沈阳农业大学，2004 年，第 2—3 页。

③ 张国平：《新型农村基本养老保险制度模式可持续发展机制建设》，《经济研究参考》2006 年第 55 期，第 34 页。

④ 寇铁军、苑梅：《农村社会养老保险可持续发展研究》，《财经问题研究》2011 年第 1 期，第 99—100 页。

⑤ 梁永郭、王小春、于媛媛：《河北省新型农村社会养老保险可持续发展研究》，《安徽农业科学》2011 年第 19 期，第 32 页。

⑥ 贾晓华、徐世江：《农民参与新农保的可持续性分析》，《中国经贸导刊》2012 年第 12 期，第 38 页。

素如人口、政治、文化等做了研究并提出了对策，如成志刚等（2010）①、刘向红（2011）②、郭士征（2006）③等，不过非制度视角研究相对较少，这不符合社会保险也是一国文化、道德价值及政治制度等产物的事实。

7. 城乡居民基本养老保险制度成效问题的研究

王美桃（2014）认为，并轨后的城乡居民基本养老保险打破了城乡公共服务供给的二元制，降低了农村劳动力向城市转移的幅度，有助于完善劳动力市场、增强公众信心、提高社会稳定性，有助于应对老龄化挑战。此外，制度的并轨也降低了制度运行成本，提高了制度运行效率，从而增强了制度的可持续性④。薛慧元、邓大松（2015）指出，改革开放以来，城乡居民基本养老保险制度方面取得了如基本实现基本养老保险制度全覆盖，基本养老保险参保人数逐年增多，基本养老保险基金收支规模及基金积累数额不断增大，稳步推进个人账户试点，全面实现省级统筹等成就⑤。

（二）国外研究现状

国外多数国家实行城乡一体的养老保险制度，城乡差别不大，专门针对农村居民养老保险的研究较少。但是，关于城乡一体养老保险的研究，在某种程度上也反映着城乡居民基本养老保险实践的一般规律和特点。

1. 社会养老保险制度体系多元化问题的研究

蒂特姆斯提出了福利分工说，认为福利不仅仅是政府以社保直

---

① 成志刚等：《影响农村社会养老保险制度发展的非经济因素——基于 PEST 模型的分析》，《湖南师范大学社会科学学报》2010 年第 2 期，第 34 页。

② 刘向红：《影响新型农村社会养老保险可持续发展的若干制约因素》，《农业经济》2011 年第 8 期，第 58 页。

③ 郭士征：《可持续发展养老保险制度的外部环境分析》，《上海财经大学学报》2006 年第 1 期，第 60 页。

④ 王美桃：《我国城乡居民基本养老保险制度一体化问题探讨》，《中国财政》2014 年第 2 期，第 40 页。

⑤ 薛惠元、邓大松：《我国养老保险制度改革的对策建议》，《经济研究参考》2018 年第 48 期，第 49 页。

接供给或以财税优惠间接供给的福利，也反映不同群体资源配置的结果。按照这种设想，社会养老保险制度应包括政府和非政府两种形式。1994 年世界银行针对养老保险改革提出了"三支柱"养老保障方案：第一支柱即现收现付制的养老保险；第二支柱即完全基金积累制的职业年金；第三支柱即基金积累制的参保者自我储蓄。认为随着人口老龄化加剧，由政府举办的养老保险正经受来自政治和财政的双重压力，这种压力将使制度运行很难保持稳定持续。而通过制度体系多层次建设既能减轻政府财政负担，又可分散政治和养老金支付风险，为老年人提供稳定保障①。2005 年世界银行又把"三支柱"扩展为"五支柱"：零支柱即非缴费型最低保障；第一支柱即与就业关联的缴费型养老保险；第二支柱即以立法强制的储蓄职业年金；第三支柱即劳动者单位组织的个人储蓄；第四支柱即家庭成员形成的保障。而有人认为多支柱不一定会减轻政府负担，相反还因制度复杂化而增加成本及风险②。尽管存在争议，但多支柱保障目前还是被许多国家接受并付诸实践或正在实践，养老保险体系由单一化走向多元化。

　　2. 社会养老保险筹资模式选择问题的研究

　　养老保险筹资模式包括现收现付制和基金积累制。从消费储蓄配置看，现收现付制是参保者在工作期间以缴费形式储存养老金，当年老退出劳动后再领养老金消费的代际分配制度，而基金积累制是参保者在工作期间积累部分工资，待年老退出劳动后再消费的个人生命周期内的收入安排制度。究竟选择哪种模式既关系制度能否持续运行，也关系经济增长、储蓄、劳动力供给等问题。因此，面对 20 世纪 70 年代后人口老龄化和经济增长放缓所引发的财政危机和政治压力，国外学界一度在筹资模式选择上展开了争论。具体表现在以下几个方面：一是制度选择与经济储蓄间关系的争论。戴蒙德（1965）认为，

----

① 李珍：《社会保障概论》，中国劳动社会保障出版社 2007 年版，第 149 页。

② 李珍、孙勇永、张昭华：《中国社会养老保险基金管理体制选择》，人民出版社 2005 年版，第 18 页。

现收现付制不减少储蓄，只是储蓄形式发生了变化或转移而已，且基金收益率也不会下降①，同时，巴罗（1974）基于利他生命周期模型也提出了与此相似的思想和观点②，而巴尔（2000）更得出基金积累制既不增加储蓄投资，也不促进经济增长的结论③；相反，科特里科夫（1987）根据世代交叠 CGE 模型，阐述了积累制选择对经济、储蓄、劳动力供给以及国民福利增进的优势④，同时米歇尔和扎尔迪斯（1996）以美国社会保障制度为例，对不转轨积累制所造成的严重后果作了实证分析⑤。二是制度选择与劳动力供给间关系的争论。世界银行和费尔德斯坦（1974）认为，积累制在增加市场劳动力供给和降低劳动生产率方面相比现收现付制更具明显优势⑥，国际劳工组织也持有与其相同观点；但巴尔（2000）认为，无论是现收现付制还是积累制都会对市场劳动力供给造成不利影响，究竟选择哪种模式，要以福利最优为原则，如果市场劳动力增加导致生产效率降低，那么现收现付制仍是最佳选择⑦。三是制度选择与人口老龄化间关系的争论。世界银行和普雷斯科特认为，现收现付制不具有缓解老龄化对制度负面作用的优势和功能，只增加基金支付压力和财政赤字⑧，而积累制却具有应对这些问题的优势和功能⑨；国际劳工组织认为，现收

① Peter A. Diamond，"National Debt in a Neoclas Sical Growth Modal"，*The American Economic Review*，Vol. 55，1965.

② Barro，R. J.，"Are Government Bonds Net Wealth？"*The Journal of Political Economy*，Vol. 82，No. 6，（November/December），1974.

③ Barr，Nicholas，"Reforming Pensions：Myths，Truths，and Policy Choices"，*IMF Working Paper*，WP/00/139，2000.

④ 苑梅：《我国农村社会养老保险制度研究》，东北财经大学出版社 2011 年版，第 9 页。

⑤ Mitchell，O. S.，Stephen Zeldes，"Social Security Privatization：A Structure for Analysis"，*AER*，Vol. 92，No. 3，pp. 396，367，2002.

⑥ 谢琼：《筹资模式之争与养老保险的可持续发展》，《广东社会科学》2007 年第 3 期，第 197 页。

⑦ Barr，Nicholas，"Reforming Pensions：Myths，Truths，and Policy Choices"，*IMF Working Paper*，WP/00/139，2000.

⑧ 世界银行：《老年保障》，中国财政经济出版社 1998 年版，第 67 页。

⑨ 郑秉文：《普雷斯科特的社会保障理论》，《中国社会保障》2005 年第 2 期，第 68 页。

现付制和积累制都不可避免老龄化对养老金负担的加重①。四是制度选择与基金收益安全间关系的争论。世界银行认为，如果基金受到强制干预，收益率将低于银行存款利率或人均收入增长率②；费尔德斯坦（1974）认为，积累制下基金收益率会高于经济增长率③；但戴蒙德（1984）认为，要使收益率持续高于经济增长率，就必须使经济保持动态变化，但这很难维持且风险也很高④；萨纽尔森（1958）认为，现收现付制下纯储蓄经济的养老储蓄利率与人口增长率相同⑤；艾伦（1966）认为，基金收益高低取决于人口增长率和劳动生产率，现收现付制下基金收益率等于劳动力增长率和净工资增长率之和⑥。五是制度选择与成本收益间关系的争论。积累制者认为，积累制在提高收益率、规避政府责任风险、拓宽融资渠道及强化个人责任等方面比现收现付制具有优势；而现收现付制者认为，养老基金运营成本将高于制度运行成本，政府为基金运营支出的费用远高于现收现付制投入⑦。六是制度选择与公平间关系的争论。世界银行认为，现收现付制将产生代际不公平，违背社保公平精神⑧。而艾伦（1966）认为，现收现付制能实现代际帕累托最优，而积累制却使代际生命周期效应跨时递减⑨，而且前者还能通过再分配消除贫困、减少不平等及维护

---

①　谢琼：《筹资模式之争与养老保险的可持续发展》，《广东社会科学》2007 年第 3 期，第 197 页。

②　同上书，第 198 页。

③　袁志刚：《养老保险经济学》，上海人民出版社 2005 年版，第 45 页。

④　Diamond，Peter A.，"Individual Retirement and Saving Behavior"，*The Journal of Public Economics*，Vol. 23，No. 1/2（February/March），1984.

⑤　Samuelson，Paul A.，"1958 An Exact Consumption—Loan Model of Interest With or Without the Social Contrivance of Money"，*The Journal of Political Economy*，Vol. 66，No. 6（December），1984.

⑥　杨立雄：《对社会保障私有化存在的几个误区》，《中国人口科学》2005 年第 4 期，第 45 页。

⑦　郑秉文：《普雷斯科特的社会保障理论》，《中国社会保障》2005 年第 2 期，第 45 页。

⑧　谢琼：《筹资模式之争与养老保险的可持续发展》，《广东社会科学》2007 年第 3 期，第 198 页。

⑨　Aaron，Henry J.，"The Social Insurance Paradox"，*Canadian Journal of Economics*，Vol. 32，（August），1966.

社会稳定等。

3. 社会养老保险账户模式选择问题的研究

从账户性质看，政府建立的养老金账户模式可分为公共和个人两种。公共账户模式就是指将养老保险筹集的资金全部存入公共账户，形成公共养老金，政府及相关部门根据当年或一定时期的社会需求，并依据一定标准对这些资金进行统筹规划和配置，其最大特点是风险共担和注重公平，常与现收现付制联系；个人账户模式是指将养老保险筹集资金全部存入个人账户，形成积累基金，其最大特点是激励强和效率高，常与积累制联系。对于账户模式选择，国外也一直存在激烈的争论。个人账户派认为，个人账户资金归私人所有，所有人有权从该财产中获益，也可将其转让或委托给别人，法理上能实现剩余索取权和剩余控制权的统一，在市场条件下唯有依靠私有产权才能提高或保证效率提高，避免人们所谓的"搭便车"等行为；而公共账户派认为，选择个人账户模式必然影响养老保险的公平性，同时还要承担基金保值增值和人口寿命延长等风险压力。

4. 社会养老保险缴费模式选择问题的研究

养老保险缴费模式可分为既定给付制和既定供款制。既定给付制与既定供款制的选择实质是养老金责任和风险承担者的选择。既定给付制养老金是由制度在劳动者参保前按一定公式计算好的，风险全由制度承担；既定供款制养老金是由个人账户积累决定的，即个人供款越多养老金就越高，风险由个人承担。既定给付制向既定供款制转变实际是养老金责任由政府向个人转移①。而对于缴费模式争论，既定给付制者认为，既定给付制有保险大数法则和概率论作依据，通过风险共担机制不仅能增强参保者生活安全感和保障参保者收入，而且还能促进社会利益公平分配②；而既定供款制者认为，参保者待遇必须与其缴费贡献相适应，这样才能提高社会成员参与积极性，否则不仅

① 李珍、孙勇永、张昭华：《中国社会养老保险基金管理体制选择》，人民出版社2005年版，第22页。

② ［美］肯尼斯·布莱克、哈罗德·斯基珀：《人寿保险》（下册），北京大学出版社1999年版，第2—4页。

会使制度不公平，而且还影响其持续性①。

5. 社会养老保险基金管理体制与管理效率问题的研究

养老保险管理体制可分为集中管理和分散管理两种形式。集中管理就是指将筹集到的基金集中起来交由专门机构管理，其理论依据是个人在市场中的认知和获取信息的能力是有限的，难以对基金管理做出正确选择或决策，容易导致基金损失或不公交易，而集中管理不仅能避免这些，而且还能获得规模效益并降低管理成本；分散管理就是指将筹集到的基金分别交由不同机构管理，其理论依据是：这样不仅利于市场竞争，而且还避免因集中管理而滋生腐败和官僚主义，导致管理效率不高②。20世纪80年代后，因受福利危机影响，国外在基金管理服务方面普遍引入市场机制，以刺激管理效率提高。鲍尔（1978）在《社会保障：今天与明天》中阐述了美国社保及私人养老金计划发展③；埃斯平总结了斯蒂芬斯（1992）在《斯堪的纳维亚福利制度：成就、危机与展望》中所指出的，瑞典福利服务中私人服务的替代性选择表明社会政策理念正发生重大变化，私人服务可能导致福利制度在多元需求方面更具灵敏性，使福利服务不仅可通过私人选择实现，而且还可通过刺激公共部门服务多元性和灵敏性实现④；希佩（1993）在《劳工运动、社会政策与挪威的职业福利》中也指出，挪威公共福利与行业福利间的联系更具复杂性和多样性，在其福利制度中不仅有公共实体经济也存在私营经济组织，所以挪威福利经济形式实质是混合经济体，而不单纯是公共福利经济⑤；吉登斯（1998）在分析福利制度弊病时也指出，传统自上而下的福利分配单纯保护和

---

① 李珍、孙勇永、张昭华：《中国社会养老保险基金管理体制选择》，人民出版社2005年版，第18页。

② 同上书，第23页。

③ Ball, Robert M., *Social Security：Today and Tomorrow*, New York：Columbia University Press，1978.

④ ［丹麦］戈斯塔·埃斯平：《转型中的福利国家——全球经济中的国家调整》，杨刚译，商务印书馆2010年版，第91页。

⑤ 杨翠迎：《农村基本养老保险制度理论与政策研究》，浙江大学出版社2007年版，第33页。

照顾的动机无法向个人提供更多的自由空间，某些福利机构存在服务效率和群众满意度很低、福利服务与制度目标不符等问题，要解决这些问题，就必须发挥第三部门福利服务作用，变传统自上而下的福利供给为更地方化的福利分配体制①。

6. 农村社会养老保险问题的专门研究

国外对农村养老保险问题的专门研究比较少，从检索的文献看，主要集中在以下几个方面：一是城乡居民养老权利平等问题的研究。国外学者普遍坚持城乡居民养老权利平等的观点，这与目前国外农村居民与城市居民普遍共处同一制度是契合的。二是制度建立的时间及当时的经济社会条件问题的研究。大多数学者认为农村和城市制度建立时间是不同步的，一般是农村建立的时间比城市晚，这是由经济发展规律所决定的，而且经济条件一般是本国 GDP 达到 2000 美元以上，但也不完全是这样，一些国家由于受本国国情及社会政策影响，往往 GDP 还未达到上述水平就确立了农村养老保险，如瑞典、葡萄牙、西班牙等国，当时经济水平普遍低于中国 1999 年的水平，这说明制度确立与否与经济也并不直接相关。三是政府在农村养老保险中的责任问题研究。普遍认为，政府在制度中须担责任，尤其是财政责任，当然还包括制度供给、法律保障、兜底责任承担等。四是如何对待农民工养老问题的研究。普遍认为，应把农民工纳入城市养老保险，并提出了充足理论依据，如职业与保障同步、福利权益城乡平等等。而且还指出，政府在制定农民和农民工养老保险政策时一定要统筹考虑农业经营转型和城市化发展，以使二者相辅相成。另外，国外近几年还对不同国家农村社保进行了比较研究，主要是由世界银行和国际社保协会组织的，研究覆盖了亚非拉许多国家和地区，涉及农村养老保险在这些国家和地区发展的现状、特征、实施效果及未来趋势等许多方面，而且还针对不同国家问题提出了多元创新的路径。此外，发展中国家还面临制度不完善、保障层次单一及法制化程度低等

---

① ［英］安东尼·吉登斯：《第三条道路：社会民主主义的复兴》，郑戈译，北京大学出版社 2000 年版，第 117 页。

问题。其中，国外对中国的研究主要集中在新农保方面，具体涉及的问题有制度是否要建立及条件是否具备、设计是否科学以及制度在农村居民养老中的地位和作用等，而对政府补贴的研究不多。

（三）研究评析

1. 国内研究评析

中国城乡居民基本养老保险制度化发展后，国内对其研究日渐增多，尤其是在新型农村社会养老保险探索试点建设以来更是热火朝天，主要围绕制度设计及实施存在的问题而展开，如制度合理性、基金可持续性、财政补贴、经办体制及服务、实施效果等问题。但不难发现，除对少数问题，如制度要不要建立、基金运营、制度价值等有共识外，多数学者对中国养老保险制度建设及其实施存在的问题普遍意见不一，仁者见仁，智者见智。而对共识问题，如制度法制化、捆绑参保、保障水平等问题，本书认为也存在一些欠合理之处。归结起来主要有以下几点不足：一是研究中或隐或显地表现出"西方化"的思路和要求，而更多地忽视了对中国国情，尤其农村实际的深入分析和探讨，这必然导致对目前中国城乡居民基本养老保险部分制度设计及实施举措的不合理结论，当然这不是普遍的，但也不少。本书认为，对中国城乡居民基本养老保险问题研究必须紧抓的首要原则是基于国情及农村实际。只有这个问题搞清了才能真正理解当前中国养老保险制度设计及实施举措的精神，才能准确判断其合理与否。二是对问题分析不少，但多半是碎片化爆发，头疼医头、脚痛医脚，而对这些问题的整体改进方案却不多，尤其结合中国城乡统筹发展或一体化的方案更是少见，结果研究的实践价值下降。三是研究视角更多基于的是经济和制度，而在两者外的视角非常少，忽视了城乡居民养老保险涉及因素广且学科杂糅的事实，如跨学科研究和关注非经济和非制度因素影响的研究非常少，研究结果只反映了居民养老保险问题根源的"半边天"。四是研究方法定性多而定量少，定性研究重复较多，并且提出的一些对策或办法常缺乏可操作性，同时研究还存在地区不平衡现象，更多是对发达地区的研究，而对欠发达地区研究力度不够，即便有的作了一些研究，也局限于制度的某个方面，这使结论常只揭示或解决问题的一面而不能兼顾另一面。因此，中国城乡居民基本养老保险研究仍有必要，尤其在当前并轨之后，需要立足实际对其存在的问题再研究，以推动其更好地持续发展。

2. 国外研究评析

国外养老保险研究可谓非常成熟和深入，尤其是发达国家，其内容更全面、方法更多样。国外主要围绕制度体系多元改革、筹资缴费模式、账户模式、管理体制及管理效率等问题展开，这些对当前中国城乡居民基本养老保险实践及理论研究都有借鉴意义。归结起来主要有以下几方面：一是政府在制度中如何利用政治权力优势和资源配置能力支持城乡居民基本养老保险发展。具体可分解为：政府要担责、如何担责、担责的比例限度如何等。国外学者对这些问题有比较深入的阐释，而中国学界到目前为止还未给出切合实际的回答。二是城乡居民基本养老保险发展走多元道路已是国外学者和政府的普遍共识。只有如此，才能有效应对农村老龄化及经济财政压力问题，中国应从中吸取经验和教训，在中国城乡居民基本养老保险发展中，事先做好多元制度构建、制度模式选择及相关机制安排。但因国情及农村经济社会的复杂现实，中国如何做到这点，生搬硬套是不行的，绝不能像有的学者那样总是用国外的养老保险理论和办法来给中国城乡居民基本养老保险问题出医治方案，其结果只能脱离实际而难以奏效。三是国外在社保城乡统筹或一体化发展方面已取得成功，如实现了城乡及群体协调等，但中国在这方面做得还不足，未来应做哪些工作，特别是当前中国城乡居民基本养老保险已迈出了重要一步，而后续工作该如何推进，如基金投资运营问题该如何解决？一体化如何体现城乡公平？经办管理服务如何做到有效率？等等，国外经验对上述问题可能会有所启示，但具体方案仍需学界结合中国实际深入研究，这也是本书研究的重要内容。四是国外对城乡居民基本养老保险政策认同问题也多有关注和研究，特别是在他们的政策设计中，都能看到政策认同的融入，如让居民参与管理服务并享有权利、待遇给付方式符合多元化需求、筹资的责任分担尽量合理、对农村人口划分细致并针对不同群体施以不同的参保办法等，这些都体现了国外对居民政策认同在养老保险发展中作用的重视。一项政策若不能被目标对象普遍认同，其实施效果可想而知。而中国目前在这方面，无论是学界研究还是政府城乡居民基本养老保险政策设计做得都很不充分，基本是缺失掉了对这方面的考虑，其负面影响正在实践中显现。当然，国外养老保险的发展也并不完美，但重要的是中国如何从中得到更有益的启发和借鉴，以促进中国城乡居民基本养老保险的持续发展。

第三节 研究问题及方法

一 研究问题

（一）为什么进行新型农村社会养老保险探索试点？5 年多来的试点状况又是怎样的？与老农村养老保险相比，新型农村社会养老保险制度的特点又是什么？新型农村社会养老保险制度的建立有何意义？

（二）进行新型农村社会养老保险试点的同时，为什么还要开展城镇居民社会养老保险试点？城镇居民社会养老保险试点实施的状况又是怎样的？城镇居民社会养老保险制度建立的意义是什么？

（三）为什么新型农村社会养老保险与城镇居民社会养老保险两种制度要并轨？并轨的状况与效果如何？并轨的意义又是什么？与新型农村社会养老保险相比，城乡居民基本养老保险制度特点又是怎样的？

（四）城乡居民基本养老保险并轨后，解决或缓解了并轨前的哪些问题？并轨后城乡居民基本养老保险制度及实施中还存在哪些问题？这些问题对制度的实施又各自产生了什么负面影响？它们的成因分别是什么？

（五）国外城乡居民基本养老保险制度模式、体系构成及特点是怎样的？它们的制度共性及当前发展的趋势又是什么？它们对解决中国城乡居民基本养老保险存在的问题有哪些启示？

（六）在分析中国城乡居民基本养老保险问题及成因、分析国外城乡居民基本养老保险制度共性、发展趋势，以及对中国城乡居民基本养老保险启示的基础上，结合中国实际，深入思考：如何推进城乡居民基本养老保险健康持续发展？

二　研究方法

（一）文献分析研究法

通过中国知网，收集、查阅和梳理国内外相关资料，如电子版著作、期刊论文及权威杂志、知名报纸及优秀博硕学位论文；通过网络下载，中央政府和部分地方政府有关中国城乡居民基本养老保险各类政策文件、法律法规、各类报告、公报及权威网站媒体报道、网络文章、数据资料等，以及部分年份国家统计局、人保部、民政部、卫计委等出版的各类年鉴等；通过图书馆借阅或购买部分著作及权威报告等。这些为本书研究提供了坚实文献支撑。

（二）比较分析研究法

通过与老农保制度的对照和比较，分析了新农保的制度特点以及制度建立的意义；通过比较城乡居民基本养老保险与新农保、城居保的筹资模式、补贴方式、缴费办法及基金管理等，分析了城乡居民基本养老保险的制度特点及制度建立的意义。同时，比较分析了各级政府财政城乡居民基本养老保险基金筹资能力、全国各地区城乡居民基本养老保险基金支付能力、不同缴费档次和不同参保年龄城乡居民待遇收益公平、不同地区城乡居民待遇公平、不同地区政府补贴分配公平及城乡居民基本养老保险与城镇职工养老保险待遇差距等问题。另外，根据中国实际情况，选择了日本、瑞典、智利及巴西四种养老保险模式，对它们作了比较分析。日本属东方儒家文化圈，养老保险公平取向明显，制度体系多层次且统分结合；瑞典是"福利橱窗"国家，养老保险制度非常完善，与经济发展及人口老龄化趋势适应能力比较强；智利养老保险基金实行完全基金积累制，养老金市场投资运作效率比较高，其养老保险制度被世界誉为"智利模式"，受到高度关注；巴西作为金砖国家，农村人口比较多，农村居民养老金制度保障水平比较低，与中国很类似。

（三）定量分析研究法

基于《意见》及相关统计数据，运用养老保险年金现值精算模型，并使用数学叠代计算方法，对中国城乡居民基本养老保险不同缴费档次、不同参保年龄城乡居民的养老保险待遇收益公平做了精算分析。

（四）访问调查研究法

根据研究需要，对中国城乡居民基本养老保险缴费、待遇、经办服务及政策认同等方面问题做了实地走访。走访滨州市社会保障服务大厅工作人员 3 名、惠民县社会保障局工作人员 2 名、济南市天桥及历城社会保障局工作人员 2 名、姜楼镇社会保障所工作人员 1 名。同时，还实地走访了姜楼镇某村 221 位农村居民、山大路利农社区 20 名城镇居民等。

第四节　研究内容及创新

一　研究内容

第一章"绪论"。说明选题背景及研究价值，阐释基本概念，述评国内外相关研究文献，并提出具体研究问题，然后简要介绍研究方法、内容及创新点。

第二章"研究的理论基础"。根据研究需要，主要介绍三种理论：政府责任理论、公平与效率理论、公共政策认同理论。确立中国城乡居民基本养老保险相关问题研究的理论框架。

第三章"城乡居民基本养老保险发展历程及现状"。在反思老农保的基础上，分析新农保的探索试点背景、发展历程及状况、制度特点及其建立的意义；继而分析城居保试点实施的背景、状况及意义；最后分析两者并轨的背景及原因、状况及意义、制度特点及效果。

第四章"城乡居民基本养老保险并轨后的问题及成因"。分析城乡居民基本养老保险存在的基金支付能力、基金监管能力、待遇给付公平、经办服务能力、城乡居民政策认同提高五方面问题。同时，分析各种问题的成因。

第五章"城乡居民基本养老保险国外经验及启示"。以典型国家为例，从制度建立、体系构成及其特点三个方面，分析国外养老保险的四种制度模式，总结它们的共性及当前发展趋势，并结合中国城乡居民基本养老保险问题，思考其对中国的启示。

第六章"城乡居民基本养老保险推进路径与改进对策"。结合中国国情、城乡经济社会实际并借鉴国外经验，提出解决城乡居民基本养老保险问题的对策，即调整和完善城乡居民基本养老保险制度设计、建立高效基金筹集与管理制度、建立高效经办管理服务体系、完善法规及外部支持环境等。

第七章"结论及局限"。总结本书的研究结论，分析研究局限与改进方向。

二 研究创新

第一，本书运用基金支付能力衡量指标，即基金支付率、基金支付GDP占比和基金累结支出倍数，以及相关数据资料，分析了中国城乡居民基本养老保险全国和各地区基金支付能力问题，并从养老保险筹资能力角度分析了成因。

第二，通过分析养老保险高效基金监管能力的特征，即独立自治、协调制衡、科学监控、社会监督，分析了中国城乡居民基本养老保险的基金监管能力问题，并从养老保险统筹管理层次、监管行政化及政府责任角度分析了成因。

第三，运用年金现值模型，分析了中国城乡居民基本养老保险不同类型参保居民待遇收益公平问题；基于地区人均GDP、人均地方财政收入及人口指标，比较分析了政府补贴地区的分配公平问题。而且，从养老保险缴费制度、政府补贴制度的弹性及待遇公平调控等角度分析了成因。

第四，基于公共政策认同理论，分析了养老保险政策认同的基本内容和中国城乡居民基本养老保险政策认同存在的问题，并从待遇保障、政府责任、基层干部养老保险工作作风及城乡居民基本养老保险利益表达等角度分析了成因。

第二章　研究的理论基础

城乡居民基本养老保险问题是在制度设计及实施中产生的，对其分析和研究需要建立在相关的理论基础之上，否则将使研究失去理论支撑。根据研究需要，本书主要依据政府责任理论、公平与效率理论及公共政策认同理论，为本书的研究奠定理论基础。

第一节　政府责任理论

政府在养老保险中必须担责，这点无论是在理论，还是在经济社会转型中所面临的现实问题上都需要这样做。而广义的政府责任与国家责任基本是等价或相同的。基于本书研究，政府责任理论阐释如下。

一　政府养老保险责任的争论及共识

关于养老保险政府责任的探讨最早源于西方经济学界，他们围绕政府该不该介入老年人养老风险展开了长期争论，最终形成了政府干预主义、自由主义以及力求超越二者的第三条道路等流派，每个流派基于不同的价值基础分别提出了不同的理论观点和政策主张。

（一）干预主义学派认为政府在养老保险中必须担无限责任

德国新历史学派以道德伦理为基础指出，国家作为国民集体的最高形式，其公共职能必须不断扩大和增加，尽一切力量或能力帮助个人实现个人力量难以达到的目标，如通过各种立法制定实施社保政策，以提高和改善国民物质生活等，这种理论被当时的德国政府所借用，被确立为德国社保制度的理论依据；福利经济学派根据福利与效用的正相关关系指出："凡能增加国民收入总量而不减少穷人收入绝对额，或增加穷人收入绝对额而不影响国民收入总量的，都意味着社会福利的增进。"① 而要实现增进最大化，政府就必须对市场失灵进行调节，具体就是通过政策、立法及制度等供给来实现，在这个过程中，社保政策的制定及其实施是核心；斯德哥尔摩学派主张国家政治民主化和经济混合化，并在分配上实行均等福利制度，政府在该过程中不仅要履行经济社会发展责任，而且还要承担福利供给责任，以解决社会不公，这成为瑞典福利国家建立的基础；凯恩斯学派面对新古典经济学自由市场的失败和 20 世纪 30 年代大危机指出，政府必须一方面通过财税、投资及货币利率等政策刺激消费需求和经济发展；另一方面通过累进所得税和社保转移支付等缩小贫富差距，增加财政对失业、养老及特殊群体补贴，该政策蕴含了社保政府责任理论；1942 年《贝弗里奇报告》基于普惠和公平指出，社保制度的目标是消除社会贫困，保证国民在失业、疾病、伤残、年老及家庭收入锐减时获得基本生活保障②，而政府在其中的责任具体包括制度供给、财政支持及组织管理等，这即是英国乃至西方福利制度的基础。

（二）自由主义学派认为政府在养老保险中必须担有限责任

哈耶克认为，自由是"一个人不受制于另一个或另一些人因专断意志而产生的强制的状态，亦常被称为个人自由或人身自由状态"③，政府责任是保障每个国民在市场中的地位机会平等及个人自由，而不是在国民间均分财富，这不是其应有责任，所以政府在社保方面只有救济而无使社会各群体共享财富的责任，否则将导致社保自我膨胀和效率丧失，而社保责任的主要担当者应是个人、组织以及社会福利机构，其中最佳的应是家庭和市场，政府仅是最后的救济者。供给学派

---

① 景天魁：《福利社会学》，北京师范大学出版社 2010 年版，第 76 页。

② *Social Insurance and Allied Services*，Report by sir William Beveridge，Cmd.，6404. 转引郑功功《社会保障概论》，复旦大学出版社 2013 年版，第 3 页。

③ ［英］弗里德里希·冯·哈耶克：《自由秩序原理》（上），生活·读书·新知三联书店 1997 年版，第 4 页。

的拉弗基于萨伊定律指出，在市场经济下一切经济问题的原始点应是供给而不是需求，因为供给会自动创造需求，所以政府责任是减税和削减福利项目，一方面通过减税政策来刺激经济发展，增加就业，提高穷人收入；另一方面通过削减福利支出消除福利依赖症，增强市场活力，提高经济增长率。货币学派的弗里德曼指出，政府对社会贫困及生活困难的人是要提供保障的，但提供的保障不是无限的而是有限的，他从市场自由角度对过度干预作了批判，认为这会影响市场效率和抑制穷人的进取心，不利于经济发展，而最好的办法就是实行负所得税政策，以激励贫穷者积累财富，从而兼顾效率和公平。

（三）第三条道路学派认为政府责任不是有无限的而是责任的

在社保制度中，政府基于社会公正承担无限责任、基于市场效率承担有限责任都是不适应经济社会发展要求的，其合理路径是在继承二者积极因素基础上开辟第三条道路，对社保制度进行改革，兼顾公平和效率，其核心是实现政府责任由传统的直接资助向人力资本投资转变。一是变消极保障型福利为积极预防型福利，增加人力资本福利支出；二是变生存保障型福利为促进工作型福利，激发社会成员创新热情；三是变收入型分配为机会型分配，提高个人创造力；四是变无责任型福利为有条件型福利，使责权统一[1]。第三条道路学派坚持政府对养老和贫困承担责任，支持强制性社保制度，废除固定性退休年龄，发挥老年人社会价值，转变老年人是社会负担的观念。

尽管各派观点不同，但它们在政府养老保险中必须担责方面具有普遍共识，只是对政府担责的内容、模式、限度、路径等存在分歧而已。在实现路径方面，干预论者认为，政府通过社保政策实现社会再分配既要满足社会成员生存需要，也要保证经济增长；自由论者认为，必须先由家庭和市场发挥基础作用来保障社会成员的基本需要，以保证社会财富持续增加，从而让社保制度具备坚实物质基础，使保障资金运行更有效率，只有家庭和市场无法提供的保障，政府才能介

---

① 杨燕绥、闫中兴：《政府与社会保障——关于政府社会保障责任的思考》，中国劳动社会保障出版社 2007 年版，第 114—115 页。

入；第三条道路者则在个人责任与政府责任间协调。在责任限度方面，干预论者认为，政府社保责任是无限的；自由论者认为，政府责任仅限于不影响市场效率的范围内；第三条道路学派则在上述两种责任间寻求最佳责任，以求责任政府建设。在责任内容方面，各学派因理论出发点及目标有所差别，而对模式构建、政府补贴、实施推进及监管经办等职责构成的认识方面产生差异，并各有侧重。在实现方式方面，干预论者认为政府应主动担责；自由论者则强调被动履责；第三条道路学派则认为，有些社保项目政府责任应是主动的，而有些则应是被动的，只有家庭和市场无法承担时，政府才能被动承担①。

二　政府养老保险责任的基本要求

（一）制度设计规划责任

社会养老保险制度体系复杂，涉及面广泛，且一旦实施就需要长期稳定，权衡比较，在国家各类主体中，唯有政府才具备这样的资源和条件，能在协调社会各方利益关系的前提下，进行宏观系统的制度框架研究、设计和规划，所以政府在社会养老保险中的首要责任就是制度设计规划，但为保证其科学性，制度设计务必严谨科学，这也直接关系制度实施的质量、效果及目标的实现。否则，居民就有坏反应，不能产生好的制度效果，而且还会损害社会公平和威胁社会稳定。政策科学家史密斯指出，影响公共政策实施的首要因素是政策制定是否科学②。政府制度设计规划的科学性包括以下几方面：一是制度设计规划要合理。社会养老保险制度是否对解决居民养老问题具有针对性，各项内容是否符合居民的养老实际和养老意愿，制度设计规划是否符合养老保险的一般规律和要求，制度执行是否具备现实条件。二是制度设计规划要明确。社会养老保险设计规划必须具体、明

---

①　曹信邦：《新型农村社会养老保险制度构建——基于政府责任的视角》，经济科学出版社 2012 年版，第 36—37 页。

②　T. B. Smith, "The Policy Implementation Process", *Policy Sciences*, Vol. 4, No. 2, pp. 203 – 205, 1973. 转引丁煌《政策制定的科学性与政策执行的有效性》，《南京社会科学》2002 年第 1 期。

确和到位，不能只作笼统规定而不作详细说明，从而使制度执行者因曲解或误解而造成执行不当或背离制度精神。三是制度设计规划要协调。社会养老保险在其适用范围内既要保持制度内各设计协调，又要保证制度与其他制度协调，不能彼此矛盾或冲突，影响制度整体效能发挥。四是制度设计规划要稳定。社会养老保险必须长期稳定，不能频繁变动或调整；即便变动调整，也要有相应的利益补偿作保障，否则将影响居民政策认同，以致不积极参保，影响制度发展。五是制度设计规划要公平。社会养老保险必须保障居民责权统一，即缴费与养老金对等，多缴多得、长缴多得。当然需明确的是，政府制度设计规划责任是横向和纵向的统一，即政府一方面要对制度体系的整体设计规划，保证科学性和效率性；另一方面也要对制度的实施、调整及变化等做出规划安排，不能毫无章法。

（二）财政支持责任

财政支持是政府在社会养老保险中的核心责任，没有这个责任，其他责任履行得再好也无意义，国外经验及中国实践已证明了这点。加拿大政府财政除向农民提供年金外，还通过财政补贴的优惠政策鼓励农民参加农民年金保险；德国农民养老金的70%来自政府补贴，农民个人缴费所占比重比较小；法国农民养老保险资金的60%靠政府补贴；日本国民年金的1/3由政府财政支付，并且财政还以补贴形式激励农民参加农业者年金；此外，这些国家还通过税收、利息、财政政策等资金筹集给予支持；中国目前城乡居民基本养老保险之所以能够迅速发展，最大的驱动力即是财政支持。政府财政对社会养老保险的支持责任主要表现在以下几个方面：一是政府通过财政预算直接支持。政府通过财政预算直接为社会养老保险资金筹集、管理费支付等提供补贴，这是政府责任的最重要部分。当然，由于各国情况不同，各国财政补贴在社会养老保险资金中所占的比重也有所差异，但总的来看，普遍保持在50%左右。二是政府通过财税政策间接支持。政府不以财政直补的形式为社会养老保险资金提供支持，而是以优惠财税政策间接地向制度提供支持。在中国老农村养老保险发展过程中，政府财政通过向乡镇企业和社会经济组织等实行税收优惠政策，鼓励其向制度资金筹集提供支持；国外为增加资金筹集也普遍实行该方式。三是政府财政通过保证基金最低收益率提供支持。在老农村养老保险时期，政府对积累基金就已实行该政策；智利政府就对基金投资设定了最低收益率。四是政府财政通过兜底养老金提供支持。财政对养老金支付兜底是目前各国普遍做法，即当基金收不抵支时，不足部分由财政支付。当然，大多数国家财政对社会养老保险的支持都是上述几种方式的综合，很少采取单一方式，尤其目前随着各国财政压力的增加、人口老龄化增长以及养老保险覆盖面拓展，财政支持逐渐向多元化和综合化方向发展①。

（三）立法支持责任

现代社保制度不仅有经济制度内涵，而且它还有法律制度内涵。社会养老保险是系统制度体系，涉及参保者切身利益，不仅时间跨度大，可以说是伴随着参保者的终生，而且其关涉的对象广泛，几乎包括全体居民，如德、法、日等国的制度都覆盖了所有农村人口，一些发展中国家也是如此，如朝鲜、菲律宾等。因此，社会养老保险必须以法律形式确立，这样才能保证制度稳定和严肃，参保者养老利益才能真正得到保障。从国外看，尤其制度建设较完善且发展状况较好的国家，社会养老保险的确立、调整、完善甚至废止普遍是以立法为前提的。德、法、日等国的农村养老保险都受到国家立法的强力支持，任何一项政策和制度都被上升至法律层次，以法律形式颁布，即先立法后实施，从而能很大程度地使制度保持普遍认同和稳定，降低了制度不稳定而增加的成本。政府在此方面的责任可分解为以下几个方面：一是政府要建立从中央到地方及相关部门的完善法律法规，保证社会养老保险及业务经办规范统一和有序有效；二是法律法规内容要具体、健全和科学，要有可操作性，不能模棱两可或彼此矛盾，影响制度实施效果；三是政府对社会养老保险法律法规的实施也要提供法律保障，真正做到执法必严和违法必

---

① 林义：《农村社会保障的国际比较及启示研究》，中国劳动社会保障出版社 2006 年版，第 20 页。

究；四是政府要根据时代变化或经济社会发展对法律法规做适时的调整，不能滞后也不能够提前。立法是社会养老保险制度建立和实施的基础，以致如曹信邦（2012）将其视为政府的首要责任[①]，足见其重要性。

（四）组织监管责任

英国贝弗里奇指出，国家或政府的任务在本质上只是一种组织任务，它在市场不能有效运行的地方必须干预[②]，所以为保证社会保险的经济与社会效果，社会保障管理责任必须统一，实行统一管理原则。社会养老保险经办管理十分复杂，一方面表现为由制度长期运行所带来的制度设计和管理的难度；另一方面表现为由基金长期积累所导致的基金保值增值压力的繁重，所以该工作必须由专门机构和人员来负责管理。而政府正是担此重任的最佳主体，尽管在该过程中，有些社会组织可分担部分工作或责任，但总的责任必须由政府来担当。从国外经验来看，多数国家政府在社会养老保险的组织监管中都是主导者或责任的最终承担者，并且从中央到地方都建立了一个机构健全、运行高效且监管有力的组织保障体系。政府的组织监管责任包括以下几个方面：一是要建立适宜管理体制。管理体制类型具体可分为集中管理和分散管理两种，但无论采取哪种形式或两种形式的综合，一定要切合国情和经济实际，做到纵向统一和横向协调，要有权威、有效率。二是建立高效监管体制。政府作为体制构建者和最终监管者要发挥主导作用，核心是形成对权力有效约束的机制，杜绝经办及基金管理中的效率低下和腐败现象。三是保证基金保值、增值。政府要对基金形成高效安全的投资机制，并对投资收益承担责任，而且还要充分利用各种形式做到全面监督。

（五）政治支持责任

新古典学派指出，政府必须如慈父般对社会成员的非理性行为进

---

① 曹信邦：《新型农村社会养老保险制度构建——基于政府责任的视角》，经济科学出版社2012年版，第56页。

② George V., *Modern Thinkers on Welfare London*, Vol. 89 – 90, 1995.

行纠正，通过建立养老保险并强制他们缴费来保障其基本生活；政治经济学派基于制度起源、社会权利和公平正义指出，政治支持在养老保险制度变迁中起决定作用，正是民主制度的运作使其得以建立，民主程度的高低对其有显著影响。近年来，国内学界也对政府政治支持责任给予了关注。曹信邦（2005）指出，政治支持缺失是中国农村社保制度长期缺失的根本原因①；成志刚等（2010）指出，政府态度以及农村政治制度也制约着中国农村养老保险发展②；田凯（2000）指出，农村养老保险是嵌入农村政治体制和社会结构中的，其运行效果与政治体制的完善密切相关③；张先锁等（2011）在谈到中国社保制度可持续发展的制度困境时更是指出，政府体制改革滞后将是未来社保持续发展的最根本障碍④。政治支持责任包括以下几方面：一是政府要将其纳入施政计划。只有自觉将社会养老保险纳入施政计划，政府在意愿上才可能坚定地支持其实施。二是政府要保障居民利益表达权。居民的需求或利益只有向政府或社会进行有效表达，居民的利益或需求才能受到政府和社会的重视、认可和解决。三是政府要保障居民在政策决策及管理中的话语权。社会养老保险是涉及居民切身利益的制度，居民对其建立和发展理应享有话语权，只有如此，居民才会给予积极支持，国外居民参与养老保险政策制定及管理的经验就说明了这点。四是政府要营造道德舆论环境。社会养老保险的发展需要道德舆论支持，西方国家农村居民之所以能与城市居民共享均等的养老保障，与西方一贯的人权、平等、博爱、共享、公正等政治伦理文化有密切关系，所以政府必须重视这方面的建设，切实将其纳入自己的责任范畴，在整个社会内营造这种支持环境。

---

① 曹信邦：《中国农村社会保障制度缺位的政治学分析——基于政府的视角》，《云南社会科学》2005 年第 5 期，第 5 页。

② 成志刚、公衍勇：《影响农村社会养老保险制度发展的非经济因素——基于 PEST 模型的分析》，《湖南师范大学学报》（社会科学版）2010 年第 2 期，第 5 页。

③ 田凯：《当前中国农村社会养老保险制度分析》，《社会科学辑刊》2000 年第 6 期，第 32 页。

④ 张先锁、刘礼聪：《论中国社会保障可持续发展的制度困境》，《领导科学》2011 年第 14 期，第 60 页。

第二节　公平与效率理论

追求公平的最优实现是社会养老保险基本原则之一，而为达此目标其又必须以效率作为前提条件，如果没有效率保障，那么公平也是难以存在的，二者是辩证统一的关系，所以研究中国城乡居民基本养老保险问题，必须把公平和效率理论置于问题分析的基础地位。一方面要考察制度建设及制度实施方面的各种公平问题；另一方面也要分析制度运行及经办管理服务中的各种效率问题。基于本书研究，公平与效率理论具体阐释如下。

一　社会养老保险中的公平

关于公平的认识和理解，不同学科和不同学者存在差异，这主要是由其所基于的价值判断和使用范畴不同所造成的。目前学界对公平的认识和理解主要有四种观点：一是功利公平，认为公平是社会成员福利（效用）最大化，以边沁和庇古为代表；二是罗尔斯公平，认为衡量公平的有效尺度和标准是社会和市场中身处困境的社会成员的个人效用，社会成员的个体效用越高，说明资源配置越公平，如果不公平能使弱势成员变好，就允许不公平；三是经济自由公平，认为只有依靠市场竞争才能实现真正公平，即市场竞争过程就是公平实现过程，能力强者得到最好回报；四是能力公平，认为合理公平必须关注社会成员的能力分布，必须满足社会成员需求。后来佛利又总结了共性，即经济活动中任何一个行为者在心理上对其他行为者都没有任何羡慕感，公平就是基于该考量的高效分配[1]。

养老保险作为社保制度也存在公平要求，但并不是个人意义上的公平，而是社会意义上的公平，即社会公平[2]。所谓"社会公平"，

---

[1]　Duncan Foley, "*Resource Allocation and Public Sector*", *Yale Economic essays* (7), pp. 45 – 46, 1967.

[2]　景天魁：《底线公平与社会保障的柔性调节》，《社会学研究》2004 年第 6 期，第30 页。

就是指社会通过制度规定来实现社会如有序运行、可持续发展等目标[1]。社会养老保险公平是调整和均衡社会成员收入分配的基本原则，其含义是指参与制度的各主体权责彼此均衡，即养老金缴纳及待遇给付的均衡配置。通过均衡资金筹集和分配调剂及均衡个人、集体、地区等间的收入差距，进而实现社会公平。社会养老保险公平既包括横向公平，也包括纵向公平。横向公平是指收入相同缴费相同；纵向公平是指高收入者缴费高，低收入者缴费低，从而在不同时期调节不同收入者之间的收入分配。同时，高收入者的待遇标准和缴费比率低，低收入者的待遇标准和缴费比率高。养老保险公平主要表现在以下几个方面：一是范围公平。通常对保障对象不设性别、职业、民族、地位等的身份限制，从而致使全民保障，即实现全民社保权益的公平，以及选择性保障，即实现覆盖范围内所有成员社保权益公平，只要达到条件就可享受该福利待遇。二是给付公平。制度通常只向公民提供能保障其基本生活的物质供给，而对这之外的养老需求制度一般不给予支持。三是过程公平。解除了社会成员养老之忧，从起点和过程上保障了公民参与竞争的公平，同时通过养老金筹集和支付，又在结果上保证了各参与者发展的公平等[2]。

城乡居民基本养老保险作为养老保险制度同样也内涵公平要求，公平是评价其是否可持续的重要标准。衡量社保制度优劣的标准，一是看制度设计的价值取向是否是公平，二是看制度实践是否促进了社会公平[3]。城乡居民基本养老保险公平包括两个内涵：一是作为公共产品，城乡居民都有权参保和享用，而这通常又不会影响和损害其他人的同类利益，每人在制度中的权利和义务都是均等的；二是它必须发挥再分配作用，即通过养老金筹集和支付调节收入差距，缩小社会成员发展结果的不公平。只有坚持公平，制度才能为居民普遍认同并得以持续。

---

① 景天魁：《底线公平与社会保障的柔性调节》，《社会学研究》2004 年第 6 期，第30 页。

② 郑功成：《社会保障概论》，复旦大学出版社 2013 年版，第 16—17 页。

③ 郑功成：《中国社会保障改革与发展战略》（总论卷），人民出版社 2011 年版，第17 页。

二　社会养老保险中的效率①

效率作为独立概念最先对其研究的是经济学。熊彼特（1934）在界定效率时对资本积累以及技术进步等对效率的贡献做了强调②。卡尔多（1939）提出了衡量效率尺度：某经济行为中获利一方在补偿受损一方后其仍能保持剩余③。希克斯（1941）把效率界定为：在经济活动变动中，丧失利益的经济行为者难以让获得利益的经济行为者去排斥该变动，这也意味着社会福利的改善或提高④。来宾斯坦（1966）提出了"x"效率即技术效率，认为这种效率与资源配置的改善无关，它完全是企业（单位）员工通过集体努力和协作使现有资源生产的，集体努力和协作的程度是效率提高的关键⑤。普莱尔（1989）对消费效率的状态做了描述：如果想使任何人在消费方面始终保持效用持降状态，仅有的办法就是让消费者在产品服务的消费形式发生变化或改变，否则，在生产形式上将难有变化⑥。帕累托（1909）对效率做了最优化解释，凸显了最优特征，即对某种资源，若没有其他任何可行配置或分配方式，在保证有一人初始状况比以前更好且其他所有人的初始状况保持原有及以上水平时，资源配置将达到最优，或者说，一种资源无论怎样配置都不能使如果一个人的收入增加而不使另一人的收入减少⑦。帕累托效率的本质是"最优化"，尽管它在实践中很难实现，但它却在根本上抓住了效率本质，使其他任何经济学效率阐释都可归结到其自身。

---

① 效率在不同学科或基于不同角度有不同含义，此处主要指经济效率和社会效率。

② ［美］熊彼特：《经济发展理论》（英文版），哈佛大学出版社 1934 年版，第132 页。

③ ［英］卡尔多：《经济学的福利命题和个人间效用的比较》，《经济学杂志》1939 年第 9 期，第 550 页。

④ ［英］希克斯：《消费者剩余的复兴》，《经济学杂志》1941 年第 2 期，第 108 页。

⑤ ［美］来宾斯坦：《配置效率与"x"效率》，《美国经济评论》1966 年第 3 期。

⑥ ［瑞］普莱尔：《东西方经济体制比较——研究指南》（中文本），中国经济出版社1989 年版，第 56 页。

⑦ ［意］帕累托：《政治经济学教程》，巴黎古诺雷出版社 1909 年版，第 617—618 页。

养老保险作为社会大系统的子系统也同样要有效率和追求效率最大化，并要以效率作为实现公平的基本条件。养老保险是综合的社会经济政策，其持续发展必须体现效率的基础性。养老保险效率包括两方面：一是通过制度（全）覆盖，将有限养老金分配到最需要的社会成员中去，降低或化解各种养老风险，调动他们的劳动积极性，提高制度效用；二是制度建立并不断完善能提高各经济组织的活力和效率，致使经济社会长期稳定发展①。养老保险追求的最大效率就是社会公平最大化，并通过公平的实现来提高养老保险的制度效率。

城乡居民基本养老保险同样要遵循效率规律及特点，制度建设也须讲求效率。城乡居民基本养老保险效率包括两方面：一是作为公共政策工具，必须发挥有利于经济发展和社会进步的效能；二是必须有内在资源利用和高效管理的效率，资源利用效率是指养老保险机构硬软件设施的完善及效能发挥的程度，高效管理效率包括养老金来源是否充足可靠，基金保值增值是否高效，待遇发放是否便利及时等。只有最大限度地发挥出效率，才能促进社会公平和制度持续。

三　社会养老保险中的公平与效率兼顾

正确处理公平与效率的关系是社保制度建设的基本原则②。目前，不同学派和不同学者由于基于的理论基础和价值立场不同，对这一原则的认识和理解也往往不同，归结起来主要有三种观点。

（一）公平优先于效率

以凯恩斯为代表的干预学派、以萨缪尔森为代表的新古典综合学派和以庇古为代表的福利经济学认为，如果听任市场发挥作用，对失灵领域不管不问，必将引起财富在社会中配置的不平等，进而必然造成经济秩序混乱和经济效率普遍低下，所以政府必须通过推行社保计划对经济干预，以实现收入分配均等化。收入分配的优先公平一方面

---

①　米红、杨翠迎：《农村社会养老保障制度基础理论框架研究》，光明日报出版社2012年版，第9页。

②　郑功成：《中国社会保障改革与发展战略》（总论卷），人民出版社2011年版，第17—18页。

可保障公民生来就具有的公平之天赋权利，防止其受到收入不平等侵害，因为通过市场来调节社会中的不公平是很难做到的，市场竞争定会导致社会公平失衡；另一方面还可弥补或纠正效率本身产生的不公平，因为在市场中人们参与竞争的前提本来就不公平，主要表现在经济、教育、机会、能力等的差异方面，而且市场付酬也并不是以人的贡献为标准的。

（二）效率优先于公平

将效率置于首位是市场自由主义取向，这种观点强调必须把市场置于资源配置的决定地位，让效率成为市场中政策制定的优选目标，反对国家以无限福利政策对收入分配为中心的社会公平进行干预，以求结果均等公平。该观点将效率的竞争本质与自由本质紧密联系，效率存在与否完全取决于市场竞争程度，即充分自由就有充分竞争，充分竞争就有充分效率，相对效率优先，自由兼具前提和结果意义。弗里德曼（1986）认为，如果坚持把结果公平置于自由和效率之上，那么结果是两方面都不能获得[1]。在他看来，既解决贫困又不损害自由和效率的最佳办法是减少贫困的政策，其不应妨碍市场运行。另外，效率优先观还指出，效率本身有内在公平性，因为个人努力是效率的来源，根据其大小分配报酬最为公平[2]。哈耶克（2000）指出，通过社保计划对收入分配作公平纠正，就如同一规则适用于每个社会成员一样，结果是不可能达到完全公平的[3]。

（三）公平与效率交替优先

奥肯（1987）认为，市场中公平与效率不存先后问题，二者都必须兼顾，要么以损失最小效率来获得最大公平，要么以最小不公平来获得最大效率。奥肯认为，无论在经济政策还是社会政策中，公平与

---

① ［美］弗里德曼：《资本主义与自由》（中文本），高鸿业译，商务印书馆1986年版，第156页。

② 何大昌：《公平与效率均衡及路径分析》，博士学位论文，南京师范大学，2002年，第19—20页。

③ ［英］弗雷德里奇·哈耶克：《法律、立法和自由》，邓正来译，中国大百科全书出版社2000年版，第142页。

效率的强调都不能过度，对二者必须持并重态度，因为如果政府通过干预促进社会公平，必然会削弱或降低市场效率，造成侵犯居民人权及官僚现象严重，这样反过来又不得不利用市场调节，以提高劳动效率和创新能力，摒除官僚现象和保护个人人权。尽管公平和效率在理论上存在不能化解的矛盾，但对两者妥协处理还是可能的，即公平与效率、机会均等与结果均等是能够实现均衡的①。

解决中国城乡居民基本养老保险问题，必须妥善处理好公平与效率的关系问题。在制度实施中，不仅要维护社会公平，缩小城乡经济社会发展差距，而且还要保证有较高的制度效率，如经济贡献率、基金增值率、经办管理服务效率等，实现二者均衡统一，既不影响经济发展又能促进社会公平。公平和效率在理论和实践上都十分重要，不分上下，只是在不同发展阶段上二者所具有的内涵和表现形式有所不同而已②。城乡居民基本养老保险在制度建立和实施的初期往往都面临城乡发展差距比较大、农民增收比较困难、社会矛盾及人口老龄化突出的困境，此时制度建设不仅要解决好城乡经济及城乡居民收入的不公平问题，而且还要解决制度运行的效率问题，做到公平与效率的兼顾，国外经验就证明了这点。大多数国家建立城乡居民基本养老保险都是为解决上述问题的。当然，随着经济社会发展及部分公平和效率的问题解决，新的公平和效率问题又会产生，此时其内涵和表现形式可能与以往不同，但无论如何，统筹兼顾是解决中国城乡居民基本养老保险公平和效率问题的基本原则。

第三节　公共政策认同理论

中国城乡居民基本养老保险作为公共政策涉及每位城乡居民利益，

---

① ［美］阿瑟·奥肯：《平等与效率——重大的选择》（中文本），华夏出版社1987年版，第105页；转引何大昌《公平与效率均衡及路径分析》，博士学位论文，南京师范大学，2002年，第19—20页。

② 张建明：《论社会保障制度设计中的公平与效率博弈》，中国社会保障国际学术论坛2007年，第58页。

所以能否为广大居民所认同，直接关系其发展，尤其在中国农村复杂条件下更是如此。所以研究中国城乡居民基本养老保险问题，必须以公共政策认同理论为基础。基于研究需要，现将公共政策认同理论阐释如下。

一　公共政策认同的内涵

"政策"在日常生活中经常为人们所使用，如教育政策、住房保障政策及财税政策等，这些都属于公共政策领域。一般来说，公共政策是指"社会公共权威在特定情境中，为达到一定目标而制订的行动方案或行动准则。其作用是规范和指导有关机构、团体或个人的行动，其表达形式包括法律法规、行政规定或命令、国家领导人口头或书面的指示、政府大型规划、具体行动计划及相关策略等"①。根据不同划分标准，公共政策可分为不同类型，如实质性政策、程序性政策、分配性政策、再分配性政策等。但无论是何种公共政策，都有其特定的目标群体，即它总是表现为对某些群体利益的调节和分配，对某些群体行为的规范指导。因此，目标群体对公共政策的态度或心理反应就变得非常重要。如果目标群体对公共政策持有理解、接受和遵从的态度，那么目标群体对公共政策就欢迎，公共政策实施就会非常顺利。反之，公共政策实施就会被目标群体所抵制和反对，即便强行实施也不能取得好的效果。这就是公共政策的认同与不认同。

公共政策认同就是指政策制定者（国家、政府、政党等）制定出某项公共政策以后，目标群体在心理上对公共政策的实施逐渐理解、接受和认可的趋同过程。它是衡量公共政策有效性的最重要因素，主要特征有以下几方面：一是公共政策认同是发生于公共政策制定出之后或是实施过程中的事情；二是公共政策认同的主体是目标群体，而非政策制定者②；三是公共政策认同是目标群体在心理层面对公共政策实施的反应或感受，而非外在行为，但其往往通过外在的行为或态

---

① 谢明：《公共政策导论》，中国人民大学出版社 2012 年版，第 5 页。
② 公共政策认同可分为政策执行者的认同和目标群体的认同，但此处主要是指目标群体的认同。

度来表现；四是公共政策认同除了受目标群体自身条件的影响之外，还受公共政策内容及某些客观条件的影响①。

二　公共政策认同的缘由②

目标群体对某项公共政策的理解、接受及认同过程比较复杂，通常受多种因素的影响和制约，总结起来主要有以下几方面：

（一）目标群体政治社会化的高低

政治社会化是指人们在社会化过程中树立的对国家、政党、制度、意识形态等的政治观念，以及实践中据此形成的政治行为模式，如遵守法律、道德及各项社会制度等。对社会成员进行政治社会化教育是任何类型国家的普遍做法。政治社会化程度高，目标群体对政策的支持程度就高；反之，就会程度低或抵制。

（二）目标群体传统思想认识状况

公共政策实施通常对目标群体提出思想和行为改变的要求，而这种要求变动力度的大小常常影响目标群体对公共政策的认同。变动力度大往往会引起目标群体对政策的抵制或反对；反之，目标群体就易接受和遵从。这主要是由于传统思想观念和习惯已根深蒂固，变动力度大势必引起目标群体不适应。

（三）公共政策形式和实质合理性③

公共政策既需要形式合理，也需要实质合理。只讲实质合理而不讲形式合理必将使公共政策缺失民主内涵，目标群体对其认同度就会降低，甚至会反对或抵制。而合理是形式基础上的实质合理，这是法治社会的要求。目标群体对公共政策形式和实质合理性的不同看法往往会影响公共政策认同。

（四）目标群体收益得失权衡比较

目标群体对公共政策认同与否，在很大程度上取决于其对公共政

---

① 杨永峰：《公共政策制定中影响政策认同的因素分析》，《学理论》2013 年第 32 期，第 25 页。

② 谢明：《公共政策概论》，中国人民大学出版社 2010 年版，第 298—299 页。

③ 形式合理是指政策制定程序合法，实质合理是指政策对问题解决有效。

策预期收益大小的判断。预期收益大于成本，目标群体往往就接受和遵从政策；反之，就抵制或反对政策。预期收益合算与否是激励制度实施的关键因素，通常被政策制定者和执行者所高度重视。

（五）目标群体兼顾大局意识强弱

目标群体作为社会中的一员，不仅会从经济角度考虑公共政策预期收益的合算与否，而且还会从全局或整体角度去考虑政策实施的得失。如果政策实施能对大多数人或社会整体有利，那么即便自己利益、小部分团体利益或眼前利益受到损失，目标群体也会支持政策的实施。

（六）目标群体规避政府惩罚心理

公共政策作为社会利益分配和调节的手段，其实施往往会造成部分人得益而部分人损益的结果，所以公共政策实施通常伴随政府或国家对违背政策行为惩罚制度的实施。而趋利避害通常是人的本性，部分目标群体由于害怕被惩罚也可能选择接受和遵从政策。

（七）社会条件与社会环境的变迁

社会条件或环境随着时间推移是不断变迁的，而目标群体的主观认识在这个过程中也会发生变化。最初受目标群体欢迎的政策，有可能逐渐被人们所认清而不愿接受和遵从；而最初不被目标群体所认可甚至抵制的政策，随着人们的逐渐理解却被广泛接受和遵从。

三　公共政策抗拒的起因①

（一）缺乏对政府官员的信任

信任是社会成员维系社会关系并得以生存立足的基本保障，如果社会成员间缺乏信任，则必将大大增加社会管理成本。美国政治学家亨廷顿指出，社会成员互信缺失将阻碍公共制度的建立，政府信任度低，社会成员互信也将缺失②。目标群体对政府不信任将影响其对公共政策的认同。

---

① 谢明：《公共政策概论》，中国人民大学出版社 2010 年版，第 299—305 页。
② ［美］塞纽尔·亨廷顿：《变化社会中的政治秩序》，生活·读书·新知三联书店 1996 年版，第 26—27 页。

（二）公共政策执行存在偏差

公共政策实施时，如果政策执行者扭曲政策或背离政策精神，必然会引起目标群体的心理反感，以致将以各种不利于政策实施的态度和行为进行抵制或反对，造成公共政策认同度下降。

（三）公共政策设计存在缺陷

科学性是公共政策制定的基本要求。如果政策科学性不足，存在这样或那样的缺陷，不仅影响公共政策执行质量，而且还可能导致目标群体利益受损，以致对目标群体政策认同造成阻碍。

（四）缺乏公共政策理解能力

社会成员的个体特征和条件差异比较大，如成长经历、生活环境、受教育程度及价值观念等普遍不同，以致对公共政策的理解程度或能力参差不齐。对政策理解得越到位，对政策就越易接受和遵从，认同度也就越高。

第三章　城乡居民基本养老保险
发展历程及现状

随着改革开放的逐步推进，中国于 1986 年开始探索农村养老保险，以同年在江苏沙洲县召开的全国农村基层社会保障工作座谈会把农村养老保险提上日程为标志，直至目前已经有 30 多年的历史，其间共经历了三个阶段：老农村养老保险（1986—2002 年）、新型农村社会养老保险（2003—2014 年）、城乡居民基本养老保险（2014 年 3 月至今）。老农村养老保险是国家为农村居民建立的最早的养老保险制度，但由于制度中财政支持责任缺失及保障水平不高等原因最终陷于崩溃。关于老农村养老保险的发展历程、存在问题及建立的意义等，学界已做了充分梳理、总结和研究，在此不再赘述。本章主要对新型农村社会养老保险的探索试点、城镇居民社会养老保险的试点实施及城乡居民基本养老保险的并轨加以梳理、回顾并分析其现状。

第一节　新型农村社会养老保险的
探索试点

老农村养老保险停滞后，国家根据经济社会发展形势，尤其是农村形势，提出建立由个人、集体和政府三方筹资的新型农村社会养老保险制度。在总结各地探索经验的基础上，2009 年 9 月中央出台了制度试点的《指导意见》，决定在全国部分县市区试点，这就是区别于老农村养老保险的新制度。本节主要研究制度建立的背景、发展历程及状况、特点、意义及合理性等。

一 新型农村社会养老保险探索试点的背景

（一）党和政府执政施政理念发生转变，更重视民生和社会公平建设，着力构建和谐稳定社会

从生活水平来看，2000 年中国人民生活总体上已达小康，党的十六大更是提出了全面建设小康社会的奋斗目标。同时，要通过推进工业化和城镇化建设来不断缩小城乡、地区及工农差距，让整个社会的社会保障体系更加完善，鼓励拥有经济条件的地区试点包括养老在内的农村社保制度。随后的六中全会基于经济社会形势，又要求实现社会保障制度体系全覆盖、公共服务均等化、人民小康生活水平更加提高、社会更加和谐的目标。党的十七大更是在经济、社会、城镇化等方面提出了更高目标，要求到 2020 年全国各地及城乡均衡发展局面基本形成，新农村建设取得显著成绩，覆盖城乡社保体系基本形成，农民养老保险积极推进，整体收入分配更加合理有序，中等收入群体逐渐成为社会主体，绝对贫困人数消除，医疗卫生及社会管理更加完善。党的十七届三中全会又对农村社保建设做了安排，要求探索新型农村社会养老保险及其城乡衔接办法。2005 年至 2008 年"中央一号"文件也对农村社保建设作了具体部署，鼓励有条件的地方自觉发展农村社保事业，并在农民养老保险方面形成多元模式。2010 年"中央一号"文件要求落实好新型农村社会养老保险试点工作，加快制度推进及全覆盖，并做好农村养老机构及服务建设。"十一五"规划也将农村社保建设纳入其中，要求建立与农村经济社会发展相适应的养老制度。"十二五"规划更对农村养老保险试点及制度完善提出了加快推进的要求，并将其置于政府工作的重点。党和政府执政施政理念的转变，使其对农村社保建设更加重视，这些为探索试点提供了政治支持。

（二）国家经济财政实力有了很大提高，农民收入不断增多，城市支持农村及工业反哺农业的时机成熟

党的十六届六中全会及十七届三中全会提出，建设社会主义新农村，并实施城市和工业支持农村及农业发展战略，着力推进城乡协调

发展。通过制度改革、调整及完善，形成城乡一体化发展新格局，尤其是通过深化农村综合性改革，促进农村经济发展、农民增收及农村社会和谐。这些战略的实施及目标的实现此时已具备了经济条件。2009 年中国 GDP 已达 33.54 万亿元，人均 GDP 为 25125 元，按同期美元汇率折算为 3679 美元，已接近中等收入国家水平；2009 年财政收入已达 6.8518 万亿元，城镇居民人均可支配收入和农村居民人均纯收入分别达 17175 元和 5153 元，分别比上年提高 9.8% 和 8.5%[①]；产业结构发生实质变化，第二、三产业比重上升，第一产业比重下降，2009 年第一产业 GDP 占比 10.58%，第二、三产业 GDP 占比分别为 46.8% 和 42.6%[②]；财政农业投入不断增长，由 2002 年 1580.8 亿元增至 2009 年 76299.9 亿元，支出比重总体提高，由 2002 年 7.2% 增至 2009 年 9.5%[③]；农民人均纯收入和生活消费支出不断增长，2009 年农民人均纯收入和人均生活消费支出分别为 5153 元和 3993 元，后者占前者的比重为 77.5%。经济财政实力增强及农民收入增长为农村养老保险试点提供了经济保证。

（三）社会转型及农村人口老龄化加快，城市化率在提高，城乡二元结构及家庭结构核心化对社会转型不利

该时期正是中国经济社会转型加快的节点，但长期固化的城乡二元结构并未根本破除，城乡社会差距依旧很大，这对社会转型不利。根据社会转型规律，社会转型的内容是多方面的，包括价值观念、社会体制、社会文化等，而且转型中的矛盾也是很突出的，不仅存在传统文化、价值观念、思维方式及行为选择与现代化的冲突，而且还存在因社会结构变化而带来的大范围利益调整，原有利益格局被打破，导致社会矛盾突出。而此时中国已进入矛盾凸显阶段，

---

①　温家宝：《第十一届全国人民代表大会第三次会议政府工作报告》，网易财经网，http://money.163.com/10/0306/14/613M4NDG00253B0H_5.html。

②　中华人民共和国国家统计局：《2009 年国民经济与社会发展统计公报》，中华人民共和国国家统计局网站，http://www.stats.gov.cn/tjsj/tjgb/ndtjgb/。

③　王章华：《中国新型农村社会养老保险制度研究》，中国社会科学出版社 2014 年版，第 91 页。

面对这些矛盾应采取什么政策或措施来化解，这是摆在政府面前的重大任务。根据国际经验，建立和发展农村社保是有效化解矛盾、助推社会转型的根本对策，农村养老保险作为农村社保体系中的最重要项目，必然成为政府优先发展的对象。同时，人口老龄化及家庭结构核心化也在加强。截至 2010 年年底，全国 60 岁及以上人口为 1.78 亿人，占总人口的 13.26%，其中 65 岁及以上人口为 1.19 亿人，占总人口的 8.87%。农村家庭规模平均由 1982 年的 4.3 人/户降至 2005 年 3.27 人/户[1]。人口老龄化及家庭结构核心化将使老年农民抚养比提高，养老需求增加，家庭养老负担增加及养老功能衰退。另外，收入分配不公也很突出，城乡、行业、地区、群体内部收入差距不断扩大，迫切需要政府加强再分配；城市化主要是农村人口不断减少，但因基数大，农村人口仍占很大比重，2002 年农业就业人口占总人口的 44.6%，远高于发达国家一般 15% 的比重，甚至高于一些发展中国家，如巴西 24.19%、马来西亚 18.7%、墨西哥 19.79%（1998 年数据）[2]，这对中国财政是个考验。

由此可见，新型农村社会养老保险试点是必然的。当然，这个时期经济、社会及政治等条件也基本成熟，尤其是党和政府执政实施理念转变及普遍共识的形成，为试点提供了根本政治支持。同时，经济实力也达到了大多数国家建立农村养老保险制度时的水平。2009 年人均 GDP 已达到 3600 美元以上，而人均 GDP 达到 2000 美元以上正是制度建立和发展的国际标准；2009 年农业产值占 GDP 的份额为 10.6%[3]，与世界大多数国家制度建立时的产值接近，如日本 6%、

---

① 赵殿国：《积极推进新型农村社会养老保险制度建设》，《经济研究参考》2008 年第 32 期，第 13—19 页；中华人民共和国国家统计局：《2005 年全国 1% 人口抽样调查主要数据公报》，中华人民共和国国家统计局网站，http://www.stats.gov.cn/tjsj/tjgb/ndtjgb/；转引王章华《中国新型农村社会养老保险制度研究》，中国社会科学出版社 2014 年版，第 91 页。

② 王章华：《中国新型农村社会养老保险制度研究》，中国社会科学出版社 2014 年版，第 95 页。

③ 中华人民共和国国家统计局：《2009 年国民经济与社会发展统计公报》，中华人民共和国国家统计局网站，http://www.stats.gov.cn/tjsj/tjgb/ndtjgb/。

韩国8%、波兰14.5%、芬兰10.8%等①。这些为财政支持和缴费提高提供了保障。另外，农村人口占总人口的比重不断下降也为新型农村社会养老保险试点创造了条件。2009年农村人口占总人口的比重为53.4%，基本符合国外如日本、希腊、德国、美国等多数国家制度建立时20%—60%②的指标。当然，内需不足及国际经济危机也是促使政府加快试点的重要原因，而且老农村养老保险的失败更是增强了这种动力。

二　新型农村社会养老保险探索试点的发展历程及状况

2002年国家对农村养老保险又开始重视起来，新型农村社会养老保险探索随之在全国开展，许多地方根据中央政策精神和本地实际，并吸取老农村养老保险的失败教训，按照个人、集体和政府三方筹资原则，开始探索建立新型农村社会养老保险制度，中国农村养老保险由此进入"新型"时期。

2006年国家根据城市和农村社保事业要协调发展的要求，在关于加快推进新农村建设、统筹解决农民工问题、失地农村居民就业保障安排及制定的经济与社会发展规划中，都把建立与经济相适应、与其他社保相配套的新型养老保险作为推进新农村建设的重要内容。特别是党的十七大报告要求各地加快农村新型养老保险制度试点，更是调动了各地探索试点的积极性。

各地探索可分三种类型：一是在对老农村养老保险调整和创新基础上形成的地方特色模式，如苏州、北京、宝鸡等模式。探索使原来陷于停滞的农村养老保险工作逐渐有所改观，参保人数、养老金领取人数及基金积累等都逐步回升（表3-1和图3-1）。二是各地为被征地农民举办养老保险，主要分三类：让被征地农民与城镇居民共享同一制度，如成都；构建被征地农民专项保险制度，如西安和天津；

---

① 米红、杨翠迎：《农村社会养老保障制度基础理论框架研究》，光明出版社2012年版，第25页。

② 杨翠迎：《农村基本养老保险制度理论与政策研究》，浙江大学出版社2007年版，第45页。

为被征地农民购买商业保险，如重庆。三是构建农民工专项制度，如广东的扩面型、北京的仿城型、上海的综保型等模式①。到 2008 年年底，开展新型农村社会养老保险探索试点的县区共 500 个，参保人数由原来的下降首次转为增长，年末基金结存 499 亿元，养老金领待人数达 512 万人②。

表 3-1　　　　　1992—2008 年中国农村养老保险发展情况

年份	参保人数（万人）	基金累结（亿元）	领待人数（百万人）	基金年增率（%）
1992	3000	7.0	690.0	—
1993	3200	14.8	111.0	—
1994	3484	27.0	82.0	0.17
1995	5142	59.5	120.0	0.27
1996	6594	99.5	67.0	0.32
1997	7452	139.2	40.0	0.61
1998	8025	166.2	19.4	—
1999	8000	184.0	10.7	—
2000	6172	195.5	6.3	0.98
2001	5995	216.1	10.5	1.08
2002	5462	233.0	7.8	1.23
2003	5428	259.3	11.3	1.98
2004	5378	285.0	9.9	2.05
2005	5442	310.0	8.8	3.02

---

① 扩面型是指把农民工的养老保险置于城镇居民的养老制度之内，通过制度包容扩面，实现对农民工的养老保障；仿城型是指按照城镇居民的养老保险模式，单独为农民工构建一项制度独立的养老保障；综合保险型是指把城市务工农民的社保项目综合一起，以独立制度统一解决。参见杨翠迎《农村基本养老保险制度理论与政策研究》，浙江大学出版社 2007 年版，第 147—148 页。

② 何平：《中国农村养老保险制度改革与发展报告——可持续性分析》，中国经济出版社 2011 年版，第 2—3 页。

年份	参保人数（万人）	基金累结（亿元）	领待人数（百万人）	基金年增率（％）
2006	5373	354.0	14.2	3.55
2007	5171	412.0	16.4	3.91
2008	5595	499.0	21.1	5.12

注：表中统计的参保人数包括参加"老农保"和地方"新农保"的所有人。

资料来源：根据相关数据计算整理而得。数据参见何平《中国农村养老保险制度改革与发展报告——可持续性分析》，中国经济出版社 2011 年版，第 3 页；刘迪平：《中国新型农村社会养老保险长效供给研究》，博士学位论文，苏州大学，2010 年，第 58 页；中华人民共和国民政部：《民政事业发展统计公报》（1992—1997 年），中华人民共和国民政部网站，http://www.mca.gov.cn/article/sj/tjgb/；中华人民共和国人力资源和社会保障部：《劳动和社会保障事业发展统计公报》（1998—2007 年）、《2008 年人力资源和社会保障事业发展统计公报》，中华人民共和国人力资源和社会保障部网站，http://www.mohrss.gov.cn/SYrlzyhshbzb/zwgk/szrs/tjgb/；杨翠迎：《农村基本养老保险制度理论与政策研究》，浙江大学出版社 2007 年版，第 127 页；苑梅：《我国农村社会养老保险制度研究》，东北财经大学出版社 2011 年版，第 50 页。

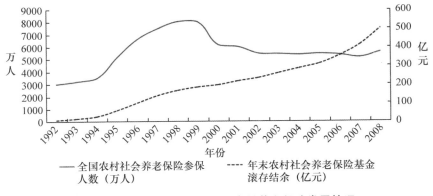

图 3-1　1992—2008 年中国农村养老保险发展情况

　　各地在探索中都强调了财政责任，政府不仅负担经办管理费，而且还直接参与筹资，有些地区还直接为制度实施时到龄老人发基础养老金，这使制度的吸引力和影响力得到了大大增强。同时，各地探索在参保率、公平取向及转移衔接等方面普遍脱离了老农村养老保险的束缚，构建了一套符合地方实际而独具特色的农村养老保险之路。但是，由于各地制度设计及运作形式区域性和地方性明显，所以很难在全国推广，制度也存在各种问题，特别是补贴和基金可持续性尤为突出，这使各地区新型农村社会养老保险逐渐面临各种困难。而解决的唯一途径就是，在国家层面建立由中央和地方共同参与的待遇有差异但模式统一的制度。

2009年9月，国家在总结各地经验基础上出台了《指导意见》，正式在国家层面启动了新型制度试点，新型农村社会养老保险制度正式确立。制度试点坚持"保基本、广覆盖、有弹性、可持续"基本原则，制度模式统账结合，资金筹集由三方负担，即个人缴费、集体补助和政府补贴。试点首先在全国10%的县市区（320个县区）进行，然后再逐步扩大范围。《指导意见》首次在国家层面为农民制度性社会养老确立了政策依据①。

截至2010年6月底，全国已有5965万农村人口参保，1697万人领取了养老金②。2010年10月，国家又启动了第二批试点，试点范围扩至全国县区的23%，并把西藏和四川、甘肃、云南、青海四省的藏区和新疆作为重点地区，将六省区中的177个县市区、1178万农业人口全部纳入。2011年中央根据前批试点情况又将试点范围扩至40%③。2012年7月实现全覆盖。2011年年底，参保人数达32643.5万人，领取养老金人数8921.8万人，基金收支分别达1069.7亿元和587.7亿元，基金累计结余1199.2亿元④。随着新型农村社会养老保险的建立和全覆盖实现，中

---

① 与老农村社会养老保险时期民政部1992年除颁布的《县级农村社会养老保险基本方案（试行）》（部门规章）相比较，2009年9月国务院颁布的《关于开展新型农村社会养老保险试点的指导意见》（行政法规）才能真正代表国家（政府），才能在政策执行上更具法制权威性，主要是因为前者是在民政部主导下开展的，而后者是由国务院具体主导和组织的。因此，在国家层面首次为农民社会养老提供政策依据的只能是《关于开展新型农村社会养老保险试点指导意见》。

② 《我国新型农村养老保险制度试点顺利实施社保覆盖范围继续扩大》，新华网（广州），http：//www.xinhuanet.com/。

③ 温家宝：《第十一届全国人民代表大会第四次会议政府工作报告》，中国新闻网，http：//www.chinanews.com/gn/2011/03－05/2885938.shtml。

④ 中华人民共和国国家统计局：《中国统计年鉴（2012）》，国家统计局网站，http：//data.stats.gov.cn/workspace/index？m＝hgnd。

国农村居民终于结束了在国家层面无养老保障的局面。

总之，与老农保试点相比，新农保试点具有速度快、范围广、动力足、包容性强等特点，更符合农村经济社会发展实际，能在很大程度上调动农村居民的参保积极性，这点从其参保率的快速增长就可证实（图3-2）。但是，新农保制度也不尽完美，从其数年运行效果来看也并不理想，各方面缺陷也在日益显现。

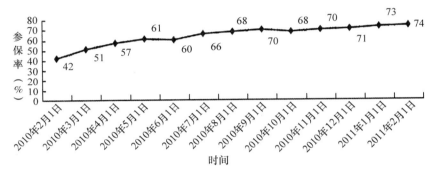

图3-2　2010年2月—2011年2月中国新型农村社会养老保险参保率变化

资料来源：《全国新农保运行情况分析》，人力资源与社会保障部社会保险事业管理中心，2011年5月；转引华迎放《新型农村社会养老保险制度建设研究》，中国劳动社会保障出版社2013年版，第34页。

三　新型农村社会养老保险的制度特点

（一）强调和明确了政府主导责任

与老农村养老保险相比，新型农村社会养老保险对政府在其中的主导责任做了更为明确的规定，这些责任不仅包括制度研究、制定、规划、组织、监管、服务及政治支持等，而且还包括最重要的财政责任，并大大提高了担当责任的力度。一是基础养老金由国家财政全额支付，其中中央财政负担中西部省份的全额支出和东部省份的1/2支出，东部省份的另1/2支出由地方各级政府财政按比例分担，政府还要随经济社会发展对基础养老金标准作适时调整；二是省市县区财政要给个人缴费补贴，补贴每人每年不少于30元；三是政府财政承担兜底责任，对养老金支付风险统筹地区政府要承担支付责任。

（二）制度更具社会性、互济性和福利性

与老农村养老保险相比，新型农村社会养老保险的社会性、互济性和福利性有很大提高，这主要表现为以下几方面：第一，制度宗旨定位具有普遍性。它解决的不是农村部分人的养老问题，而是所有人的养老问题。因老年人口增多及城市化进程加快，该时期农村养老问题比老农村养老保险时期更具普遍性。第二，制度覆盖广泛。16 周岁及以上户口在农村且未参加或享受城镇养老制度待遇的所有非学生居民，都可参保或直接享受制度规定的养老待遇（制度实施时达 60 周岁），而老农村养老保险不仅参保起始年龄比较高（20 周岁），而且还把 60 周岁以上老人排除了，结果覆盖范围大大缩小。第三，多方筹集资金。它不仅强调个人、集体及政府三方出资责任，而且还积极拓展社会筹资，如鼓励社会经济组织、慈善组织及个人等为农民参保提供资助，而老农村养老保险却没有这种拓展。第四，经办服务社会化拓展。开展经办机构与商业保险公司、金融企业等合作；监管要求各种相关主体参与，如政府、社保部门、参保者及其他群体等；政策制定、政策落实检查及评估等也体现了社会化倾向。

（三）实行基础养老金与个人账户相结合的制度模式

新型农村社会养老保险参照城镇职工养老保险办法，一方面设立了以政府转移支付出口直补形式支付的基础养老金；另一方面建立了个人积累账户，并设立了激励机制，这突破了以前旧制度的单账户设置。账户资金包括个人缴费、集体补助及地方政府财政对农村居民缴费的激励性补贴，各级财政补贴主要用来支付基础养老金；个人缴费以上年度农村居民人均纯收入为缴费基数，在统一缴费基数的基础上设定不同缴费档次，参保农民可根据自己的情况自由选择缴费档次；个人账户基金实行完全积累制，基金根据当年国家公布的商业金融机构一年期存款利息率计算收益，还可购买国债以保值增值。该模式兼顾了公平与效率，既可促进公平，也可调动农民的参保积极性。

（四）制度设计及实施因地制宜且注重城乡衔接

制度的缴费设计及待遇计发都比较简单，这不仅使农民理解及计算收益时比较容易，而且其设计的多层次性更能满足不同经济水平的地区及群体对参保的不同需求。例如，缴费方式采取固定缴费，农民理解和计算起来比较容易；缴费标准设了 5 档且最低档次为 100 元/年，这使收入较低的农民也能参保进来，比较符合农村地区经济发展不平衡、农民收入低且从业不稳定的特点；基础养老金发放标准是相同的，同时账户养老金计发也很简单，从而提高了政策的透明度，不仅利于政策执行效率的提高，而且还利于宣传和吸引农民积极参保。制度设计让农民看得懂、算得清和缴得起，对提高制度覆盖率具有明显促进作用。同时，制度模式实行统账结合，这与城镇职工养老保险制度的设计大体一致，而且待遇给付也有很大的相似性。通过调整缴费基数，很容易实现两种制度转移接续和并轨，从而为两种制度并轨预留了足够空间。另外，在实施时也强调各地要据实推进，从而既照顾了各地经济实际，也调动了地方试点的积极性。

（五）制度兼具普惠型福利与社会保险双重特性

与老农村养老保险相比，新型农村社会养老保险增加了享受人人均等的基础养老金补贴。而且，同一地区地方基础养老金补贴、加发及提待等也均等，这实质是普惠型福利。同时，制度又设立了个人积累账户，地方政府及村集体给予补贴或补助，这实质是社会保险。两者通过缴费参保机制相结合，从而使制度兼具了普惠型福利与社会保险双重特性。而之所以要结合，一方面是由于通过结合能增强制度的吸引力，调动农村居民参保积极性；另一方面是由于通过结合能促进社会公平，提高农村居民政策认同。因此，这种结合具有可行性理论基础。一是两者都属于政府责任范畴，合并执行更利于政府履职尽责；二是公平与效率统一是养老保险的基本原则，两者兼顾更利于制度的持续运行。

四　新型农村社会养老保险制度建立的意义

国内学者普遍认为，新农保试点是政府建设覆盖城乡居民社会保障体系的重大决策，对保障农村居民基本生活及养老权利，减少农村贫困人口及缩小城乡发展差距，破除"三农"难题及二元结构，促进农业规模经营及现代化发展，维护农村稳定，构建和谐社会，建设新农村，扩大农村消费需求等都具有重要意义。但除此之外，制度建立还有以下意义。

（一）确立了农村地区养老保险制度的基本模式

新型农村社会养老保险模式是基础养老金加个人账户，资金筹集由个人、集体及政府三方负担，这是在总结老农村养老保险经验并借鉴国外设计而构建的，比较符合中国农村的实际，也符合养老保险改革发展的潮流，尽管集体补助目前还不能普遍落实，但随着城镇化发展、农民大幅减少及农业规模经营形成，集体补助最终将被坐实。而且，这种模式与城镇居民（职工）的养老保险制度设计基本相同，有利于城乡养老保险转接及整合。当然，在该过程中，新型农村社会养老保险的一些机制可能会被调整和完善，如城乡居民基本养老保险对捆绑条款的取消，以及年老农民丧葬补助制度的完善等，但总模式在长时间内是不会发生改变的。

（二）动员了各级政府及社会各界推进试点的积极性

在老农村养老保险中，政府仅承担政策扶持责任，但这不足以让政府对该工作重视，因为它不需出钱，加之大部分地区乡镇企业薄弱或缺失，使政府基本处于"局外人"地位，好像仅是农民自己的事情，所以尽管老农村养老保险搞了十几年，但是最多年份的参保人也不过 8025 万人，相对全国近 7 亿农民来说，简直可忽略不计，成效甚微。而新型农村社会养老保险首次明确了政府财政责任，让中央及地方政府真正动起来，政府补贴又把农民参保积极性调动起来，政府的权力优势及权威又让其实施得到了重视。同时，在政府的影响下，社会各界也更加关注和支持，如学界研究增多，社会人士、人大代表及政协委员等呼吁高涨等。这些现状在某种程度上对农村养老保险工作做了全面动员，这些现象在老农保时期是不可能出现的。

（三）勾勒了农村养老保险建设与发展的基本图景

《指导意见》指出，新型农村社会养老保险制度建设及具体实施的基本原则是"保基本、广覆盖、有弹性、可持续"，这实际上对农村地区养老保险的保障水平或标准、制度覆盖群体、资金供给张力、实施灵活性及基金持续性做了理念及目标上的规定，从而为制度设计及其实施指明了方向，尽管这并没有十分具体和明确，仅仅是理念上的，但相比老农村养老保险来说，要进步、完善和明确得多。老农村养老保险虽然强调了要保障农民的基本生活，如立足农村经济社会实际以确保农村老年人的基本生活，但对制度覆盖、资金供给以及基金运行的状态并没有给予明确规定，这对制度实施很不利，极易脱离实际和偏离方向。

（四）增强了农村养老保险制度运行的可持续性

老农村养老保险制度及其实施存在诸多缺陷和困难，如财政支持缺失、制度不稳定、政策认同度不高、经办管理服务效率及保障水平非常低等。而新型农村社会养老保险通过制度的创新、改革及完善，如落实政府财政支持责任、完善经办管理服务体系、加大政策解释和宣传、理顺管理体制及提高保障水平等，一方面增强了制度吸引力，提高了政策认同度，调动了农村居民参保积极性；另一方面也加强了制度持续运行的经济基础，保证了制度持续发展的能力。同时，新型农村社会养老保险在全国范围内的普遍试点，也为中国城乡居民基本养老保险制度的建立、制度实施及持续发展提供了丰富的实践经验。

（五）推动了家庭养老向社会养老转变及新养老文化的形成

新型农村社会养老保险建立及在政府推动下的实施必然对农民传统认识产生某种冲击和影响，如对养儿防老观念、不合理人生消费安排及短视心理等，使农民能逐渐认识到市场条件下社会养老的重要意义，并逐步转变原有养老观念、消费储蓄习惯（如铺张浪费、大操大办、只重眼前利益而忽视长远利益）等，从而由原来一味地依赖子女或家庭养老逐步转向积极参与社会养老，在全社会形成浓厚的社会养老氛围，随着制度的长期实施，农民就会将其内化为思想认识，成为人人认同的文化。当然，仅依靠这些并不会在短期内让一些制约农村养老保险发展的因素退出农村，在相当长时期内它们还会存在，但至少对它们的负面影响有所弱化。当前农村，尤其是偏远地区的社会养老普遍不足，与农民的认识局限及传统文化限制有很大关系，其对制度实施是不利的，所以在继承和弘扬其合理性基础上对其批判和改造，是推进城乡居民基本养老保险发展所必须考虑的。

第二节　城镇居民社会养老保险的试点实施

2011 年 7 月，国家颁布了城镇居民制度养老《指导意见》，正式启动了城镇居民社会养老保险试点，这标志着城镇非从业居民①从此实现老有所养。由于制度与新农保在基本原则、筹资标准、制度模式等方面基本相同，所以本节主要介绍城镇居民社会养老保险试点实施的背景、现状及意义等。

一　城镇居民社会养老保险试点实施的背景

（一）城镇养老保险不断完善，而城镇非从业居民却被制度排斥

从 1997 年城镇企业职工养老保险建立开始，在中央和地方政府的不断推进下，城镇养老保险制度不断完善。从制度构成来看，有企业职工养老保险、机关事业单位养老保险以及公务员退休养老制度；从制度覆盖人口来看，制度基本覆盖了城镇正规就业人员，如企事业职工、个体工商业者、灵活就业人员及与企业签订劳动合同的农民工。2010 年年底，参保规模已达 25707 万人②。而且，农村居民也有了养老保险。因此，城镇非从业居民成为城镇养老保险发展的"盲区"，这与社保公平和公平社会建设不相符，建立城镇居民社会养老保险势在必行。

（二）城镇人口老龄化严重，城镇非从业居民养老保障堪忧

第六次人口普查数据显示：中国人口年龄结构老龄化已比较严

---

①　根据制度规定，城镇非从业居民是指年满 16 周岁、非在校学生且不符合城镇其他养老保险制度参保条件的拥有城镇户籍的居民。根据人力资源与社会保障部社会保障研究所的调研，制度所覆盖的城镇居民主要分为以下七类：一是旧体制遗留的没有参保的各类企业职工；二是企业类下岗、分流及失业且未参保或中断养老保险关系的人员，多半是国企改革时期的；三是养老保险制度建立前离职和被机关事业单位开除的人员；四是没有正规工作、收入不稳定且年龄比较大的未参保人员；五是因经济非常困难而无力参加企业职工养老保险的人员；六是年龄在 60 周岁且未有养老金待遇的城镇居民；七是因城镇化丧失土地且转为城镇户籍的人员，多数是失地的农转非人员。参见周晖《基本养老保险覆盖最后的空白点》，《中国劳动社会保障报》2011 年 7 月 1 日。

②　中华人民共和国人力资源和社会保障部：《2010 年人力资源和社会保障事业发展统计公报》，中华人民共和国人力资源和社会保障部网站，http://www.mohrss.gov.cn/SYrlzyhshbzb/zwgk/szrs/ndtjsj/tjgb/201107/t20110720_ 69907.htm。

重，且老龄化指标还在以每年 0.5% 的速度增长。人口老龄化使城镇老年人口不断增加，老年人抚养比不断提高。2010 年我国城镇人口共计 66557 万人，按陈昱阳"中国农村老龄问题研究"课题组报告的城市老年人口比重 7.97% 计算，城镇老年人口约为 5305 万人，同期全国老年人抚养比为 11.9%。同时，人口老龄化和长期单孩计生政策也让城镇非从业居民家庭养老能力大大弱化，加之就业不定、收入较少及老年时体弱多病，以至于城镇非从业居民养老问题十分突出。2009 年济南劳保局调查显示：全市 55—60 周岁的城镇无养老保障非从业居民有 13 万人，他们基本无职业、无单位、无特长、无积蓄、无收入，长期徘徊在低保线附近，且又不能享受低保和救助待遇，全靠家庭子女养老，生活极其艰难①。社会各界要求政府尽快为其养老建立制度保障。

（三）城镇居民社会养老保险制度的建立条件已基本成熟

从社会角度看，各界对制度建立已形成共识；从财政实力看，2010 年全国财政收入为 83102 亿元，财政只需支出 1000 多亿元即可，财政压力不大；从制度建设看，新型农村社会养老保险制度构建及其顺利实施为其提供了参照，因为参保对象都属于非从业居民且收入差距不大；从法律依据看，中华人民共和国《宪法》《老年人权益保障法》及 2011 年 7 月实施的《中华人民共和国社会保险法》等，为制度建立提供了法律依据；从实践积累看，许多地方已先行开展了这项工作，如北京、成都、天津等地在 2009 年就已制度了城乡居民基本养老保险实施办法、细则等，这为制度在全国的试点既积累了经验又提供了参考范本。

二　城镇居民社会养老保险试点实施的状况

城镇居民社会养老保险试点范围与新型农村社会养老保险试点基本相同。《指导意见》规定，2011 年下半年试点范围将覆盖全国 60% 的地区，2012 年实现制度全覆盖。在中央政策的引导下，各地纷纷结合本地实际制定实施办法并加大财政投入和组织试点。2011 年年底，全

---

① 此处的信息和数据来自济南市人力资源和社会保障局。

国有 31 个省市区的 1902 个县市区开展了制度试点，参保人数达 539 万人，领取养老金人数达 235 万人，基金收支分别为 40 亿元和 11 亿元，基金累存 32 亿元①。2012 年 7 月制度实现全覆盖。2013 年年底，城乡居民基本养老保险参保人数达 49750 万人，领取养老金人数达 13768 万人，基金收支分别达 2052 亿元和 1348 亿元，分别比上年度增长 12.2% 和 17.3%，个人缴费 636 亿元，基金累存 3006 亿元②。其中，城镇居民参保人数为 2399 万人，占城乡居民参保总人数的 4.82%；养老金领取人数为 1000 万人，占城乡居民总领取人数的 7.25%③。城居保试点有助于实现城镇居民老有所养和社会稳定。但从其覆盖人数及吸纳资金来看，即便实现应保尽保，也不会改变城乡居民基本养老保险以农村居民为主的覆盖群体性质（图 3-3 和图 3-4）。

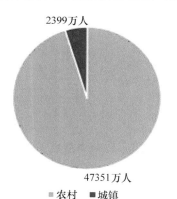

图 3-3　2013 年中国城乡居民基本养老保险农村与城镇参保人数比较

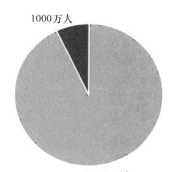

图 3-4　2013 年中国城乡居民基本养老保险农村与城镇养老金领取人数比较

---

① 中华人民共和国人力资源和社会保障部：《2011 年人力资源和社会保障事业发展统计公报》，中华人民共和国人力资源和社会保障部网站，http：//www. mohrss. gov. cn/SYrlzyhshbzb/zwgk/szrs/ndtjsj/tjgb/201206/t20120605_ 69908. htm。

② 中华人民共和国人力资源和社会保障部：《2013 年人力资源和社会保障事业发展统计公报》，中华人民共和国人力资源和社会保障部网站，http：//www. mohrss. gov. cn/SYrlzyhshbzb/zwgk/szrs/ndtjsj/tjgb/201405/t20140529_ 131147. htm。

③ 丁芳、郭秉菊：《新农保进城了？——城乡居民养老保险并轨之收入分配效应研究》，《山西农业大学学报》（社会科学版）2014 年第 4 期，第 374 页。

三　城镇居民社会养老保险制度建立的意义

关于城镇居民社会养老保险制度建立的意义，国内学者提出了以下几种观点：一是有助于改善社会底层居民的民生；二是有助于促进财富公平分配，缓解社会矛盾和维护社会稳定；三是有助于统筹城乡发展，推进公共产品配置均等化；四是有助于社会管理创新和完善；五是有助于覆盖城乡社保体系的完善和建成；六是有助于小康社会及和谐社会建设；七是有助于扩大内需和促进经济发展；八是有助于国家重大战略决策部署贯彻落实；九是有助于城镇居民人权和尊严的保障等。这些观点本书完全赞同，但除此之外还应有以下几种意义。

（一）有助于公共财政支出重心向公共产品供给转移

财政社保开支不断增加必定推动政府履职向公共产品供给转移，从而推动政府向公共政府和责任政府转变。由于中国社保建设长期滞后，财政只对城镇职工养老保险和机关事业人员退休养老金筹集承担供给责任，以致财政大部分开支用于经济建设和其他方面。随着经济水平提高和财政实力增强，近年财政用于社保开支逐渐增加，公共责任担负逐步增强，尤其对农村和城镇中无保障项目或有保障项目但待遇很低的群体增加了制度供给和资金投入，如农村五保供养、城乡低保、新农合、老人集中供养、城乡社会救济等，待遇都在逐年提高。而城镇居民社会养老保险制度的建立更能在很大程度上增强财政支出重心向社保转移，从而调整财政支出结构和推动政府职能转变。

（二）有助于城镇非从业居民更好地实现市场就业目标

就业与社保既紧密相关又相互促进，就业能够为社保制度提供稳定持续的资金供给，社保制度能在某种程度上化解就业风险。城镇非从业居民的根本难题是就业困难，乃至收入无保障，而城镇居民社会养老保险制度的建立却能缓解这方面的压力。一方面，城镇非从业居民参加养老保险后能获得养老补贴，在无形中提高了自己及家庭预期收入，解除或缓解了养老心理负担，预期压力减小；另一方面，城镇非从业居民能将手头更多的资金用于市场自主创业或就业技能培训，从而提高市场就业效率和就业竞争力，某种程度可以改善该群体市场就业过程中不断被边缘化的不利境遇。另外，就业改善和收入增加又在某种程度上化解了由该群体引发的各种社会不稳定因素。例如，如果没有制度化的养老保障，老人养老就须家庭子女或亲属出资来供养，那么这极易引发经济纠纷或家庭矛盾。

（三）有助于城乡全覆盖养老保险包容性主体框架建设

养老保障制度建设既要弥补现行制度缺陷，又要立足于经济社会实际，以便设计好整体制度框架[1]。城镇居民社会养老保险是中国基本养老保险框架的最后构建，与早前实施的新型农村社会养老保险及城镇职工养老保险在制度模式上也基本相同，这表明中国覆盖全民的包容性养老保险制度框架基本建成。这种制度框架虽然还不能在短期内实现城乡居民养老待遇的真正统一，但至少在制度上包容了社会各群体，消除了城乡顶层的社保制度差异，使其都具有了同质的制度性养老保障，这为城乡公平社会建设和经济建设奠定了社保制度基础，向全民共享老有所养权利迈出了重要一步。随着城乡居民两种制度并轨及并轨后制度与城镇职工制度转移接续障碍的逐步消除，城乡全覆盖养老保险制度的包容性内容将逐步得以显现和落实，如权利平等、待遇相同、衔接自由、服务同质、参与民主等。

（四）有助于农村人口向城镇转移乃至顺推城镇化进程

城镇居民社会养老保险建立以前，农民工若要在城镇参加养老保险，一般只能选择企业职工养老保险和农民工养老保险。但是，选择前者参保，需有正规单位和长期稳定就业保障，且缴费标准很高，多数农民工因收入限制往往很难做到；而选择后者参保，虽缴费标准不高，但又不能适应就业居住频繁变动而无法便利携带的困境，以致许多农民工参保后纷纷退保，如深圳"退保潮"。而城镇居民社会养老保险建立后，上述困境就迎刃而解了，因为城居保参保对象也是非从业者，且缴费与新农保基本相同，农民工完全承担得起，关键是参保后养老保险关系能跨地区转移（尽管当时还受地区政策差异的某种限

---

[1]　郑功成：《中国社会保障改革与发展战略》，人民出版社2011年版，第123—134页。

制），原来参加的新农保也能接续，这对农民工进城就业安家是便利的，从而也就顺推了城镇化进程。

第三节 城乡居民基本养老保险的并轨

中央审时度势，坚持与时俱进思路，继续深化改革并全力推进城乡社保一体化进程。党的十八届三中全会后，国家根据工业化、城市化、市场化及城乡统筹发展形势，并在总结新农保试点经验的基础上，决定将两种制度合并，建立统一城乡居民基本养老保险制度。本节主要研究中国城乡居民基本养老保险并轨的背景及原因、并轨启动及状况、并轨的意义、制度特点及其效果等。

一 城乡居民基本养老保险并轨的背景及原因

（一）党和政府执政施政更加注重公平，尤其公平社会的建设

党的十八大报告指出，要在制度层面确立社会的公平正义，把制度建设放在重中之重，将权力、机会及规则之公平真正融入社保，并使其成为主要内容，在社会环境上要逐步形成公平风气，确保每位城乡居民都有参与权和发展权。党的十八届三中全会深改决定指出，通过社会体制、收入分配等改革来保障和改善民生，并形成工支农城带乡、工农互利互惠、城乡一体的新型城乡关系，根本破除城乡二元结构，促进社会公平正义及城乡公共服务均等化；在社保制度建设上提出了更公平、更持续的目标，并强调其在公平分配中的主要调节作用，整合城乡居民基本养老保险和基本医疗保险；在政府职能转变上，处理好政府与市场、社会的关系，让市场在经济发展中真正发挥决定性作用，让社会真正地实现自治自主，让政府真正成为法治、服务及责任政府。2013年"中央一号"文件指出，把解决"三农"问题作为中央工作的重中之重，把城乡发展一体化作为解决"三农"问题的根本路径，通过体制机制创新消除农村发展障碍。2014年"中央一号"文件指出，整合城乡居民基本养老保险，逐步建立起养老金待遇正常调整机制，完善农村社会养老服务体系。习近平总书记指出，推进改革的目的是让国家富强、让社会公正、

让民生更好。李克强总理 2014 年的政府工作报告更是全文贯穿"促进社会公平正义，增进人民福祉"的精神。可见，新一届党和政府已将解决社会公平问题纳入工作之中，尤其是城乡发展及基层收入分配公平问题，更是让其重视，城乡居民基本养老保险能迅速并轨与这种政治支持有直接的关系。而只有并轨并发展城乡居民基本养老保险，才能真正把握社会主义新农村建设的关键，才能真正破解"三农"难题。

（二）社会矛盾日益突出，亟须通过社保制度改革和调整来解决

2012 年《社会管理蓝皮书》指出，中国收入分配不平等仍在持续扩大，城乡收入差距居世界之首，已经逼近社会容忍线。同时，城乡社保发展也日益不平等。郑功成 2012 年指出，社保制度正惠及 95% 以上的城乡居民，但城乡间、地区间和群体间的社保差距还很大①。从整体看，当前占全国总人口 45.68% 的城市人享用的社保，无论总量还是人均水平都是农村人口的 30 多倍②。从养老保险看，2011 年年末全国参加城镇基本养老保险的人数为 28391 万人，基金收入 16895 亿元，全年支出 12765 亿元；而同时期参加新型农村社会养老保险的人数共为 32643 万人，基金收入仅 1070 亿元，全年支出养老金仅为 588 亿元③。城镇基金收入和支出分别是农村的 15.8 倍和 21.7 倍。从医疗保险看，2011 年参加全国城镇基本医疗保险的人数为 47343 万人，基金收入 5539 亿元，支出 4431 亿元，分别比上年增长 28.6% 和 25.2%④；而同时期参加新型农村医疗保险的人数为 8.32 亿人，筹资总额 2047.6 亿元，人均筹资 246.2 元，基金支出仅 1710.2 亿元⑤。城乡社保差距

---

① 陈璇：《中国社保制度城乡差距大影响全民分享发展成果》，《中国青年报》2010 年 3 月 1 日。

② 成新轩、侯兰晶：《城乡社会保障投入差异及对策分析》，《中国软科学》2011 年增刊，第 52 页。

③ 中华人民共和国人力资源和社会保障部：《2011 年人力资源与社会保障事业发展统计公报》，中华人民共和国人力资源和社会保障部网站，http://www.mohrss.gov.cn/SYrlzyhshbzb/zwgk/szrs/。

④ 同上。

⑤ 中华人民共和国卫生健康委员会：《2011 年我国卫生事业发展统计公报》，中华人民共和国卫生健康委员会网站，http://www.nhfpc.gov.cn。

的扩大正加剧着城乡收入分配的不平等，已成为城乡不平等的重要原因。城乡收入分配不平等极易引发社会冲突和威胁社会稳定。2012 年1 月至 8 月因工资纠纷引发的百人以上群体事件就达 120 多起①。而要解决城乡协调发展及公平分配问题，就必须加快城乡社保制度整合和并轨，关于这点，政府及社会各界已达成共识，而社会保险作为社保制度的核心必然是政府社会改革的重中之重和首要选择。

（三）农村人口老龄化及制度设计逆向激励的影响，使制度因在职人口与退休人口倒挂不可持续的风险在增加

2010 年全国第六次人口普查显示：农村 60 岁及以上人口占农村总人口比重已达 14.98%，远高全国 13.26% 的水平②，未富先老特征凸显③。而且，随着城市化推进、人口预期寿命延长以及农村人口"乡—城"持续迁移，当前农村人口老龄化无论在深度还是在广度上仍在加强。钱振伟等（2012）研究表明，近 10 年农村老人比重不断上升，老龄化趋势日益明显④；谢明柱等（2013）的 GM（1，1）模型预测也显示：2011—2020 年农村老年人系数每年都在上升，2020年将达 16.55%⑤。人口老龄化程度的日益提高必然降低制度运行的可持续性，具体有两方面：一是削弱资金供给基础。人口老龄化加剧必然带来农业劳动力老化，这对农村劳动生产率提高及农业经济增长

---

① 陆学艺等主编：《2013 中国社会形势分析与预测》，社会科学文献出版社 2012 年版，第 55 页。

② 邹湘江等：《人口流动对农村人口老龄化的影响——基于"五普"和"六普"数据分析》，《人口学刊》2013 年第 4 期，第 70—79 页；《2010 年第六次全国人口普查统计公报》，国家统计局网站，http://www.stats.gov.cn/。

③ 国外工业发达国家实践经验显示：在现代社会，一个国家或地区的人口年龄结构由成年型到老年型大约要用时 100 年。根据美国人口管理部门的统计分析，全国总人口中 65 岁及以上人口所占比例由 7% 提高至 14%，法国经历了 115 年，瑞典 85 年，英国 45 年，日本 30 年，美国 70 年。而中国人口发展到这种年龄结构用时可能与日本大体相同，甚至还要更快，因为计生政策可能会使之加速。参见孙敬之《八十年代中国人口变动分析》，中国财政经济出版社 1996 年版，第 45 页。

④ 钱振伟、卜一、张燕：《新型农村养老保险可持续发展的仿真评估》，《经济学家》2012 年第 8 期，第 61 页。

⑤ 谢明柱、查奇芬：《基于 GM（1，1）改进模型的我国农村人口老龄化预测》，《长江论坛》2013 年第 4 期，第 45 页。

是十分不利的。而且，根据养老经济学生命周期理论，具有消费储蓄行为的个人在劳动期进行养老储蓄和投资，而在退休期一般以消费养老储蓄为主，所以老龄化加剧必然因社会消费资金增加而影响农业积累规模，从而不利于农民收入的增加。同时，政府居民养老保险的支出也大幅增加，这必然又挤占用于扩大再生产的积累资金，从而不利于经济发展。另外，与年轻劳动力相比，年龄较大的劳动力往往在技术水平、劳动能力、创新性等方面比较落后，不利于农村经济发展。所有这些最终将削弱基金筹集能力，影响其可持续性。二是引发基金收支失衡。人口老龄化一方面将使在职参保人口减少，基金缴费收入减少；另一方面却使养老金支出大幅上涨，这种反向趋势在制度扩面和全覆盖完成以后尤为明显，这必然加重国家、单位（集体）和个人的供资负担，如果不能通过制度调整或改革得以解决，那么长期积累必将引发基金收支失衡。国家对居民养老保险虽实行基金积累制，强调个人积累责任，制度互济功能较弱，但因制度在养老金计发上实行既定给付制，所以也很难应对养老金超支问题，通过制度并轨缓解参保人口老龄化影响，必将成为政府的当然选择。

（四）制度碎片化比较严重，一方面影响了统一制度建设，另一方面也制约了农村养老保险发展

统一性是社保实现公平普惠必须遵循的原则，这种原则要求基本社保必须实现全国统一，只有统一社保制度才是公平和高效的[①]。由于历史种种原因及政策执行的弹性，农村地区养老保险的地区差异、群体差异等十分突出，并且与其他群体如失地农民、农民工、城市职工及机关事业人员的制度仍无法衔接整合，这必然使养老保险包括农村养老保险的公平性降低，制度运行与管理效率无法提高，甚至农民还会因养老待遇不公平滋生不满情绪，不愿参保。国外实践表明，养老保险制度碎片化虽然是工业化中不可避免的现象，但碎片化安排必然降低养老保险公平性，并最终使制度遗留下多种后遗症，进而制约

---

① 郑功成：《中国社会保障改革与发展战略》（总论卷），人民出版社 2011 年版，第14 页。

养老保险的持续发展，如法国等许多国家十多年来的制度改革屡遭失败①就源于此。因此，通过并轨改变碎片化现状必然是政府发展养老保险的当然选择。

（五）城乡居民基本养老保险制度并轨已有法律依据和经验积累

《中华人民共和国社会保险法》第二十二条对两种制度并轨已做了预先规定："省、自治区、直辖市人民政府根据实际情况，可以将城镇居民社会养老保险和新型农村社会养老保险合并实施。"② 这为并轨提供了法律依据。另外，部分省市县区根据实际先行开展的并轨实践也为制度并轨实施积累了经验。福建省泉州市早在2009年新型农村社会养老保险制度试点时就坚持新型农村社会养老保险、城镇居民社会养老保险以及被征地农民养老保险一体化发展道路，统筹解决城乡非正规就业居民的养老问题，实现"三保合一"。2011年陕西省宝鸡市正式将农村居民和城镇居民的两种养老保险制度并轨。并轨基本采纳和继承了新型农村社会养老保险的制度设计，保持了制度的稳定有序，同时对保障范围、缴费档次、财政缴费补贴、基础养老金四个方面做了统一和调整，实现了城乡一体、制度统一、标准一致和无缝对接。2011年年底江苏省苏州市城乡居民基本养老保险制度并轨，实现城乡统筹发展。山东省2013年7月完成了两种制度并轨。内蒙古、河北、河南等省区分别在2012年至2013年也相继完成了并轨③。截止到中央《意见》出台，全国已有15个省份④完成了并轨。而有些省份虽然整体还没有完成，但省内的部分市县区已经完成了。法律依据的预定和实践经验的积累为并轨提供了支持和基础。

---

① 苑梅：《我国农村社会养老保险制度研究》，东北财经大学出版社2011年版，第34页。

② 《中华人民共和国社会保险法》，中央人民政府网站，http：//www.gov.cn/zxft/ft209/content_ 1748773.htm。

③ 李云平：《内蒙古提前两年半实现城乡居民养老保险并轨》，新华网，http：//news.xinhuanet.com/politics/2014－02/24/c_ 119470338.htm；翟兴波：《河南建立统一城乡基本养老保险制度》，大众网，http：//www.dzwww.com/xinwen/guoneixinwen/201402/t20140213_ 9644288.htm。

④ 李唐宁：《山东等15省完成城乡居民基本养老保险并轨》，新华网，http：//www.xinhuanet.com/。

二 城乡居民基本养老保险并轨的状况

在党和国家政策精神的积极引导和推动下，以及在总结全国各地区制度并轨经验的基础上，2014 年 2 月，中央政府正式出台了关于两种制度并轨实施的《意见》，统一城乡居民基本养老保险制度（表 3 -2）正式建立，其模式设计、资金筹集、待遇发放以及经办管理服务等与并轨前的两种制度基本一致。到"十二五"计划末期，两项制度完全合并实施，并拥有与城镇职工养老保险制度转移接续的健全机制。到 2020 年，公平统一与规范有序的制度正式建成，实现城乡居民养老待遇最终统一，并与城乡居民的其他社保制度形成相互协调配套的局面，保障城乡居民基本生活的能力更加增强。

表 3 - 2   中国城乡居民基本养老保险制度概况

基本要点		主要规定
制度模式		社会统筹 + 个人账户。
参保范围		年龄已到 16 周岁，并且未参加机关事业单位养老保险和企业职工养老保险的非在校学生的农村居民和城镇居民。
基金筹集	个人缴费	缴费档次共分 12 档，最低档 100 元/年，最高档 2000 元/年，地方可依据本地经济条件增设档次，但最高档次要以本地灵活就业居民参加职工养老保险的年缴费标准为限度；自选档次自愿缴费，多缴多得。
	集体补助	缴费补助非强制，有补助能力的村集体（社区）对城乡居民参保应给予补助，并鼓励其社会经济、公益慈善等组织以及个人向参保居民提供资助。
	政府补贴	政府承担全部的基础养老金。中央政府按照全额和 50% 的标准分别对中西部地区和东部地区进行基础养老金补助。
		地方政府对居民缴费应提供不少于 30 元/年的补助，对选择较高档次缴费的适当增加补贴金额，个人缴费档次在 500 元及以上的每人每年补贴不少于 60 元。
		地方政府对农村和城镇中的特困人员尤其是重度残疾人等要代缴部分或全部的最低标准的保费（100 元/年）。

续表

基本要点		主要规定
个人账户管理		参保人个人缴费、集体补助、政府缴费补贴以及任何类型的资助等应全部计入个人账户，账户中的资金按照国家有关规定来计算利息。
给付待遇	享受条件	缴费时间已达15年且没有领取任何的由政府举办的基本养老保障待遇的60周岁及以上的城乡居民，每月可按时领取制度规定的养老金。
		制度实施时，如果距离领取待遇的时间不到15年的，每年必须按时缴费或补缴，共计缴费不超过15年；如果距离领取待遇的时间超过15年，每年应按时缴费，共计缴费不少于15年。
		制度实施时，年龄已达60周岁且没有享受任何国家举办的职工养老保障金待遇的，可以不缴费直接享受基础养老金待遇。
	计发办法	月领取养老金＝基础养老金＋个人账户养老金，支付终身。地方政府可根据本地情况适当提高基础养老金待遇，对缴费时间比较长的居民可适当增发基础养老金，所需资金由地方政府负担。个人账户养老金＝个人账户储存额/139，参保人死亡的可依法继承。
	待遇调整	参保居民的养老金待遇要正常调整，调整依据视经济发展水平和物价变动情况。
基金管理		城乡居民基本养老保险基金纳入社会保障基金财政专户，各地在做好制度整合的同时要逐步实现基金省级管理，并且基金要按照国家有关规定投资运营，确保保值、增值。

资料来源：根据《国务院关于建立统一的城乡居民基本养老保险制度的意见》整理而得。

　　《意见》颁布后各省市县响应国家政策，积极采取措施推进这项工作。从各地政策及并轨实践来看，并轨主要体现为以下几个特点：

　　（一）地方各省市县区普遍重视，积极制定具体实施办法

　　地方各省市县区根据《社会保险法》《城乡居民基本养老保险制度的实施意见》（以下简称《意见》）及本地实际积极制定具体实施办法、意见等，为并轨实施提供了直接法规支持。2014年5月1日，

上海市实施《城乡居民基本养老保险办法》；2014 年 6 月 26 日，山西出台了关于并轨的《山西省人民政府关于建立统一的城乡居民基本养老保险制度的实施意见》，将两种制度合并①；2014 年 8 月 11 日，湖南下发中央《意见》，正式将两种制度合并②；2014 年 11 月 20 日，新疆决定，从 2015 年开始，原有新型农村社会养老保险与城镇居民社会养老保险正式合并，并逐步实现两者在政府补贴、缴费标准和养老待遇上的统一③；2014 年 11 月 24 日，江西出台《江西省城乡居民基本养老保险实施办法》，使原来城乡居民制度分割的局面基本结束④；等等。截止到 2014 年 10 月 30 日，已有 25 个省份出台了并轨实施文件⑤，2015 年下半年，全国基本完成了并轨工作。

（二）各级政府加大了财政支持，财政责任进一步落实和明确

从中央看，国务院决定从 2014 年 7 月 1 日上调城乡居民基础养老金，由原来的 55 元提至 70 元，增幅达 27.3%。同时，中央还规定，上调的 15 元基础养老金绝不能冲抵或替代地方基础养老金投入⑥。这既保障了城乡居民基本生活，也大大增强了制度吸引力。从地方看，地方财政对基础养老金、费补及困难弱势群体等的支持也在增强。2015 年 1 月，山东将基础养老金由原来的 75 元提至 85 元⑦，

---

① 李涛：《山西城镇居民社会养老保险与新型农村社会养老保险并轨》，中国经济网，http：//sx. ce. cn/23/201406/27/t20140627_ 1607429. shtml。

② 刘银艳：《"七问"湖南城乡居民养老保险并轨》，湖南省人民政府网站，http：//www. hunan. gov. cn/zwgk/fgwj/zcjd/201408/t20140812_ 1127478. html。

③ 阿依努尔：《新疆"并轨"城乡居民养老保险》，新华网，http：//news. xinhuanet. com/local/2014 – 11/20/c_ 1113339899. htm。

④ 李唐宁：《我省城乡居民养老保险并轨》，江西省人民政府网站，http：//www. jiangxi. gov. cn/xzx/jxyw/zwxx/201411/t20141125_ 1097629. html。

⑤ 徐博：《25 省份出台城乡居民养老保险新规》，中国共产党新闻网，http：//theory. people. com. cn/BIG5/n/2014/1030/c40531 – 25936617. html。

⑥ 中华人民共和国人力资源和社会保障部：《人力资源与社会保障关于提高全国城乡居民基础养老金最低标准的通知》，中华人民共和国人力资源和社会保障部网站，http：//www. mohrss. gov. cn/gkml/index. html？ channelid = 3044。

⑦ 姜宏建：《2015 年山东省基础养老金每人每月提高 10 元》，半岛网，http：//news. bandao. cn/news _ html/201502/20150215/news _ 20150215 _ 2503987. shtml？ i｜277861：1。

所需资金由市县区财政负担①；2014 年 6 月 12 日，山东决定从 2015 年 1 月 1 日起将 500 元以上缴费补贴提至每人每年不低于 60 元，所需资金由市县区财政负担②；对领取待遇人死亡的，一次性发放 500—1000 元的丧葬补助，所需资金由市县区负担③。2014 年青海连续两次上调基础养老金，目前每人每月已达到 125 元，比中央的 70 元高了 55 元，该标准居西部第一；500 元以上缴费补贴不低于 70 元，最高可达 185 元，所需资金由市县区承担；30 元缴费补贴和对重度残疾人全额代缴 300 元保费，所需资金由省财政和各地财政按 8∶2 比例承担，保障了残疾人权益；领取待遇的参保人死亡的，可一次性领取由省政府确定的 10 个月基础养老金，所需资金由省财政承担。④ 2015 年 1 月 1 日，江西上调基础养老金 10 元，所需资金由省县按 7∶3 负担，加上此前中央调整可达每人每月 80 元⑤；500 元以上缴费补贴不低于 60 元，最高可以达 95 元，所需资金西部政策延伸县由省县财政按 8∶2 负担，其他县市区由省县财政按 6∶4 负担⑥；等等。另外，在并轨实施中，各地还在出口补环节对缴费超 15 年的情况加大了补贴激励。青海规定，缴费累计 15 年的，每增加 1 年月基础养老金就多发 10 元⑦；江西每多缴 1 年的费用，月基础养老金就增 2%⑧。中央直至地

---

①　山东省人民政府：《山东省人民政府关于建立居民养老保险制度的实施意见》，中国经济网，http：//district. ce. cn/zt/zlk/wj/201308/06/t20130806_ 24638907. shtml。

②　山东省人民政府：《山东省人民政府关于居民养老保险有关事项的通知》，山东省人力资源和社会保障厅网站，http：//www. sdhrss. gov. cn/cm/001/001004/001004034/001004034002/74562277106810. htm。

③　山东省人民政府：《山东省人民政府关于建立居民养老保险制度的实施意见》，中国经济网，http：//district. ce. cn/zt/zlk/wj/201308/06/t20130806_ 24638907. shtml。

④　青海省人民政府：《青海省人民政府关于建立统一的城乡居民基本养老保险制度的实施意见》，玉树藏族自治州人民政府网站，http：//www. qhys. gov. cn/html/42/116051. html。

⑤　肖成：《江西城乡居民基本养老保险基础养老金标准提至每人每月 80 元》，网易财经网，http：//money. 163. com/15/0225/15/AJADCM4Q00254TI5. html。

⑥　江西省人民政府：《江西省城乡居民基本养老保险实施办法》，南昌市人力资源和社会保障局网站，http：//rsj. nc. gov. cn/1204rsnbzcfg/23018. jsp。

⑦　青海省人民政府：《青海省人民政府关于建立统一的城乡居民基本养老保险制度的实施意见》，玉树藏族自治州人民政府网站，http：//www. qhys. gov. cn/html/42/116051. html。

⑧　江西省人民政府：《江西省城乡居民基本养老保险实施办法》，南昌市人力资源和社会保障局网站，http：//rsj. nc. gov. cn/1204rsnbzcfg/23018. jsp。

方投入增强及地方财政资金的落实，为制度并轨及推进提供了资金保障。

（三）政府对经办服务及转接等更重视，经办管理网络化建设增强

从中央看，《意见》指出，地方要加强经办能力建设，基于本地实际及资源整合力求达到精确管理和便捷服务。并轨实施所需经费全纳入财政预算，对基层财政困难地区省市财政要给予支持。在信息化建设上要逐步实现省级集中，尽快形成与其他公民信息共享及信息网络覆盖省市县乡乃至村社的局面，并且信息网络功能要进一步提升和健全。而且，中央在出台《意见》的同时，还出台了并轨前两种制度与城镇职工养老保险转接的《城乡养老保险制度衔接暂行办法》，不仅保障了顺利并轨，而且还解除了农民工等后顾之忧。在中央政策的引导下，各地方政府对上述工作也十分重视，从各自出台的办法及意见等都可看出。安徽《安徽省城乡居民基本养老保险实施办法》就把经办能力、业务规范和标准、基层平台等建设作为并轨实施的重点予以推进，并明确和强化基层政府及主要领导在该过程中的资金投入及组织责任[1]；江苏南通市为提高经办服务水平专门制订了"四不出村"方案，并层层落实了政府及相关人员责任，保障了经办服务的便捷和高效，促进了城乡公共服务均等化；济南市启动了经办服务示范点建设，力求经办服务制度化、标准化、信息化及规范化[2]；安康市对跨区及不同养老保险转接等作了具体规定，还明确了部门职责及法律责任[3]。这些是目前并轨实施中的普遍现象。

（四）并轨实施的地区差异比较大，碎片化和非均衡性显著

从并轨时间看，各地不一，有的在《意见》颁布前就完成了，如前述的 15 个省份，甚至个别地区如苏州、宝鸡等更早就完成了。从

---

①　安徽省人民政府：《安徽省城乡居民基本养老保险实施办法》，蚌埠民生网，ht-tp：//www. bbcz. gov. cn/zccsms/article. jsp？articleId＝471301105。

②　济南市社会保险事业局：《我市城乡居民社会养老保险经办管理服务示范点建设工作正式启动》，济南市社会保险事业局网站，http：//www. sdjnsi. gov. cn/Article/ShowInfo. jsp？articleid＝5999。

③　冯勋：《我市完善城乡居民基本养老保险政策》，《安康日报》2014 年 10 月 27 日。

并轨内容看，并轨主要体现为制度名称、政策标准、经办管理及信息系统四个方面的统一，由于两项制度在缴费档次、标准及补助上存在差异，所以并轨并不是意味着两种居民从此享受相同养老待遇，而是指统一制度为城乡居民提供了平等机会和权利，即城乡居民在养老待遇上要均等还有一段路要走。目前多数省市县区的并轨还仅停留在这些方面，不过个别地区如北京、苏州等待遇差距已不大。从制度设计看，虽然各地在基本模式上都遵循《意见》，但在具体落实时却差异较大。一是缴费档次及标准不同。有的地区如巢湖设了13档，从100元至2000元不等[①]；有的地区如鄂尔多斯只设了6档，分别为500元至3000元不等[②]；有的地区如安徽完全参照城镇居民社会养老保险设了10档[③]；有的地区如甘肃完全按照《意见》执行[④]；有的地区如山东虽然缴费档次未变，但年缴费额变化较大，最低档为100元，但仅适用于重度残疾人等困难群体，而最高档达5000元[⑤]。二是缴费补贴模式不同。有的地区采取固定模式，标准一般每人每年30元或50元，如山东、河北、甘肃等；有的实行配比模式，即在30元基础上每提一档就增5元或其他额等，如江西、新疆、云南等；有的通过规定档次区间补贴额补贴，如西藏、贵州、江苏等；有的只是规定了10元或30元最低补贴，而对高档补贴却未明确，只是说适当鼓励，如湖北、河南、广东等；有的兼而有之，如福建、湖南等。三是财政补贴力度不同。一般来看，经济财政较好地区要强于较差地区，如北

①　巢湖市人民政府：《巢湖市城乡居民社会养老保险试行办法实施细则》，巢湖市人民政府网站，http://www.chaohu.gov.cn/NewRevision/scrap_detail.aspx?News_Id=8603。

②　鄂尔多斯市人民政府：《鄂尔多斯市城乡居民社会养老保险实施办法》，鄂尔多斯市人民政府网站，http://www.yjhl.gov.cn/yqxxgk_zyk/qq_jhlq_10367/qq_yjhlq_0299/201211/t20121102_713303.html。

③　安徽省人民政府：《安徽省城乡居民养老保险实施办法》，安徽省人民政府网站，http://www.ah.gov.cn/UserData/DocHtml/1/2013/8/21/1017036831165.html。

④　甘肃省人民政府：《甘肃省城乡居民基本养老保险实施办法》，甘肃省人民政府网站，http://www.gansu.gov.cn/art/2014/6/30/art_3722_182083.html。

⑤　山东省人民政府：《山东省关于建立居民基本养老保险制度的实施意见》，山东省人民政府网站，http://www.shandong.gov.cn/art/2013/8/6/art_3883_3580.html。

京基础养老金提至 430 元，上海则提至 540 元①。但也不全是，如青海已达 125 元，而山东仅为 85 元。同样，缴费补贴也是如此。四是激励金计发办法不同。有的地区每超 1 年退休，增发基础养老金 2 元至 10 元不等，如天津等；有的每超 1 年增发基础养老金 1%，如青岛等；有的专设了缴费年限养老金，分别按所超年限分段计发，如浙江等；有的还专设了固定激励金公式，如河南济源。五是补贴责任分担不同。除中央责任固定外，各省市县区财政在缴费补贴、基础养老金及激励金计发等责任承担上也不同，有的由省财政承担，有的由省市共担，有的由市县区共担，而有的由市或县区单担，但不管哪种责任分担结构，各地都是从自身实际出发的。

三　城乡居民基本养老保险并轨的意义

关于并轨的意义，目前学界、政府及社会的普遍观点如下：一是有利于建立统一社保制度，破除城乡居民身份二元性和不平等性；二是有利于在公共产品领域打破城乡二元结构，促进城乡统筹、公平及协调发展；三是有利于推动城市化进程，促进农村土地流转经营，提高农业规模效益；四是有利于降低老龄化对制度持续性影响；五是有利于城乡劳动力自由流动，解决制度的区域性、社会的层次性与人口流动性之间的矛盾；六是有利于农村居民养老待遇在城镇居民带动下不断增长；七是有利于拉动内需，尤其农村社会消费需求；八是有利于减低经办成本和提高经办效率。这些认识本书是赞同的。但是，本书认为，中国城乡居民基本养老保险并轨的意义远不止这些，还有以下几方面：

（一）有助于政府职能转变及政府对公共产品均等供给的重视

由于受传统计划体制、城乡发展二元设置及唯 GDP 主义的长期影响，政府在城乡之间、体制内与体制外之间、行业之间、官民之间等的公共产品供给上一直存在不同程度的偏颇倾向，老农村养老保险

---

① 尤蕾：《城乡居民养老保险改革下一步》，《小康》2014 年第 3 期，第 41 页。

失败及新型农村社会养老保险试点中地方政府的消极被动行为[①]就证明了这点。这主要是由于政府职能转变及施政理念转型不到位，对公共产品均等供给不重视造成的。而并轨能在根本上对这种现状有所改善。因为并轨后城乡居民基本养老保险将成为中国三大养老保险制度之一，它包容人口最多，目前已突破5亿，将来随保障水平的提高还会不断增加。在制度运行中，制度与制度之间必然进行比较，在公平关注度越来越高，尤其是在城乡居民社保权利意识逐步觉醒及对深化政府体制改革呼声不断高涨的背景下，这将倒逼政府加快职能转变和施政理念转型，对公共产品均等化不仅在制度建设，而且在财政投入上给予足多重视。当前，中央政府在制度并轨、上调最低基础养老金及制度实施中，地方财政的积极作为都体现了这种趋势。

（二）有助于增强城乡居民政策认同并推动制度建设及完善

当参保者参加养老保险时，他不仅要考虑保障水平，而且还要看是否能保持长期稳定可靠，以及养老利益是否有保障，而并轨恰能增强这种认同感。因为，一方面，并轨将使制度覆盖更多人口，尤其相当数量的城镇居民的加入，使一向看重城市及其居民身份的农民在心理上生出对制度的信任；另一方面，一向具有浓厚随大流心理，并常依据参与人数量的多少来判断事情（制度）是否可靠的农民及进城农民工，在看到众多城乡居民都加入该保险时，必然也在心理上产生制度可靠的认同。所以，对制度认同提高，必使更多居民积极参保并提高缴费档次。同时，并轨也把农村居民和城镇居民捆绑为社保利益团体，团体代言人，如人大代表等，无论在数量还是在政治影响力上均比以前要多、要强，尤其随城乡人口、人大代表比例日益均等及居民利益表达机制日益健全更是如此，这样就使政府在制度制定、调整及完善上对他们的利益诉求更重视，政府责任落实就会更到位。

---

① 有些地方政府在制度实施中将农民养老利益与自身利益对立看待，认为对农民养老保险投入就是自身利益的损失，甚至个别官员认为由于农民有土地就不应有养老金，以至于在制度实施中职能发挥不充分，该投入的部分投得少，甚至不投，如对经办费用投入不足、对养老待遇不涨、对基金监管不严等。参见刘向红《影响新型农村社会养老保险可持续发展的若干制约因素》，《农业经济》2011年第8期，第58页。

（三）有助于全面建成小康社会和全面深化改革的贯彻落实

全面建成小康社会是中央对未来经济社会发展所提出的基本目标，实现这个目标的关键是广大农村居民、城镇非正规就业者以及贫困弱势群体小康生活的全面实现，尤其经济发展比较落后和农民增收困难的农村地区，这个工作最为棘手和困难，长时期以来，政府虽有努力，但始终未取得实质突破。而解决这个难题就须对农村的土地、产业、组织、管理等作全面改革和调整，以此第二次激发农村发展活力和动力。而改革的逻辑就是：通过城乡居民基本养老保险并轨进一步推进城镇化进程，大幅减少农民数量，在土地确权的引导下，促进土地自由流转、规模经营和农业现代化转型。同时，社保城乡统筹将引导更多城市资金、技术、资源和人才进入农村，助推农村发展，而农村更多资源和劳动力也将逐步融入市场，为农民带来更多收益，从而破解农民增收难问题。因此，并轨是中央落实全面建成小康社会重大决策部署的关键，更是全面深化改革的重要组成部分。

（四）有助于增强城乡居民基本养老保险制度运行的可持续能力

制度可持续的关键是基金可持续，而并轨恰恰能增强这个能力。因为：一是并轨后，中央和地方在财政支持上将进一步加大，这保证了基金财政筹资；二是并轨将增强城乡居民政策认同，在补贴增加和保障水平逐步提高的引导下，在缴费档次增加和缴费标准提高的条件下，缴费筹资定会随参保人数的增加、稳定和缴费档次的提高而不断增加，这保障了制度保费筹资来源；三是并轨后制度对基金保值增值问题做了统一投资运营安排，随着这项规定的落实以及基金整体规模的不断增大，基金投资运营收益将大大增加，原来低收益或贬值的状况将会得到根本改变，这样基金筹集将更有保障，城乡居民也更愿意参保；四是制度对财政尤其省市财政的经办管理费用投入责任的落实更是保证了基金收入能力，从而增强了基金支付能力；五是并轨后基金规模增大将减小或降低老龄化对制度的负面影响。这些将使制度运行比并轨前更具可持续性。

（五）有助于积累城乡居民与城镇职工养老制度的并轨经验

在全国范围将涉及众多城乡人口的两种养老保险并轨，在我国当数首次，虽然以前也存在老农村养老保险与新型农村社会养老保险之间的并轨实践，但毕竟涉及面不广和涉及群体不存在异质性，仅限于农村地区及其居民，而且更多的是制度转接层面上的。个别地区如苏州、宝鸡等虽然也是两种不同制度并轨，但仅局限于有限区域。这些虽然也能为全国范围内的异质制度并轨积累一些经验，却非常有限，不足以在更大范围内发挥指导作用。而城乡居民基本养老保险并轨恰恰能为未来全国城乡居民与城镇职工养老制度并轨积累经验。

四　城乡居民基本养老保险的制度特点

中国城乡居民基本养老保险虽然是两种制度的合并之物，制度模式在根本上没有什么大的变化，但与两种制度以及老农村养老保险制度相比，其还是具有一些独特特点的，主要有以下几方面。

（一）制度的公平性取向更加明确和自觉

《意见》明确将"增强公平性"作为制度建设之首要，让其在调节收入分配及促进城乡协调发展方面发挥重要作用，而在此前的制度建设中并未如此重要和明确地提出。例如，2009 年的《指导意见》在基本原则中只是说通过试点"逐步解决农村居民的老有所养问题"，而把社会公平作为制度建设及工作推进的根本出发点还未明确提出，尽管基础养老金的引入体现了这种精神。为促进公平，并轨后的制度不仅取消了参保捆绑和缴费补贴不能继承的设计，而且中央和地方财政的支持力度也逐步加大，还鼓励探索建立丧葬补助制度，这些都体现了制度公平取向的自觉。况且，并轨就是公平取向的重要举措和体现。城乡居民基本养老保险是推进社会公平的起点，所有不公平制度都将随着改革的深入而逐步瓦解①。

（二）制度的城镇化取向更加明显和直接

现行制度不仅要解决城乡居民养老问题（并轨前各类制度的宗旨），而且还要适应城镇化中农村人口的流动性及加速城镇化进程。

---

① 郭文婧：《统一城乡居民养老保险彰显推进社会公平决心》，《经济研究参考》2014年第 24 期，第 31 页。

《意见》把"适应流动性"作为制度建设及制度推进的重点之一，以及在出台的《城乡养老保险制度衔接暂行办法》中指出，由城乡居民制度转入城镇职工制度的，参保者缴费年限不再合并计算或折算；反之，缴费时间则要与原来的时间合并计算或折算，从而能引导城乡居民尤其农民工参加城镇职工养老保险①，因为这样可"多拿钱"，从而为农民工进城并留在城市创造了统一社保条件，顺推了城镇化进程。

（三）制度的保障能力比并轨前有了提高

保障参保居民老年基本生活是养老金制度的根本宗旨。并轨后，制度保障能力要比并轨前各类制度大大提高。这主要是因为：一是城乡居民基本养老保险缴费档次比较多，缴费标准比较高，一般最高可达2000元，部分经济较好地区甚至可到3000—5000元不等，这与此前相比有了实质提高，这保证了养老金的提高；二是中央和地方财政支持加大，最低基础养老金已达70元，尤其待遇正常调整机制的建立更是保障了这点；三是账户积累基金按国家规定计息和基金统一投资运营，在很大程度上能保证基金增值；四是并轨后制度吸纳参保人口及资金的能力将增强，如农民工和城镇非正规就业者的参保将增多，基金规模将逐步增大，这使得制度抗御风险的能力有很大的改善。

（四）制度的稳定性比并轨前有较大提高

城乡居民基本养老保险虽与并轨前两种制度一样都是由国务院制定的，且也未上升为法律，但前者与后者的稳定性有很大不同。一是从指导文件看，《指导意见》明确表明，新农保是"试行"和"试点"，这意味着制度还有变动可能，而《意见》却指出，建立统一城乡居民基本养老保险制度，全文并未出现"试"字，这意味着制度将正式化并保持长期稳定；二是并轨后制度将包括农民、农民工及城镇所有非正规就业者，预计将达8亿人，人口增多必强化制度稳定

---

① 2012年人力资源和社会保障部数据显示：全国有农民工2.62亿人，而同期参加城镇企业职工养老保险的仅有4543万人。

性，因为政府为了社会稳定，须保证制度稳定，而制度吸纳资金多，也会使制度更安全。

（五）统一是制度建设及实施的内在要求

城乡居民养老制度并轨的使命之一就是解决城乡制度分割、碎片化严重及待遇不公问题，在顶层设计层面实现城乡公平统一，并将公平统一逐步推至全国各类养老保险，最终建立全国统一养老保险制度。《意见》指出，城乡居民在同一制度下平等地享受养老保障，不仅在制度名称、政策标准、经办服务及信息系统上统一，而且待遇也统一，切实保障城乡养老权益的公平和平等。而且，在推进进程上也做了具体时间安排。当然，统一并不意味农村居民与城镇居民的养老待遇完全相同，只是机会权利平等和待遇差距较小而已。

五 城乡居民基本养老保险并轨的效果

（一）推动了城乡居民基本养老保险"制度规模[①]"的增大

从全国看，2014 年年底，参保人数已达 50107 万人，比上年末增357 万人，基金收入 2386.9 亿元，比上年末增 334.9 亿元，基金支出 1656.7 亿元，比去年增 308.7 亿元，基金累计结存额 3845 亿元[②]，领取养老金人数突破 1.4 亿[③]，与去年相比持续增长。从地方看，山东 2013 年年底参保人数达 4512 万人，参保率 95% 以上，基金结存339.6 亿元[④]；江苏 2013 年年底参保人数达 1445.4 万人，参保率95% 以上，领养老金人数 933.2 万人，基金收入 187.2 亿元，基金支

---

① 郑秉文：《中国社会保险经办服务体系的现状、问题及改革思路》，《中国人口科学》2013 年第 6 期，第 2 页。

② 中华人民共和国国家统计局：《2014 年国民经济与社会发展统计公报》，中华人民共和国国家统计局网站，http://www.stats.gov.cn/tjsj/zxfb/201502/t20150226_ 685799.html；中华人民共和国人力资源和社会保障部：《2014 年人力资源社会保障年度数据》，中华人民共和国人力资源和社会保障部网站，http://www.mohrss.gov.cn/SYrlzyhshbzb/zwgk/szrs/。

③ 尤蕾：《养老之变：城乡居民养老金并轨》，新浪新闻网，http://news.sina.com.cn/2014 - 12 - 04。

④ 张春晓：《山东省居民基本养老保险参保率超 95%》，中国经济网，http://www.ce.cn/。

出 147.7 亿元①；湖北 2013 年年底参保人数达 2236 万人，参保率在 98% 以上，领养老金人数达 605 万人，基金收入 78.3 亿元，基金支出 48.3 亿元，基金累计结存 107.7 亿元②。另外，其他省市区参保率目前也在 95% 左右，如河北 97.4%、陕西 98%、青海 93%、河南 92%、山西 94%、江西 94%、福建 96.8%、新疆 99%、内蒙古 95.7%、黑龙江 98.8% 等③。参保率持续增长主要是由于并轨，原来存在的养老保险关系畅通转接的障碍基本清除，城乡居民无论在任何地区参保，养老保险关系都能随人转移，这激励了一直不愿参保的农民工参保。随着中央和地方财政投入的不断提高，城乡居民基本养老保险并轨实施总体良好，城乡居民认同度在提高，参保热情也在高涨，整体参保率已达 90%，已成为中国参保人数最多的险种。

（二）推动了中国统一城乡养老保险体系的建立

实现养老保险制度统一是中国城乡养老保险发展的基本目标。城乡居民基本养老保险并轨，把农村居民与城镇非正规就业居民纳入统一制度，在缴费、待遇及管理等方面逐步统一，从而使统一城乡养老保险体系建立实现了突破。而且，通过颁布实施城乡养老保险转移接续政策，解决了城乡居民基本养老保险与城镇职工养老保险、农民工养老保险等的衔接问题。这些在某种程度上扫除了中国城乡各类养老保险统一发展的束缚和障碍，缓解了制度"碎片化"，为中国城乡养老保险真正统一做了制度上的准备。

（三）改善了农村居民与城市居民社会养老规则公平

养老保险规则公平是指国家或政府制定的养老保险制度、实施机制以及经办服务标准对制度覆盖群体普遍适用，不存在因身份、地域、性别、收入、家庭等不同而导致养老保险制度和标准差异。作为

---

① 江苏省人力资源和社会保障厅：《2013 年江苏省人力资源和社会保障事业发展统计公报》，江苏省人力资源和社会保障厅网站，http：//www.jshrss.gov.cn/sjybg/tjgb/201405/t20140516_134693.html。

② 湖北省人力资源和社会保障厅：《2013 年湖北省人力资源和社会保障事业发展统计公报》，湖北省人力资源和社会保障厅网站，http：//www.hb.hrss.gov.cn/hbwzweb/html/xxgk/tjgb/64756.shtml。

③ 此处数据是从全国及各地的权威报道中获得的，全部是 2013 年至 2015 年年初的数据。

社会养老保险目标群体，任何人都可参与到制度中来，并享受平等的养老待遇。而新农保与城居保的并轨正是缩小或消除城乡差别的重要政策安排。并轨把农村居民与城镇居民（城市居民一部分）纳入同一养老保险制度，并共享同质的养老待遇和经办服务（将逐步实现），且并轨后的城乡居民基本养老保险制度包容的人口主要是农村居民（占制度覆盖总人口的90%），从而在某种程度上弱化了长期以来中国城乡福利管理及户籍制度分割，部分改善了农村居民与城市居民社会养老规则公平。

（四）缓解了城乡居民基本养老保险基金支付压力

在城乡居民基本养老保险并轨前，城乡人口老龄化程度是倒挂的，农村人口老龄化指数是 14.98%，城镇居民人口老龄化指数是 12.01%[①]。而并轨以后，城乡居民人口老龄化总指数将下降，且并轨后城市中的年轻农民工参保人数也会增加，从而在某种程度上削弱了人口老龄化对养老保险制度基金支付压力。同时，并轨后城乡居民基本养老保险基金收入的增加也会对基金支付压力起到缓解作用。当然，由于受基金低统筹层次及个人账户完全积累的局限，这种缓解是有限的。

---

① 邹湘江等：《人口流动对农村人口老龄化的影响——基于"五普"和"六普"数据分析》，《人口学刊》2013 年第 4 期，第 70—79 页；中华人民共和国国家统计局：《2010 年第六次全国人口普查统计公报》，中华人民共和国国家统计局网站，http://www. stats. gov. cn/。

第四章　城乡居民基本养老保险
并轨后的问题及成因

　　问题就是需要研究讨论并加以解决的矛盾和疑难。中国城乡居民基本养老保险问题是指城乡居民基本养老保险在制度设计及实施中存在的制约制度运行、制度目标实现及制度有效实施的矛盾或障碍。城乡居民基本养老保险在不同发展阶段均存在各种制度设计及实施问题。随着制度并轨，有些问题逐渐被解决，如捆绑参保、个人账户补贴不能继承、衔接性不强、缴费档次少等问题。有些问题不但不能被解决，反而还持续放大，甚至产生新问题。这些问题正在以不同方式制约着中国城乡居民基本养老保险的持续发展。本章主要分析这些问题并揭示其成因。

第一节　城乡居民基本养老保险基金支付
能力问题及成因

　　基金支付能力是指养老保险在既定的基金积累模式下，可供支配的总资产持续支付居民养老金的能力。较高的养老保险基金支付能力是养老保险制度可持续运行的根本保证。一方面，从理论基础来说，养老保险所基于的世代交叠模型和生命周期假说之理论都是以养老保险基金支付的可持续性为灵魂和支点的，现收现付制度模式是通过在职年轻人缴费（税）而退休老人消费的代际平衡分配机制来维持的，而积累制度模式是通过个人生命周期过程中的储蓄与消费的平滑机制来保证的；另一方面，从实践发展来说，任何模式的养老保险制度的实施、改革和完善都是以增强养老保险基金支付能力的可持续性为目标和重点的，养老金危机的实质就是养老保险基金支付能力危机，养老金制度改革的成效如何，是以养老保险基金支付能力是否得到提高为衡量标准的。随着养老待遇的不断提高，中国城乡居民基本养老保险基金支付能力不足问题正在显现，越来越不能支撑城乡居民基本养老保险的快速发展。本节将分析这个问题并揭示其原因。

一　养老保险基金支付能力综合评价指标[①]

评价养老保险基金支付能力主要有以下几个指标：基金支付率、基金累结支出倍数、基金支付 GDP 占比。养老保险基金支付率，即养老保险基金支付总额占基金收入总额的比率，比率越大，养老金支付压力就越大，养老保险基金支付能力就越小；反之，养老金支付压力就越小，养老保险基金支付能力就越大。养老保险基金累结支出倍数，即养老保险基金年累计结余总额与基金年支出总额的比值，比值越大，养老金支付压力就越小，养老保险基金支付能力就越大；反之，养老金支付压力就越大，养老保险基金支付能力就越小。养老保险基金支付 GDP 占比，即养老保险年基金支付总额占 GDP 的比重，比重越大，养老金支付压力就越小，养老保险基金支付能力就越强；反之，养老金支付压力就越大，养老保险基金支付能力就越小。其中，养老保险基金支付额等于基础养老金加上个人账户养老金支出（含补贴和补助）。此处将运用这些指标，对中国城乡居民基本养老保险基金支付能力进行分析。

二　城乡居民基本养老保险基金支付能力存在的问题

（一）基金支付能力整体不足

亚洲开发银行（2011）动态测算显示：随着养老金水平（包括养老金绝对额和养老金替代率）的不断提高，基金支付率将由 2010 年的

---

① 周志凯：《试论养老保险制度可持续发展的条件》，《经济体制改革》2005 年第 6 期，第 118—119 页。

34.1% 增至 2050 年的 98.9%，基金支出弹性越来越小（表 4-1），这表明城乡居民基本养老保险基金支付能力正在逐年下降。在这个过程中，虽然养老金支出 GDP 占比也在逐年增加，由 2010 年的 0.1% 增至 2050 年的 0.4%，比重增了 3 倍（表明相当部分的社会财富逐步转化成了城乡居民养老金），但其增长幅度却大大小于基金支付的增长幅度，以至于城乡居民基本养老保险基金支付缺口在所难免，2019年后，个人账户赤字快速增高就证明了这点（表 4-6）。另外，如果再算入城镇居民养老金支付，那么中国城乡居民基本养老保险基金支付压力就会更大，基金支付能力也会严重不足。

表 4-1　　　　　　　2010—2050 年部分年份中国城乡居民
养老保险养老金支付情况　　　　单位：亿元、%

指标	2010 年	2015 年	2020 年	2030 年	2040 年	2050 年
国内生产总值	376601	738086	1364521	3794574	8458928	17082392
居民养老金支出 GDP 占比	0.1	0.3	0.3	0.4	0.4	0.4
养老金总支出	192	2052	3610	13637	29530	62120
其中：基础养老金	192	2014	3398	11489	23271	44895
个人账户养老金	0	37	213	2147	6259	17224
养老金总支出结构						
其中：基础养老金	99.9	98.2	94.1	84.3	78.8	72.3
个人账户养老金	0.1	1.8	5.9	15.7	21.2	27.7
基金支付率	34.1	36.5	39.2	78.5	87.3	98.9
养老金总支出（2009 年价格）	185	1622	2345	5984	8754	12441

资料来源：何平：《中国农村养老保险制度改革与发展报告——可持续性分析》，中国经济出版社 2011 年版，第 39 页。

城乡居民基本养老保险基金支付能力不足正在显现（表 4-2）。2011—2015 年基金支出增长幅度明显大于基金收入增长幅度，基金支出年增长率与基金收入年增长率比值分别为 1.38、1.42、1.42、2.29、3.95，这意味着基金整体支付能力正在逐步下降，特别是2014 年和 2015 年，下降得更是迅速；基金支出 GDP 占比由 0.13%

升至 0.26%，但上升幅度比较小，这说明社会劳动者所创造的相当部分财富并没有及时转化为城乡居民基本养老保险的基金收入，并进而用于基金支出；基金支付率不断上升，由 54.0% 升至 75.0%，升幅达 21%，这表明当前城乡居民基本养老保险基金支付负担在加重，支付压力在加大。如果按目前基金支出年均增幅约 5% 来估算，那么 5 年后，即 2020 年基金收入或积累将不能满足基金支出需要，甚至其速度还要快，这与亚洲开发银行的预测基本吻合（表 4 - 6）。

表 4 - 2　　　　2011—2015 年中国城乡居民基本养老保险基金支付能力情况　　　　单位：亿元、%

年份	GDP	收入	年增率	支出	年增率	支 GDP 占比	支收入占比
2011	473104	1110	145.0	599	199.5	0.13	54.0
2012	519470	1829	64.8	1150	92.2	0.22	62.9
2013	568845	2052	12.2	1348	17.3	0.24	65.7
2014	636463	2310	7.2	1571	16.5	0.25	68.2
2015	682288	2400	3.7	1800	14.6	0.26	75.0

　　资料来源：根据相关数据计算整理而得。数据参见中华人民共和国国家统计局《国民经济与社会发展统计公报（2013）》，中华人民共和国国家统计局网站，http：//www. stats. gov. cn/tjsj/tjgb/ndtjgb；中华人民共和国人力资源与社会保障部：《人力资源和社会保障事业发展统计公报》（2011—2014 年），中华人民共和国人力资源和社会保障部网站，http：//www. mohrss. gov. cn/SYrlzyhshbzb/zwgk/szrs/tjgb；杨晓光、杨翠红：《2015 年中国经济预测与展望》，科学出版社 2015 年版，第 56 页。其中，2015 年基金收支额是根据人力资源和社会保障部 1—9 月城乡居民基本养老保险参保总人数、基金收支额估算的。

（二）基金支付能力地区不平衡

城乡居民基本养老保险基金支付能力整体在下降的同时，地区间基金支付能力也在不平衡发展。从表 4 - 3 可以看出，2013 年全国各省市城乡居民基本养老保险基金支付率在 70% 以上的有 9 个，分别为辽宁、上海、江苏、浙江、江西、山东、河南、广西和贵州。其中，江苏、浙江、广西三省份已达 80%—90%，而上海、江西两省市更是收不抵支，基金支付率分别为 101% 和 160%，年收支缺口分别达到 0.3 亿元和

10.3亿元，不得不动用上年结余基金来补亏。同时，从累结支出倍数来看，大多数省份在2倍左右，仅北京、天津两市为5倍以上，而低于2倍的省份共7个，分别为辽宁、浙江、江西、湖南、广西、重庆、贵州，其中，广西和浙江两省更是低至0.9和1.2，基金支付能力即将殆尽。另外，从基金累结额来看，年累结额在100亿元以上的省共12个，分别为北京、天津、河北、江苏、浙江、安徽、山东、河南、湖北、湖南、广东、四川，低于20亿元的省有5个，分别为广西、海南、西藏、青海、宁夏。而如果取交集，唯独天津基金支付压力相对小些，因为其基金支付率仅为30%，并且累结支出倍数最高。

总体来看，无论是发达地区还是欠发达地区，其基金支付压力都不小。发达地区或基金累结额高的省份虽然基金积累量比较大，但基金支付率也比较高，一般在60%以上，大多数在70%以上，并且基金累结支出倍数也比较低，一般在2倍或更低倍，如浙江、湖南。而欠发达地区，如西部各省份，虽然基金累结支出倍数普遍在2.3倍以上（除重庆和贵州），如宁夏和新疆分别达到2.9倍和3.8倍，但基金支付率却普遍在50%—60%之间，且基金累结额也普遍比较小（除四川），如宁夏和新疆分别仅为12.5亿元和33.9亿元，西藏更是低至6.7亿元。基金支付能力的地区不平衡，必将影响中国城乡居民基本养老保险的均衡发展。

表4-3　　　　2013年中国各省份城乡居民基本养老保险基金支付能力情况

省份	基收（亿元）	基支（亿元）	支收入占比（%）	累结（亿元）	累结支出倍数
北京	29.9	17.1	60.0	101.4	5.9
天津	50.0	16.7	30.0	106.4	6.4
河北	99.9	60.6	60.0	133.2	2.2
山西	53.9	29.8	60.0	76.9	2.6
内蒙古	44.1	27.3	60.0	58.1	2.1
辽宁	42.8	31.1	70.0	42.0	1.4
吉林	24.4	15.0	60.0	30.1	2.0
黑龙江	30.4	17.9	60.0	44.1	2.5

续表

省份	基收（亿元）	基支（亿元）	支收入占比（%）	累结（亿元）	累结支出倍数
上海	34.1	34.4	101.0	72.0	2.1
江苏	190.4	148.5	80.0	340.3	2.3
浙江	121.1	105.3	90.0	129.5	1.2
安徽	109.9	63.7	60.0	132.8	2.1
福建	48.9	29.6	60.0	63.9	2.2
江西	17.9	28.2	160.0	39.7	1.4
山东	209.3	138.6	70.0	357.8	2.6
河南	146.2	95.7	70.0	189.8	2.0
湖北	78.3	48.3	60.0	107.7	2.2
湖南	99.1	58.9	60.0	110.7	1.9
广东	141.7	90.9	60.0	219.5	2.4
广西	7.3	5.8	80.0	5.1	0.9
海南	12.0	7.6	60.0	15.2	2.0
重庆	64.8	38.4	60.0	66.9	1.7
四川	145.2	93.9	60.0	215.5	2.3
贵州	45.2	30.2	70.0	44.0	1.5
云南	63.9	33.5	50.0	94.4	2.8
西藏	4.4	2.8	60.0	6.7	2.4
陕西	65.9	39.8	60.0	90.7	2.3
甘肃	37.4	21.1	60.0	53.0	2.5
青海	7.7	4.6	60.0	12.0	2.6
宁夏	8.0	4.2	50.0	12.5	2.9
新疆	18.0	9.0	50.0	33.9	3.8

资料来源：根据相关数据计算整理而得。数据参见中华人民共和国国家统计局《中国统计年鉴（2014）》，中华人民共和国国家统计局网站，http://www.stats.gov.cn/tjsj/tjcbw/。

三　城乡居民基本养老保险基金支付能力问题成因分析

城乡居民基本养老保险基金支付能力问题成因复杂，既有制度原因，也有非制度因素影响。非制度因素主要有以下两方面：一是地区经济发展不平衡,各地区尤其欠发达地区的经济财政实力不足以支撑制度长期运行,尤其是在缩小与城镇职工养老待遇方面更是压力重重;二是城乡居民人口老龄化不断加深,老年人口不断增加,养老金领取人数不断增长(表4-4),兼具现收现付制和基金积累制部分优点的统账制度模式,对此虽有一定缓解作用,但不能从根本上解决问题。

表4-4　　2010—2015年中国城乡居民基本养老保险参保人数与
养老金领取人数增长比较

年份	参保人数(万人)	年增长率(%)	领取人数(万人)	年增长率(%)
2010	10276.8	18.25	2862.6	83.97
2011	32643.5	217.64	8921.8	211.67
2012	48369.5	48.17	13075.0	46.55
2013	49750.1	2.85	13768.0	5.30
2014	50107.0	0.72	14313.0	3.96
2015	50472.0	0.73	—	—

资料来源:根据相关数据计算整理而得。数据参见中华人民共和国人力资源和社会保障部《人力资源和社会保障事业发展统计公报》(2010—2014年)、《人力资源社会保障统计快报数据》(2015年),中华人民共和国人力资源和社会保障部网站,http://www.mohrss.gov.cn/SYrlzyhshbzb/zwgk/szrs/tjgb/。其中,2015年数据为当年年末的。

除非制度因素影响之外,制约城乡居民基本养老保险基金支付能力的关键是制度因素,即城乡居民基本养老保险基金收入制度不合理。根据《意见》规定,城乡居民基本养老保险基金来源主要包括个人缴费、村社补助、财政补贴及基金投资运营收益四部分。现将各部分基金供资能力分别加以分析。

(一)养老保险缴费逆向激励限制了城乡居民选择高档次缴费

人均纯收入是衡量城乡居民缴费能力的最主要指标。从农村居民看,进入21世纪后,国家相继向"三农"实行了许多支农惠农政策,如取消农业税、粮食保护价收购、粮食种植补贴、农业种子补贴、农业财政和税收扶持等，这使得农村居民年人均纯收入不断增加（图4-1）。2009年就达5153元，比2003年增加2531元，年均增加362元，当年农村贫困人口就减少410万人[①]。按照国家统计局农村居民收入水平五等份分类，2009年农村家庭人均纯收入分别为：低收入户为1549.3元、中等偏下户为3110.1元、中等收入户为4502.1元、中等偏上户为6467.6元、高收入户为12319.1元[②]。如果按照300元缴费来计算，其占低收入户人均纯收入的比重为19.4%，占中等偏下户的9.6%，占中等收入户的6.7，占中等偏上户的4.6%，占高收入户的2.4%。个人年缴费额人均纯收入占比普遍在10%以下（国外15%—40%[③]），这种费率是不高的，多数农村居民完全能负担得起。国家统计局2008年对68190户农村的家庭收入调查也显示：人均纯收入低于1000元的仅占3.42%[④]。同时，从农村居民收支剩余及其占人均纯收入的比重来看，剩余额由2009年的1159元增至2012年的2009元，其占人均纯收入的比重一般保持在22.5%—26%（表4-5）。所有这些表明：绝大多数农村居民的养老保险缴费能力是有保障的。从城镇居民来看，尽管其属于非从业人员，与城镇正规就业居民相比收入不是很高，但与农村居民相比，收入并不低。统计显示：2011年城镇居民人均纯收入和人均消费现金支出按三等份分类，困难户为6445.5元和5575.6元，最低收入户为7819.4元和6431.9元，较低收入户为11751.3元和8509.3元[⑤]。另外，与农村居民相比，城镇居民虽然没有土地收入，也没有正规单位和职业，即他们没有像城镇职工那样的稳定经济收入，但其拥有优越

[①]　中华人民共和国国家统计局：《中国统计年鉴（2009）》，中华人民共和国国家统计局网站，http：//data. stats. gov. cn/workspace/index？ m＝hgnd。

[②]　同上。

[③]　何平：《中国农村养老保险制度改革与发展报告——可持续性分析》，中国经济出版社2011年版，第153页。

[④]　吴伟：《我国新型农村社会养老保险制度研究》，硕士学位论文，苏州大学，2010年，第34页。

[⑤]　中华人民共和国国家统计局：《中国统计年鉴（2011）》，中华人民共和国国家统计局网站，http：//data. stats. gov. cn/easyquery. htm？ cn＝C01。

的地理区位优势，即长期居住和生活在城市或城镇社区内，有比较便利的从事各种经济商业活动和就业的优势，社会网络资源也比较丰富，所以获得相应经济收入的机会或成本就比农村居民便利或占优势。而农村居民虽然有些土地，但土地收益在目前的社会经济发展中日益缩水，有时甚至还赔本。况且，随着城市建设用地的不断扩张，农村居民可利用的耕地越来越少，农村居民获得生活保障的路径基本与城镇居民相同，即常年外出到城市从事非农产业。显然，城镇居民无论在人均收入水平，还是养老保险缴费能力上，均与农村居民差距不大，让两者共处同一养老保险制度体系是政府养老保险制度建设的明智之举，这样更利于养老保险制度的运行和中国统一养老保险体系的建设。

图 4-1　2003—2013 年中国农村居民年人均纯收入及其增长速度

资料来源：根据相关数据绘制而得。数据参见中华人民共和国国家统计局《国民经济与社会发展统计公报》（2003—2013 年），中华人民共和国国家统计局网站，http://www.stats.gov.cn/tjsj/tjcbw/。

表 4-5　　　　　2003—2012 年中国农村居民收支及剩余收入占比　　单位：元、%

年份	人均纯收入	人均消费支出	收支剩余	剩余收入占比
2003	2622	1943	679	25.9
2004	2936	2185	751	25.6
2005	3255	2555	700	21.5
2006	3587	2829	758	21.1

续表

年份	人均纯收入	人均消费支出	收支剩余	剩余收入占比
2007	4140	3224	916	22.1
2008	4761	3661	1100	23.1
2009	5153	3994	1159	22.5
2010	5919	4382	1537	26.0
2011	6977	5221	1756	25.2
2012	7917	5908	2009	25.4

注：收支剩余 = 人均纯收入 − 人均消费支出；剩余收入占比 = 收支剩余/收入 × 100%。

资料来源：根据相关数据计算整理而得。数据参见中华人民共和国国家统计局《中国统计年鉴》（2003—2012 年）、中华人民共和国国家统计局网站，http：//www. stats. gov. cn/tjsj/tjcbw/。

　　然而，个人缴费的逆向激励使得大多数城乡居民在参加养老保险时普遍选择 200 元以下的缴费档次缴费，即便并轨后增加了个人缴费档次，也没有让更多的城乡居民提高个人缴费档次和缴费水平[1]，尽管近年来城乡居民人均纯收入处于不断增长的阶段。2009—2013 年，农村居民人均纯收入由 5153 元增至 8896 元，年均增长 14.6%；城镇居民人均可支配收入由 17173 元增至 26955 元，年均增长为 11.9%[2]。温海红等（2014）在陕西西安、宝鸡和铜川三地市的实地调查显示：城乡居民个人缴费选择最低档次 100 元的比重为 60.5%，选择 200元、300 元和 400 元缴费档次的比重分别为 6.2%、2.6% 和 3.7%，500 元至 600 元缴费档次的比重均小于 5%，700 元至 900 元缴费档次的比重分别为 0.3%、2.1% 和 0.5%，1000 元至 2000 元缴费档次的比重稍微高一点，均保持在 5% 到 7% 之间（图 4 − 2）。同时，城乡居民期望选择 200 元以下缴费档次的比重占 36.9%（图 4 − 3）[3]。江

---

[1]　大多数参保居民选择低档缴费是城乡居民基本养老保险各发展阶段共存的普遍现象。

[2]　中华人民共和国国家统计局：《2013 年国民经济和社会发展统计公报》，中华人民共和国国家统计局网站，http：//www. stats. gov. cn/tjsj/zxfb/201402/t20140224_ 514970. html。

[3]　温海红、师山霞、李强：《城乡居民社会养老保险缴费水平及其影响因素——基于陕西省三市的调查》，《西安交通大学学报》（社会科学版）2014 年第 1 期，第 79 页。

苏省射阳县城乡居民基本养老保险管理中心的陈志富（2014）的调查也显示：虽然射阳县经济社会发展状况比较好和城乡居民收入水平也比较高①，但在15个个人缴费档次②中城乡居民仍然普遍选择低档次进行缴费，2010年、2011年、2012年和2013年人均年个人缴费分别为100元、200元、300元和300元③。人力资源与社会保障部劳科所的张丽宾（2013）对中国城乡居民基本养老保险制度实施情况的全国性调查也证明了上述结论④。城乡居民个人缴费普遍选择低档次限制了基金收入的增长，这对不断上涨的养老金支出是不利的。

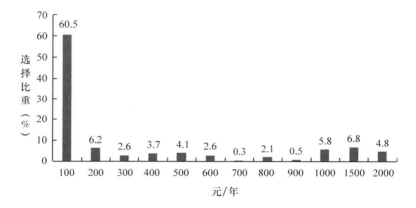

图4-2　陕西省三市城乡居民实际缴费档次选择比重情况

---

① 2013年，射阳县国内生产总值355亿元，年增长12%；地方财政收入68.8亿元，年增长9.2%；城镇居民人均可支配收入21310元，年增长10%；农民人均纯收入13080元，年增长11.5%。

② 射阳县城乡居民基本养老保险个人缴费设立15个档次，即100元、200元、300元、400元、500元、600元、700元、800元、900元、1000元、1100元、1200元、1800元、2400元、3000元。

③ 陈志富：《城乡居民社会养老保险制度运行过程中存在的问题及对策》，《商》2014年第10期，第140页。

④ 张丽宾：《我国城乡居民养老保险的调查与思考——从6省12市县区74位居民访谈说起》，《经济研究参考》2013年第72期，第14页。此次调查的6省12市县区分别是湖北的武汉江夏区和宜昌远安县、甘肃的定西市陇西县和临夏州永靖县、河北的廊坊市大厂县和沧州献县、贵州的都匀市和遵义市、山东日照东港区和淄博市沂源县、江苏的南京江宁区和盐城大丰市，该调查选点兼顾地区经济差异，很有代表性。

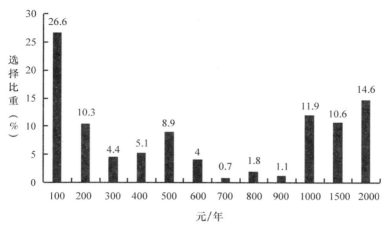

图4-3　陕西省三市城乡居民期望缴费档次选择比重情况

城乡居民个人缴费少，政府补贴相应也少，基金收入必然会少。从表4-6可看出，2011—2015年城乡居民基本养老保险基金收入尽管在不断增加，但增幅却不断递减，这说明制度吸纳资金的能力在逐渐下降。当前，制度虽然实现了城乡全覆盖，农村扩面已近顶点或参保率近100%，但城镇居民还有2600多万人游离在制度之外而不愿参保，即便参保，还是有部分城乡居民（一般是45岁以下）在心理上持观望态度或选择低档次缴费。如果城乡居民个人缴费水平不能提高，那么必然会影响基金收入的持续稳定。

（二）养老保险村（社）补助与城乡村（社）实际不符且缺乏政策支持

从农村来看，农村集体经济组织是计划经济时代的产物，在计划经济时代它才真正地具有经济意义，作为经济性实体，农村居民是它的工人或劳动者，土地是它的生产资料，它是农村居民和土地的雇主或主人，两者具有法律意义上的劳资关系，集体经济组织要负责农村居民的生活和社保，包括养老、救济等，如现存的"五保供养"就是那时遗留下来的，甚至个人的一些私事也要通过集体组织来解决等，而农村居民要对集体经济组织贡献劳动和服务，所以集体经济组织在计划经济时代对农村居民的生产生活具有重要意义。然而，随着

20 世纪 80 年代中国经济体制改革在农村的不断推进，如包干到户的家庭联产承包经营责任制度的建立，农村居民与集体经济组织的关系逐渐发生了变化，原来紧密的经济劳资关系逐步消失，代之以社会管理关系或村民自治关系，集体的社会保障功能和经济功能也逐渐弱化和消失。90 年代以后，尤其随着市场经济的发展，除少数发达地区或城镇郊区的农村还存在村办企业或乡镇企业外，绝大多数的农村集体已不存在经济功能，即便个别集体还存在一些收入，也是极其有限。在这种背景下，城乡居民基本养老保险在制度建设中始终把它作为筹资来源是不合时宜的，况且制度规定又极具灵活性，可补可不补，这只能加大村办或乡镇经济发达地区与该方面薄弱或空白地区农村居民养老待遇的差距。当然，把集体补助纳入制度，也是为未来中国城乡养老保险制度的衔接做出的安排，但既然安排就要配套好政策支持，并采取措施再逐步坐实集体经济。只有这样，集体补助才能在农村养老保障中发挥增加基金收入并承担保障责任的作用。

从城镇来看，社区补助在并轨前是不存在的，并轨后《意见》要求，有条件的社区对城镇居民参保提供补助，所需资金纳入社区公益事业资金筹集。社区补助就是城市居委会从社区公共资金中抽取部分资金补助居民参保。然而，由于中国现行社区资金筹集主要是依靠政府财政划拨以及部分社会资金支持，财政社区资金投入主要是由市县区政府承担，但在具体拨付上却没有明确规定，以至于地方政府的可操作性空间比较大，可拨可不拨，尤其是 1994 年分税制改革以来，市县区政府财政紧张，对社区资金投入更是难以支撑。1999 年社区体制改革后虽然加大了资金投入，但因社区没有独立财务，社区资金仍不能充足、及时地保障。同时，社区筹资渠道比较单一，目前主要依靠社会募捐和自筹经费，资金也非常少。赵雨桐和黄君洁（2015）对黑龙江佳木斯 50 个社区的调查显示：资金不充足的社区占比 78%，社区社会筹资占社区资金的比重不足 20%[①]。

---

① 赵雨桐、黄君洁：《城市社区财政问题及其困境分析——基于黑龙江省佳木斯市 50 个社区的实证研究》，《佳木斯大学社会科学学报》2015 年第 4 期，第 54 页。

2005 年民政部百城社区建设抽样调查显示：仅黑龙江就有 40% 的社区没有自己的办公机构和场所，50% 的社区不能保障办公经费开支，甚至连基本的办公取暖费也难以支付①。在社区资金普遍紧张及缺乏配套政策支持的条件下，社区对城镇居民参保补助能力就可想而知了，更不要说通过增加补助提高基金收入了。例如，笔者在济南市几个社区及天桥、历城等区的社保局走访调查时就发现，目前向城镇非从业居民提供补助的社区很少，大部分社区如农村集体一样空缺着，仅个别社区，如历城区山大路街道所辖的利农社区每年向参保居民提供补助，但仅为 8 元；山东省人社厅资料也显示：全省城镇居民社区补助空缺现象普遍，即便有补助，其额度也很低②。

（三）养老保险财政筹资负担上轻下重且地区财政筹资负担不均衡

政府补贴是城乡居民基本养老保险基金收入的重要组成部分，其能否及时足额到位是制度持续运行的关键。根据中央《意见》规定，中央和地方财政对基础养老金和个人缴费补贴承担财政责任。其中，中央财政对中西部地区省份最低基础养老金给予全额支付，对东部地区省份给予 50% 的支付，剩余的部分由地方财政承担；地方财政承担个人缴费补贴、基础养老金提待、参保激励金计发、贫困弱势群体缴费、个人账户赤字等。从目前的制度运行看，国家财政负担能力整体是有保障的，但从中央到地方负担来看，呈上轻下重的态势，地方财政负担压力大且区域间不平衡，欠发达地区及县区财政问题尤为突出。

从财政总供给看，亚洲开发银行基于人口、财政收入、缴费水平、人均纯收入及待遇给付等的动态增长对新农保财政供给的测算显示：2010 年至 2050 年国家财政总供给量持续增长，由 2010 年的 223 亿元增至 2050 年的 54948 亿元，年均增长 14.8%；基础养老金、个

---

① 中华人民共和国民政部：《民政部全国百城社区建设情况抽样调查报告（2005）》，中华人民共和国民政部网站，http://www.mca.gov.cn/article/sj/。

② 此处信息来自山东省人力资源与社会保障厅。

人账户缴费补贴和账户赤字补贴分别增长 14.6%、12.5% 和 31%；国家财政新农保支出比例基本保持在 1.2% 至 1.4% 之间（表 4-6）[①]。如果算上全部城镇非从业居民（假设目前全国符合条件的 5000 万人全参保），按基础养老金 70 元、个人缴费补贴 30 元和养老金领取人数 1000 万（2013 年数据）计算（不考虑激励金），则国家财政每年只需再投入几十亿元即可，因为城镇非从业居民在城乡居民基本养老保险制度总覆盖人口中所占比重不到 10%，且该部分人口多半是旧体制遗留或特殊弱势群体，群体数量相对比较稳定，所以对国家财政负担整体影响不是很大。因此，从整体看，目前国家财政对城乡居民基本养老保险资金投入是有保障的，财政负担压力不是很大。当然，压力不大不等于没有风险。因为从国家财政收入增长看，2000 年至 2011 年国家财政收入年均增长率为 10.6%[②]，远低于国家财政对城乡居民基本养老保险投入的年均增长率 14.8%；从人口来看，城乡人口老龄化在加快，城乡居民中的老龄和高龄老年人人口在不断增长，城乡人口老龄化倒置态势不断加剧[③]，2010 年第六次人口普查显示：农村 60 岁及以上人口已占全国总人口的 14.98%，城市和城镇的这一比例分别为 11.47% 和 12.01%[④]，比 2000 年分别提高了 3.98%、1.47% 和 3.01%；从经济发展水平来看，中国经济正由高速发展向中低速发展阶段迈进，未来经济高速增长的现象不再常有，相应的政府财政收入的增速也将逐步放缓（图 4-4），而且财政支出的项目也会伴随社会各项事业的发展而越来越多。这些必定对政府财政对养老保险基金的供给能力产生影响，所以中央和地方财政在安排资金时要

---

① 何平：《中国农村养老保险制度改革与发展报告——可持续性分析》，中国经济出版社 2011 年版，第 41 页。

② 根据 2000—2011 年《国民经济与社会发展统计公报》中相关数据计算得出。

③ 林宝：《中国农村人口老龄化的趋势、影响与应对》，《西部论坛》2015 年第 2 期，第 45 页。

④ 邹湘江等：《人口流动对农村人口老龄化的影响——基于"五普"和"六普"数据分析》，《人口学刊》2013 年第 4 期，第 70—79 页；中华人民共和国国家统计局：《2010 年第六次全国人口普查统计公报》，中华人民共和国国家统计局网站，http://www. stats. gov. cn/。

统筹考虑，既要重视城乡居民基本养老保险制度保障水平的逐步提高，又要做好制度与经济发展、财政收入的协调。只有这样，中央和地方财政供给才能稳定、持续和可靠，中国城乡居民基本养老保险基金收入才能健康稳定，保持韧性和可持续性。

表 4 - 6　　　　2010—2050 年部分年份中国新型农村
养老保险财政供给情况　　　单位：亿元、%

指标	2010 年	2015 年	2020 年	2030 年	2040 年	2050 年
养老金总支出	192	2052	3610	13637	29530	62120
其中：基础养老金	192	2014	3398	11489	23271	44895
个人账户养老金	0	37	213	2147	6259	17224
养老金缴费总额	371	3603	5854	5889	10557	17932
其中：个人缴费	340	3273	5102	4680	8389	14422
省市财政缴费补贴	25	264	601	967	1734	2808
县财政缴费补贴	6	66	150	242	434	702
集体补助	0	0	0	0	0	0
个人账户积累	347	7629	22193	67709	149792	329714
财政供给总额	223	2345	4153	13017	28045	54948
其中：中央财政	160	1727	2832	9574	19134	36581
省市财政	41	408	885	1925	3803	6965
——基础养老金	16	144	283	957	2069	4157
——缴费补贴	25	264	601	967	1734	2808
县级财政	22	210	436	1518	5108	11402
——基础养老金	16	144	283	957	2069	4157
——缴费补贴	6	66	150	242	434	702
——长寿风险补贴	0	0	2	319	2606	6543
财政供给比（%）						
其中：中央财政供给比	0.4	1.9	1.6	1.9	1.7	1.6
地方财政供给比	0.2	0.8	0.8	0.8	0.9	0.9
国家财政供给比	0.3	1.4	1.2	1.4	1.3	1.3
财政负担比（%）						

续表

指标	2010 年	2015 年	2020 年	2030 年	2040 年	2050 年
其中：中央财政负担比	71.7	73.6	68.2	73.5	68.2	66.6
地方财政负担比	28.3	26.4	31.8	26.5	31.8	33.4
省市财政负担比	18.4	17.4	21.3	14.8	13.6	12.7
县级财政负担比	9.9	9.0	10.5	11.7	18.2	20.7

注：财政供给比 = 财政供给量/财政收入额×100%；财政负担比 = 各级财政供给量/国家财政供给总额×100%。

数据来源：何平：《中国农村养老保险制度改革与发展报告——可持续性分析》，中国经济出版社 2011 年版，第 40—41 页。

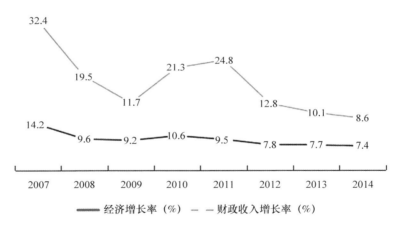

图 4 - 4　2007—2014 年中国 GDP 与财政收入增长趋势

资料来源：根据相关数据绘制而得。数据参见中华人民共和国国家统计局《国民经济和社会发展统计公报》（2007—2014 年），中华人民共和国国家统计局网站，http：//www.stats.gov.cn/tjsj/tjcbw/。

从中央财政供给看，2010 年至 2050 年，中央财政在城乡居民基本养老保险发展中始终发挥主导作用。从供给比来看，中央财政基本保持在 1.6% 至 1.9%，而地方财政基本在 0.8% 至 0.9% 之间；从负担比来看，中央财政负担比保持在 70% 左右，绝对额由 2010 年的 160 亿元增至 2050 年的 36581 亿元，年均增长 14.5%，其中基础养老金负担比在80%以上（表4-6）。这种财政供给与负担责任的划分是符合当前中央和地方财税制度安排的，即中央和地方财税分家，中央财力占50%左右。1994年中央对原来"放权让利"型财税制度进行了改革，根据中央和地方事权确立了分税财政体制，但该体制仅解决了体制内财政收支问题，而对体制外收支却未能顾及以至于1998年中央又启动了税费及财政制度改革，着力构建政府公共财政体制，让财政覆盖社会各利益群体，2003年又对其做了进一步健全和完善。公共财政体制的建立使中央和地方对城乡公共服务建设投入逐步增加，对农村及城镇居民的社保建设力度增强，城乡居民基本养老保险之所以能在短期内获得城乡居民普遍认同并得到快速发展，公共财政支持是其主要原因，这与老农保形成鲜明对比。然而，随着城乡居民人均纯收入及养老金动态增长，亚洲开发银行测算显示：中央财政供给比和负担比皆有所下降，供给比由2030年的1.9%降至2050年的1.6%，负担比由73.5%降至66.6%[1]，年均下降0.18%[2]。这与中央财政现有财力及城乡居民基本养老保险急需增加基金收入和提高保障水平很不协调。从2000年至2014年全国财政收支结构来看，中央财政收入占比达50%左右，但其国家财政支出占比却不高，2000年至2009年支出占比在20%至35%之间，而2009年以后却逐年下降，2013年已降至14.6%（表4-7）。中央财政供给下降必然影响城乡居民基本养老保险基金的收入，如从新农保试点至两种制度并轨，5年间基础养老金的最低标准始终未见增长。基础养老金是普惠型养老金，中央财政作为中央调控全局的重要经济手段，有义务在其中承担主导责任并让该责任长期持续下去。这样，财政支出才能体现公平，城乡居民基本养老保险公平才能真正落实，城乡居民政策认同才能不断提高，城乡居民基本养老保险基金收入才能不断获得资金支持。

---

① 此数据是根据表4-6中相关数据计算而得。
② 此处比例值是根据表4-6中相关数据计算而得。

表 4 - 7   2000—2014 年中国公共财政收支结构情况

年份	收入					支出				
	绝对额（亿元）			比例（%）		绝对额（亿元）			比例（%）	
	小计	中央	地方	中央	地方	小计	中央	地方	中央	地方
2000	13395	6989	6406	52.2	47.8	15887	5520	10367	34.7	65.3
2001	16386	8583	7803	52.4	47.6	18903	5768	13135	30.5	69.5
2002	18904	10389	8515	55.0	45.0	22053	6772	15281	30.7	69.3
2003	21715	11865	9850	54.6	45.4	24650	7420	17230	30.1	69.9
2004	26396	14503	11893	54.9	45.1	28487	7894	20593	27.7	72.3
2005	31649	16549	15101	52.3	47.7	33930	8776	25154	25.9	74.1
2006	38760	20457	18304	52.8	47.2	40423	9991	30431	24.7	75.3
2007	51322	27749	23573	54.1	45.9	49781	11442	38339	23.0	77.0
2008	61330	32681	28650	53.3	46.7	62593	13344	49248	21.3	78.7
2009	68518	35916	32602	52.4	47.6	76300	15256	61044	20.0	80.0
2010	83080	42488	40592	51.1	48.9	89874	15990	73884	17.8	82.2
2011	103740	51327	52413	49.5	50.5	108930	16514	92416	15.2	84.8
2012	117254	56175	61078	47.9	52.1	125953	18764	107188	14.9	85.1
2013	129143	60174	68969	46.6	53.3	139744	20472	119272	14.6	85.4
2014	140350	64490	75860	45.9	54.1	151662	22570	129092	14.9	85.1

资料来源：根据相关数据计算整理而得。数据参见中华人民共和国财政部《财政部全国财政收支决算报告》（2000—2014 年），中华人民共和国国家财政部网站，http：//www. mof. gov. cn/gkml/caizhengshuju/。

　　从地方财政供给看，地方财政供给也在持续增长。从供给量来看，地方财政供给量①占国家财政供给总量的 30% 左右，由 2010 年的 63 亿元增至 2050 年的 18367 亿元，年均增长 15.2%，高于中央财政供给增长，这主要是由于中央财政只负责部分基础养老金，而除此之外的缴费补贴、基础养老金提待、东部地区 50% 的基础养老金、账户赤字补贴及激励金计发等全由地方财政承担，在缴费及待遇给付动态增长的条件下，地方财政供给必然快速增长（表 4 - 6）。而且，

----

　　① 地方财政供给量 = 省市财政供给量 + 县级财政供给量。

如果再算入城镇居民参保财政供给以及城乡居民基本养老保险经办服务投入，地方财政供给压力是很大的，尽管其供给比和负担比远小于中央财政。这点可从地方财政收支缺口及地方债务来证明。2000 年至 2010 年的地方财政收入稍低于中央财政，平均占国家财政收入的 47%，但年均支出却高达 75%，远高于中央财政年均 25% 的支出，而 2010 年以后，虽然收入逐渐高于中央财政，但增幅太小，与支出增长相比显得微不足道，2011 年至 2014 年支出比已速升至 85% 左右（表 4－7）。财政支出上轻下重使地方财政收支缺口不断攀升，以致地方不得不依靠中央财政转移支付或大规模举债来平衡财政。2009 年地方财政收支缺口率[①]高达 46.6%，缺口率低于 20% 的省市仅有北上广及江浙，中西部省区[②]平均在 65.7%，西藏、青海、宁夏、甘肃及新疆竟高达 70% 以上（表 4－8）；国际货币基金组织估计，到 2013 年年底，中国地方政府债务已占 GDP 的 36%，2019 年将达 52%[③]。当然，这只是宏观层面的中央与地方财政上轻下重问题，而从微观层面来看，地方财政内部各级财政也存在同样的问题。例如，省市财政供给量由 2010 年的 41 亿元增至 2050 年的 6965 亿元，年均增长 13.7%，县级财政供给量由 2010 年的 22 亿元增至 2050 年的 11402 亿元，年均增长 16.9%，均高于国家财政收入年均增长率 10.6%；省市财政负担比在 2020 年以后将明显下降，而县级财政负担比却强劲上升（表 4－6）。从中央到地方，财政供给上轻下重必将限制地方财政及基层财政的民生投入，以致减少对城乡居民基本养老保险的资金供给，尤其是欠发达地区省份。现有制度在财政补贴方面对欠发达地区虽实行倾斜政策，但因欠发达地区经济财政状况不佳，财政收入捉襟见肘，加之财政补贴在制度中占比太高，财政依赖强，城乡居民养老待遇基本由财政承担，而个人缴纳所占比重又很少，这

---

①　地方财政缺口率＝地方财政缺口额/地方财政支出额×100%。

②　中西部省份包括除北京市、天津市、河北省、上海市、江苏省、浙江省、辽宁省、福建省、山东省、广东省、海南省之外的省份。

③　美媒:《中国地方政府自行其是加剧地方债务危机》，搜狐新闻网，http://news.sohu.com/20150131/n408268630.shtml。

样必然导致财政不堪重负。例如，山西运城除基础养老金由中央财政全担外，其余补贴都由市县财政负担，如提待、增发的基础养老金及补贴等，如果按目前待遇计算，市财政每年须配套 1000 多万元，县财政要配套 4000 多万元[①]；甘肃城乡居民基本养老保险从 2014 年就开始出现统筹基金缺口，需要财政补贴，至 2021 年补贴额财政收入占比将达 4.2%[②]。显然，财政压力较大，特别是随人口老龄化加剧和需特殊照顾的弱势群体增加，财政各项开支增加及养老待遇攀升，欠发达地区财政供给能力与补贴压力将越来越不相适应，如果不能通过制度解决，则不仅会出现资金难及时到位而影响制度运行的现象，而且严重者还会出现挪用缴费来支付补贴的现象，以致空账运行重现，给基金管理造成极大安全隐患，特别是随待遇给付正常调整机制落实，这种问题将变的更加突出，所以如何通过制度解决欠发达地区的资金问题是政府必须考虑的事情。

表 4 - 8　　　　　　2009 年中国各地区公共财政收支及人均情况

指标	收入（亿元）	支出（亿元）	缺口（亿元）	缺口占支比（%）	人均地方财政收入（元）
地方合计	32603	61044	28442	46.6	2443
北京	2027	2319	293	12.6	11721
天津	822	1124	303	26.9	6852
河北	1067	2348	1280	54.5	1497
山西	806	1562	756	48.4	2316
内蒙古	851	1927	1076	55.8	3455
辽宁	1591	2682	1092	40.7	3615
吉林	487	1479	993	67.1	1746
黑龙江	642	1878	1236	65.8	1644

---

① 贾维萍：《对城乡居民养老保险制度改革的思考》，《陕西财税》2014 年第 9 期，第 15 页。

② 徐镳菲、张明喜：《农村养老保险基金缺口预测及实证分析——基于甘肃省的调查研究》，《财经论丛》2012 年第 4 期，第 72 页。

续表

指标	收入 （亿元）	支出 （亿元）	缺口 （亿元）	缺口占支比 （%）	人均地方财政 收入（元）
上海	2540	2990	449	15.0	13189
江苏	3229	4017	789	19.6	4123
浙江	2143	2653	511	19.3	4113
安徽	864	2142	1278	59.7	1380
福建	932	1412	480	34.0	2536
江西	581	1562	981	62.8	1295
山东	2199	3268	1069	32.7	2289
河南	1126	2906	1780	61.2	1171
湖北	815	2091	1276	61.0	1399
湖南	848	2210	1363	61.7	1302
广东	3650	4334	685	15.8	3749
广西	621	1622	1001	61.7	1264
海南	178	486	308	63.3	2046
重庆	655	1292	637	49.3	2262
四川	1175	3591	2416	67.3	1415
贵州	416	1372	956	69.7	1076
云南	698	1952	1254	64.2	1507
西藏	30	470	440	93.6	1028
陕西	735	1842	1106	60.1	1916
甘肃	287	1246	960	77.0	1069
青海	88	487	399	82.0	1552
宁夏	112	432	321	74.2	1770
新疆	389	1347	958	71.1	1788

资料来源：根据2009年全国各地区人口数和财政收支决算数据计算整理而得。数据参见中华人民共和国国家统计局《中国统计年鉴（2010）》，中华人民共和国国家统计局网站，http://www.stats.gov.cn/tjsj/tjcbw/。

中央和地方财政对城乡居民基本养老保险资金供给责任的上轻下重，反映了现行财税制度与中央和地方政府对公共产品及服务所承担的责任有些不相称，即中央财权强些而事权弱些，地方事权强些而财权弱些，财事权不统一，以致地方政府在落实公共产品及服务供给责任时财政能力普遍不足，资金缺口率比较高，财政压力比较大。同时，城乡居民基本养老保险只对地方政府做了总的责任规定，而对省以下各级政府责任却未做明确规定，只是由各地方自行确定，结果导致公共产品及服务责任普遍由下级政府承担，而下级政府由于缺少足够的财权或财政收入而很难及时有效地提供社会所需的公共产品及服务。从中央财政和地方财政在经济社会中所处的地位及其所发挥的作用来看，中央财政的优势在宏观调控及社会收入公平分配等方面，而地方财政却在公共产品及服务责任的落实方面，因为地方政府对本地实际往往把握的比较准确，与社会公众的信息交流比较紧密，对社会各利益主体的需求比较了解，所以利于政策的有效落实。

（四）养老保险基金投资形式单一且收益水平低或贬值

城乡居民基本养老保险是新时期最大的惠民政策，其目的是保障老年城乡居民的基本生活，而要做到这点就离不开稳定且较高的基金收益率。因为现行制度设计是低水平的，缴费标准因受居民缴费能力限制而很难提高，而增加政府补贴经济财政压力又很大，或短期内这些皆做不到，所以要想实现制度"保基本"目标，唯有保证基金具有稳定而较高的收益率，即基金投资运营目标应由原来的安全性向收益性发展[①]。只有这样，城乡居民基本养老保险基金的收入才会不断增长，城乡居民的参保积极性才会提高，基金支付的能力才能不断增强。

城乡居民基本养老保险在此方面做得并不好。在两种制度并轨前，无论是新型农村社会养老保险，还是城镇居民社会养老保险，除少数地区实行市级统筹外，基金管理实行的基本都是县级统筹，保值增值路径延续的都是老农村养老保险办法，即存银行和买国债，这虽然安全，但基金收益比较低，甚至面临通胀时还会大幅贬值。据统计：2005 年至 2014 年城乡居民消费价格指数（CPI）平均为 3.2%，全部高于银行活

---

① 睢党臣、董莉、张朔婷：《对城乡居民养老保险并轨问题的思考》，《北京社会科学》2014 年第 7 期，第 41—42 页。

期存款的利率，高于银行一年期存款利率的年份就有 6 年，而同期平均经济通胀指数为 2.5%，2001 年至 2010 年养老基金收益不足 2%[①]；而国债利率虽然比较高一些，但基金投资份额比重比较低（表 4 - 9）。在此背景下，基金如果不能持续保值增值，则必将遭受隐形的巨大损失。2010 年年底，城乡居民基本养老保险基金累计结存 423 亿元，如果按当年银行一年期存款利率 2.50% 和通胀率 5.5% 计算，则 423 亿元基金将贬值 12.69 亿元。这无形中减少了城乡居民基本养老保险基金收入和削弱了基金支付能力，不利于制度的可持续运行。

表 4 - 9 　　　　　 2005—2014 年物价指数、银行存款利率和

三年期国债利率比较　　　　　　　　单位：%

年份	物价指数	居民 CPI	银行存款利率		三年期国债利率
			活期	一年期	
2005	0.8	1.8	—	—	3.24
2006	1.0	1.5	0.72	2.52	3.14
2007	3.8	4.8	0.72	4.14	—
2008	5.9	5.9	0.36	2.25	5.17
2009	- 1.2	- 0.7	0.36	2.25	3.73
2010	5.5	3.3	0.36	2.50	2.60
2011	4.9	5.4	0.50	3.50	5.18
2012	2.0	2.6	0.35	3.50	5.58
2013	1.4	2.6	0.35	3.25	5.00
2014	1.0	2.0	0.35	3.25	5.43
平均值	2.5	3.2	0.45	3.04	4.34

注：一年发行多期三年国债时，取第一期发行时规定的利率。

数据来源：中华人民共和国国家统计局：《中国统计年鉴》（2005—2014 年），中华人民共和国国家统计局网站，http：//www.stats.gov.cn/tjsj/tjcbw/。

[①]　惠恩才：《多元化投资运营：城乡居民养老保险基金保值增值的出路》，《农业经济问题》2015 年第 9 期，第 34 页。

　　两种制度并轨后，基金积累规模骤然增大。2014年年底，城乡居民基本养老保险基金累计结存3845亿元①，占当年全国基本养老保险基金累计结存（35645亿元）的11%。随着城乡居民缴费和政府补贴水平的提高，基金积累规模还将不断地增大。如果基金不能保值增值，则其隐形损失将会更多，这很不利于基金收入增加，也会影响城乡居民政策的认同及参保的积极性。况且，基金规模增大已为投资运营提供了多元投资条件。然而，从实践看，各地基金投资运营仍没有革新迹象，在基金收益方式上仍谨守旧的安全性认识，坚持选择传统办法，这点从各地出台的城乡居民基本养老保险实施办法就可证明，如普遍把积累基金存入当地政府在银行专开的社保基金财政专户。而《意见》虽然提出要"按国家统一规定投资运营"，但对具体投资主体、投资方式、资金划分比重、投资领域、收益保证、安全监管等均未做出具体规定，也未对该条款的落实做出明确的时间路线安排，这对基金保值增值必定是不利的。另外，《意见》虽将原来的个人账户基金收益由原来按银行一年期存款计息改为按国家政策规定计息，以便通过基金收益与投资方式相结合来实现基金更多增值，但具体的计息办法却迟迟未公布。这种制度设计的模糊性不仅影响制度实施的质量和效果，而且还制约基金收益的整体提高，所以中央和地方通过合作协商尽快制定投资运营办法，以实现基金保值增值目标。

　　前文分析表明：城乡居民基本养老保险基金支付能力严重不足，基金失衡风险正在威胁制度持续运行，改革和调整现行基金筹集制度及建立基金平衡机制已刻不容缓。如果之前的老农村养老保险、新型农村社会养老保险和城镇居民社会养老保险都是对城乡居民社会养老保险的摸索、尝试和试点，那么城乡居民基本养老保险就是制度化的正式确立，这点从各自实施所依据的政策文件即可看出，前三者的政策文件都明确注明是"试行"或"试点"，而后者的《意见》却全文

①　中华人民共和国人力资源和社会保障部：《2014年人力资源和社会保障事业发展统计公报》，中华人民共和国人力资源和社会保障部网站，http：//www.mohrss.gov.cn/SYrlzyhshbzb/dongtaixinwen/buneiyaowen/201505/t20150528_162040.htm。

无"试"字。制度正式化意味着制度建立和实施的稳定性和长期性，如果对其不配置健全的基金失衡风险应对机制，那么必然不利于制度持续运行，甚至会造成制度崩溃。当前，中国城乡居民基本养老保险中的基金支付缺口，如账户赤字等，主要是由地方财政，尤其是县级财政负担的，由于目前赤字额相对较小或基金累结额还有部分剩余，所以地方财政还能承担得起。但是，随城乡居民养老金不断提高和基金支出规模增大，仅靠地方或县级财政短期预算是很难解决的。

第二节　城乡居民基本养老保险基金监管能力问题及成因

任何养老保险基金监管模式，无论集中式还是分散式都是以保障高效基金监管能力为核心的，中国城乡居民基本养老保险基金监管建设当然也不例外。城乡居民基本养老保险基金监管能力是指基金监管体系保障基金筹集、支付及投资运营等环节基金安全和完整的能力。然而，近年来城乡居民基本养老保险在发展中却频现基金腐败现象。2013 年人保部社保基金监督司调查发现：通过弄虚作假骗取城乡居民养老补贴的现象非常严重；2012 年审计署审计显示：截至 2011 年年底，全国城乡居民基本养老保险重复参保人数 2.24 万人，国家财政补贴损失达 289.57 万元，部分地区政府违规操作及使用的基金达 2.37 亿元，大部分已难以追回①；2015 年枣庄 200 余名城乡居民养老金人间"蒸发"；等等。这些说明中国城乡居民基本养老保险基金监管能力还存在不足。本节将分析这个问题并揭示其原因。

一　养老保险高效基金监管能力的基本特征

高效的监管体系是养老保险高效基金监管能力的根本保障，即高效基金监管体系就意味着高效基金监管能力。高效的基金监管体系符

---

① 降蕴彰：《人社部摸底社保基金重点锁定资金使用》，经济观察网，http://www.eeo.com.cn/2013/0202/239730.shtml。

合如下原则：监管决策统一、监管职能分权制衡、监管执行现代化、监管参与社会化①。监管决策统一是指从中央到地方监管机构要统一，不能分散监管和各自为政；监管职能分权制衡是指监管权要独立于整体管理体制，并与行政权和经办权形成有效的相互制衡关系，且监管系统内部也要形成自上而下的有效制衡状态②；监管执行现代化是指监管组织、手段、人员及方法科学化，适应现代养老保险发展要求；监管参与社会化是指监管参与主体多元化③。根据这些原则，本书认为，养老保险高效基金监管能力的特征主要有：独立自治、协调制衡、科学监控、社会监督。独立自治是指基金监管机构从上到下统一且具有独立决策和独立执行的能力；协调制衡是指不同基金职能机构具有彼此协调制衡的能力；科学监控是指基金监管机构对基金运行各环节及变动趋势具有准确和实时监控的能力；社会监督是指基金监管机构具有吸纳社会力量共同参与监管的能力。

二　城乡居民基本养老保险基金监管能力存在的问题

（一）养老保险基金监管的独立性和制衡性不强

中国城乡居民基本养老保险基金从征缴到给付各环节都存在监管，而要实现基金监管有力度、有效力，就必须保证每个环节的监管主体或机构不受外在力量的干扰且彼此间形成有效制衡状态。强调独立性，主要是保证基金监管主体或机构的地位和权力固不可扰，从而使监管力度和效力强大权威；强调制衡性，主要是强化对各个监管主体或机构的权力约束，避免道德风险和行为异化。但是，从目前来看，城乡居民基本养老保险基金从征缴到给付基本是由市县经办机构直管的，而市县经办机构又是人力资源和社会保障部门的下属事业单位，即基金经办与监督是一家，人力资源和社会保障部门集政策制定、保费征缴、待遇给付、投资运营及检查监督等权力

---

① 周志凯：《试论养老保险制度可持续发展的条件》，《经济体制改革》2005 年第 6 期，第 118—119 页。

② 同上书，第 119 页。

③ 邓大松：《社会保险》，中国劳动社会保障出版社 2002 年版，第 56 页。

于一身，从而导致养老保险制度的经办权、基金管理权、投资运营权及监管权混淆不清乃至难以分离，不同环节的基金管理机构或组织间不能形成独立性和制衡性监管。而且财政部门虽然与人力资源和社会保障部门一起以财政专户形式参与监管，但其是"兼职的"，仅履行的是财政管理责任，与养老保险基金监管的独立性和专门性还相差甚远。同时，人社部门、财政部门以及其他相关部门又是从属于地方政府的，养老保险基金管理和监管事宜又不得不按照地方政府及其领导的意志行事，而地方政府作为公共管理中的利益主体极易基于本地利益而异化对基金的监管行为，如把基金用于弥补财政预算、截留上级政府的养老补助金、把基金违规用于地方经济建设投资及职工工资发放等[①]，从而加剧养老保险基金监管的道德风险，极易滋生腐败，以致造成基金有形和无形的损失。另外，监管不独立、不制衡也不利于监管政策的统一、落实及目标的实现，常常造成政出多门、监管责任不清和相互推卸责任的现象[②]。

（二）养老保险基金监管的整合性和有序性较差

养老保险基金监督是多元化监督，包括行政监督、人大监督、司法监督及社会监督等，只有这些监督协调整合和有序统一，养老保险基金监管才能呈现高效的监管合力。然而从目前来看，行政部门在城乡居民基本养老保险基金监管中发挥的作用比较大，人大、司法、社会等的监督作用普遍比较弱，基本处于流于形式或局外人的状态，整合性的监管工作机制尚未形成。从行政监督来看，人社、财政、审计、税务等部门及中国人民银行都基于各自的职责参与了养老保险基金征缴、管理、投资及给付等各环节的监管，监管环节多且链条长，在横向对平行部门、纵向对地方政府时，监管与被监管的责任不清，重复检查、监管缺位和越位及配合不力的现象时常出现，协调、整合监管的局面难以形成，监管力度和监管效能大大

---

① 郭士征：《社会保险基金管理》，上海财经大学出版社 2006 年版，第 67 页。

② 齐鹏：《中国城乡居民养老保险基金监管分析与对策研究》，《山东行政学院学报》2017 年第 5 期，第 90—93 页。

弱化，甚至在地方政府资源配置低效率的影响下，基金监管被无形消解。从人大监督来看，人大具有对经济社会事务的监督权，但在实践中并没有形成一套具体完善的机制以保证其行使对养老保险基金的监管，以致人大监督还不能适应养老保险基金监管的需要。从司法监督来看，司法机关介入养老保险基金监管的保障机制还没有形成，养老保险基金管理中的各种违规违法行为主要还是通过行政手段解决，大大弱化了基金监管的权威性和强制性。从社会监督来看，根据有关规定成立的城乡居民基本养老保险基金监督委员会虽然参与者比较广泛，如相关行政部门、村居和社区管理者、城乡居民代表、金融机构以及财经专家代表等，但监督委员会的工作机制比较松散无序，很难正常工作，监管作用有限，基金管理和运营很难按法制程序执行，最终还是归于行政监管①。

（三）养老保险基金监管的公开性和透明性不高

养老保险基金管理和运行是一个长链条的复杂、烦琐系统，参保居民作为利益主体和资产所有者，有权及时了解基金在各个环节的详细信息，这也是对基金监管的必要构成部分。但是，从目前中国城乡居民基本养老保险基金管理和运行的信息披露来看，其公开性和透明性比较低。从养老保险经办服务来说，参保居民目前可以通过网络查询或经办机构在村社区定期或不定期张贴的信息公告了解自己的缴费、待遇等情况，但对养老保险基金的整体收支及账户结余信息还不能及时掌握，经办机构及相关监管部门也没有形成年度报告向社会公开说明。从基金管理来说，基金管理和投资运营的相关细节，如基金预决算、基金的记账利率、投资行业、投资比例、收益比例及投资机构资质等，都没有以正式制度的形式向社会披露，仅限于政府及其管理机构对信息的掌握。从养老保险基金监管来说，相关部门如财政、审计及金融管理部门也没有把各自对基金的监管信息定期形成报告向社会公开，而只是向同级政府报告，虽然现行制度也规定同时要向

---

① 齐鹏：《中国城乡居民养老保险基金监管分析与对策研究》，《山东行政学院学报》2017 年第 5 期，第 90—93 页。

"基金监督组织报告"①，但由于社会性的基金监督委员会因工作机制不健全而无法正常运转，所以信息的公开性和透明性难以实现。基金监管的公开性和透明性低必然产生不利后果。地方政府作为养老保险基金管理和监管信息的集中掌握者，作为特殊利益主体，极易对这些信息进行有利于本地利益或地方领导偏好的筛选，尤其是关于基金违纪违法的信息，很可能就被隐蔽或剔除掉，这对养老保险基金参与人和受益人的利益保障是不利的，严重者还会危及养老保险基金财务收支平衡，目前城乡居民基本养老保险基金违规案件层出不穷，这与基金管理透明度低有直接关系，透明度低，社会公众对其监督也就难以到位②。

（四）养老保险基金监管的专业性和技术性较低

养老保险制度具有管理复杂的特征，一方面是由于基金的长期积累性带来了制度设计与管理的难度；另一方面是由于基金规模庞大，基金保值增值的负担非常繁重，所以对基金的管理和监管必须由专门机构和专业人员来完成，这是其他社会保险项目所没有的压力③。而中国城乡居民基本养老保险基金管理和监管的专业性和技术性非常低，不利于监管质量和监管效率的提高。从监管手段来看，虽然近年中央和地方都投入了资金进行了"金宝工程"建设，省市县区村社基金管理信息化状况有不同程度的改善，基金监管效率也有所提高，但由于原有的信息化基础薄弱，加之地方财政紧张而投入不足，以至于养老保险信息化条件仍不能满足基金监管需要，如大多数基层系统化管理还未实现④，自动化技术及风险监控技术等方面比较落后，以致监管只能依靠基金机构的定期报表及不定期的行政检查来实现，很难对基金日常管理业务作即时、实时的动态性监控。从监管队伍来

---

① 中华人民共和国人力资源和社会保障部：《县城乡居民社会养老保险基金财务管理暂行办法》，中华人民共和国人力资源和社会保障部网站，http://www.mohrss.gov.cn/SYrlzyhshbzb/zcfg/flfg/。

② 齐鹏：《中国城乡居民养老保险基金监管分析与对策研究》，《山东行政学院学报》2017年第5期，第90—93页。

③ 郑功成：《社会保障概论》，复旦大学出版社2013年版，第136页。

④ 龚建芬：《城乡居民基本养老保险基金基层监管问题及对策研究》，《全国商情》2015年第22期，第3页。

看，市县区基金监管人员基本是人社、财政、审计等行政人员，不仅社会保险知识欠缺，而且基金管理运作技术也不熟练，全程跟踪检查和管理基金的经验也很缺乏，所以监管质量和效率很难保证。从监管方法来看，市县区基金管理人员因受专业技术限制，普遍不能用保险统计、财政金融等精算技术对基金运行进行监管性预测分析①。从监管组织来看，专业基金监管机构还没有建立，以行政监管代替专业监管，这不符合养老保险基金监管规律的要求②。

（五）养老保险基金监管的预警性和防范性缺失

养老保险基金监管内含对基金风险的预警和防范。养老保险基金风险是指按照养老保险制度规定筹集起来的基金，受养老保险的制度环境、制度本身以及制度实施的各个技术操作流程的众多因素影响而产生的基金财务收支不平衡的可能性损失，以及由此引发的对制度的信任危机。③而中国城乡居民基本养老保险同样也面临着这些方面的风险。从制度环境来说，人口老龄化、金融危机、通货膨胀及地方政府利益化等问题，都在直接或间接地加剧基金收支平衡和基金投资运营的风险。从制度设计来说，还存在保障水平低、缴费水平普遍不高、基金管理分散、基金投资范围窄且收益低、制度强制性不足等诸多问题，这些随着制度运行必将加剧养老保险即期和远期基金收支不平衡及制度信任风险，目前，各地基金支付压力大及城乡居民政策认同低，就说明了这点。从制度实施来说，养老保险基金从征缴到给付各环节还存在技术操作不规范、不标准及不健全问题，这些与制度环境压力和制度设计缺陷相结合，必然也会对基金收支平衡造成隐性或显性的不利影响。然而，中国城乡居民基本养老保险基金监管并没有对这种风险做出应对机制安排，这不符合养老保险基金监管的一般规律。特别是在目前人口老龄化

---

① 梁平等：《重庆市城乡居民养老保险基金保管风险分析及规避研究》，《安徽农业科学》2012年第4期，第23页。

② 齐鹏：《中国城乡居民养老保险基金监管分析与对策研究》，《山东行政学院学报》2017年第5期，第90—93页。

③ 李珍、李永勇、张昭华：《中国社会养老保险基金管理体制选择——以国际比较为基础》，人民出版社2005年版，第58页。

趋势严重、制度包容人口量大和各地经济财政状况差异较大的背景下，如果发生全国或地区基金支付或补贴危机，那么必将影响城乡居民基本养老保险制度的持续运行，甚至造成制度崩溃或社会危机。因此，健全城乡居民基本养老保险基金监管的预警及防范机制是非常必要的。①

（六）养老保险基金监管的适度性和调节性不足

在保证监管有效和不影响市场调节规律的条件下，对养老保险基金监管也要合理限制，该严时则严，而该松时则松，使基金监管保持宽严适度，保证养老保险基金管理和监管效益最大化。但中国城乡居民基本养老保险基金监管目前实行的是严格数量限制监管模式，基金只允许以买国债和存银行的形式来保值增值，这种监管模式在制度初建、基金运行风险应对机制不完善、外在资本和金融市场及各类中介机构发育不成熟、投资机构及投资管理政策不健全的情况下是可以的，但随着基金风险预警及防范监督机制的健全、制度环境的稳定、基金积累规模的不断增大，这种单一监管模式必将影响养老保险基金投资收益最大化。例如，各种有效的金融投资工具、创新产品难以使用，各种市场投资策略、投资方式等难以适时实施等。目前《意见》虽然提出了要对中国城乡居民基本养老保险基金实行市场化投资运营，但监管在此方面的配套性改革和完善还没有实质性跟进，直接与间接相结合、随着市场和监管手段的变化，适度调整的调节性投资监管机制还没有形成，不利于基金监管质量和监管效率的提高，最终也会对城乡居民基本养老保险制度的吸引力造成损害，如目前城乡居民因基金贬值对政策认同降低，这对城乡居民基本养老保险保持发展韧性不利②。

三　城乡居民基本养老保险基金监管能力问题成因分析

（一）养老保险基金统筹与监管层次设计比较低

中国城乡居民基本养老保险基金管理模式是"地方统筹和地方

---

① 齐鹏：《中国城乡居民养老保险基金监管分析与对策研究》，《山东行政学院学报》2017 年第 5 期，第 90—93 页。

② 同上。

管理"，目前统筹与管理层次虽然由县区级提至地市级，但层次仍旧太低，不利于基金的集中管理和专门监督，这主要是因为地市在全国比较多，并且各地的经济财政状况差异也比较大，在对基金享有很大控制支配权的条件下，部分地市政府为了解决政府财政融资问题，很容易挤占、挪用这块"唐僧肉"，部分社保管理干部也因内控制度不完善而贪污挥霍。同时，由于城乡居民基本养老保险基金从筹集到给付涉及许多环节和技术，尤其是基金投资运营风险高且过程复杂，既涉及经济、财政、审计、税务、金融等问题，也涉及社会保险专业知识，数据量大、处理复杂，所以对其监管必须由专业技术人员完成，否则很难保证基金的安全。而地市不仅多数未设立基金专门监督部门①，而且在基金管理人才、技术及视野等方面也比较匮乏，很难实现对基金的专业性和技术性监管，更不用说对基金进行高效投资运营及预警性和调节性监管。另外，低层次管理也不利于建立基金管理和监管的独立机构，并形成制衡机制，信息的公开和透明也比较难②。

（二）政府对养老保险基金监管规律的认识存在偏差

养老保险不仅有制度设计规律，而且也有对基金监管的特殊性。养老保险基金作为公共产品，政府对其监管无疑要承担主导责任，但政府不能把自己的这种责任无限地放大，以致代替其他主体监管。养老保险基金监管的特殊性主要表现为全民性和半行政性。全民性是指养老保险基金监管是需要国家各部门及社会公众共同参与的事务，否则监管质量和监管效率就会大打折扣；半行政性是指养老保险基金监管不全等同于行政监管，其特殊性是行政监管与非行政监管的结合。当前，国家或政府仅看到养老保险基金监管的行政性特点，而没有看到其非行政性和全民性的特点，把其简单地等同于行政监管，以行政方式监督城乡居民基本养老保险制度运行，

---

① 唐霁松：《构建长效风险管理体系完善社保基金管理体制》，《中国劳动》2019 年第 8 期，第 11 页。

② 齐鹏：《中国城乡居民养老保险基金监管分析与对策研究》，《山东行政学院学报》2017 年第 5 期，第 93 页。

如监管架构完全参照行政模式，大包大揽，对其他监管主体的地位和作用没有摆正、摆准，以致其他监管主体被忽视或弱化。政府认识偏差必然影响养老保险基金监管的科学建设，如监管政策制定的不具体和不系统、监管法律法规体系建设不完善、监管工作缺乏顶层性规划和设计、监管权与其他权力彼此混淆、相关监管主体或部门职责不明确，以及政府权力没有被有效约束、社会组织以及城乡居民参与监管的政策机制不健全等，结果城乡居民基本养老保险基金监管难以实现高效运行①。

（三）政府对养老保险基金监管体系建设投入不足

养老保险基金监管需要政府财政投入建设，这是养老保险基金监管专业化的要求。从目前的财政投入来看，政府虽然对经办服务投入不断增加，但对养老保险基金监管所需的专业机构、信息系统、技术、专业人才队伍建设等投入不足。从机构建设来看，目前各省市还没有建立专门的养老保险基金监管机构，中央虽然设立了全国社保基金理事会，但其主要负责社保基金的投资运营，而不是基金的专业监管机构；从信息系统及技术建设来看，截至 2015 年年底，全国 31 个省市区虽然均已建设了城乡居民基本养老保险信息系统②，但由于并轨前两种制度的信息系统是各自独立的，且平行地区及上下机构间的信息软件也存在技术指标和模块结构的差异，操作流程和功能也不同，加之与地方其他部门的信息系统彼此分割，所以从省级层面对中国城乡居民基本养老保险基金运行进行集中性的实时监控还任重而道远；从人才队伍建设来看，目前全国社保管理人才缺口上万③，这主要是由于政府财政投入及配套政策

---

① 齐鹏：《中国城乡居民养老保险基金监管分析与对策研究》，《山东行政学院学报》2017 年第 5 期，第 93 页。

② 中华人民共和国人力资源和社会保障部：《2015 年度人力资源和社会保障事业发展统计公报》，中华人民共和国人力资源和社会保障部网站，http://www.mohrss.gov.cn/SYrlzyhshbzb/zwgk/szrs/tjgb/201805/t20180521_ 294285. html。

③ 李丽、赵丽华：《社会保障专业人才供需问题及对策探讨》，《劳动保障世界》2012 年第 7 期，第 43 页。

支持不到位造成的①。

第三节 城乡居民基本养老保险待遇给付 公平问题及成因

城乡居民基本养老保险并轨后，城乡居民基本养老保险待遇公平确实有所改善。最低基础养老金由原来 55 元/月提至目前 70 元/月，加上地方基础养老金提待，目前全国城乡居民年人均基础养老金已达 1200 元，比并轨前增长 24.5%②。同时，并轨后制度还明确建立了待遇定期调整机制，有效地保障了城乡居民待遇给付增长。而且，还明确了个人账户补贴可依法继承、制度实施时 60 周岁以上老年人享受基础养老金不再附加子女捆绑参保条件。另外，并轨还为未来城乡居民基本养老保险制度与城镇职工养老保险制度的并轨、农村居民与城市居民真正实现待遇公平奠定了基础。然而，由于制度设计及其他原因，城乡居民基本养老保险待遇公平问题仍然很突出，已经成为目前制约城乡居民政策认同及制度可持续运行的最大制约因素。本节将分析这个问题并揭示其原因。

一 城乡居民基本养老保险制度内待遇给付公平问题

城乡居民基本养老保险制度内待遇给付公平问题是指城乡居民之间待遇给付公平问题，主要表现为不同类型参保居民养老待遇不公平、不同地区参保居民养老待遇不公平、不同地区养老保险政府补贴分配不公平、养老保险基金省级统筹引致地区互济不公平、农村居民与城镇居民之间养老待遇保障实效不公平。

（一）不同类型参保居民养老待遇不公平

不同类型参保居民待遇不公平包括两方面，即不同缴费档次居民

---

① 齐鹏：《中国城乡居民养老保险基金监管分析与对策研究》，《山东行政学院学报》2017 年第 5 期，第 93 页。

② 此处增长率是用 2014 年和 2015 年中国城乡居民年人均基础养老金差额除以 2014 年的数据，再乘以 100% 而得。

待遇收益不公平和不同参保年龄居民待遇收益不公平。本书在此根据《意见》及国家公布的城乡居民基本养老保险相关统计数据并借鉴吴永求等（2012）提出的年金现值计算模型及方法①对其做精算分析。具体过程如下：

1. 精算前提设定

（1）假设村社补助为零且参保居民每年能足额完成保费缴纳。

（2）假设忽略高档补贴②，参保居民各档缴费补贴均为30元。

（3）假设参保居民基础养老金为80元/月（包括中央和地方）。2013年年末全国城乡居民基本养老保险基础养老金人均为81元/月（人保部2014年年初数据）。

（4）参保居民养老金等于基础养老金加个人账户养老金。其中，个人账户养老金计算方法按《意见》规定执行，即个人账户基金累结额（算入利息）除以计发月数139。

（5）假设参保居民均从60周岁开始领养老金且均有死亡补助金。

2. 精算模型构建

（1）参保居民各年缴纳的总养老保险费现值：

$$IV = c \times \frac{1 - (1 + \theta)^{-(60-a)}}{\theta} \qquad ①$$

其中，IV 为参保居民各年缴纳的总养老保险费现值；c 为参保居民所选缴费档次；θ 为基金贴现率；a 为参保时年龄数。

（2）参保居民年满60周岁时个人账户基金累积总额：

$$FV_{60} = (c + 30) \times \frac{(1 + i)^{(60-a)} - 1}{i} \qquad ②$$

其中，FV 为参保居民60周岁时账户基金累积总额；i 为账户记账利率。

（3）参保居民个人账户月养老金总额：

---

① 吴永求、冉光和：《农村养老保险制度吸引力及公平性研究》，《经济与管理研究》2012年第10期，第52—53页。

② 此处主要考虑目前城乡居民选择高档次缴费的人数比较少，同时也便于比较。

$$Q_t = \frac{FV_{t-1} + I_t}{139} \qquad ③$$

其中，Q_t 为参保居民第 t 年月账户养老金；FV_{t-1} 为上期末账户累结额（含利息收入）；I_t 为第 t 年基金利息收入；139 为账户养老金计发月数。

（4）参保居民在领养老金年份所得总养老金现值：

$$OV = \sum_{t=61}^{z} \frac{12 \times (80 + Q_t) \times \frac{(1 + \theta/12)^{12} - 1}{\theta/12}}{(1 + \theta)^{t-a}} + \frac{12 \times Q_{z-a}}{(1 + \theta)^{z-a}} \qquad ④$$

其中，OV 为参保居民所得总养老金现值；z 为参保居民预期寿命；t 为参保居民年龄；$\frac{12 \times Q_{z-a}}{(1 + \theta)^{z-a}}$ 为死亡补助金。

3. 待遇收益公平分析

根据上述城乡居民基本养老保险缴费及养老金计算模型，并取 2013 年中国人民银行公布的商业金融机构一年期存款利率 3.25%，作为参保居民个人账户基金记账利率，取第六次人口普查人均预期寿命 74 周岁，用数值分析法对不同缴费档次和不同参保年龄的城乡居民待遇收益公平作以下分析：

（1）实例证析

如果某居民从 18 岁开始参保，按 100 元档次缴费，则该居民各年所缴养老保险费总额现值为：

$$IV = 100 \times \frac{1 - (1 + \theta)^{-(60-18)}}{\theta} \qquad ⑤$$

然后，将相关前述的数值代入②式，计算出该参保居民年满 60 周岁时个人账户基金累积总额为：

$$FV_{60} = (100 + 30) \times \frac{(1 + 3.25\%)^{(60-18)} - 1}{3.25\%} = 11326.48 \qquad ⑥$$

再将 FV_{60} 和账户基金记账利率 3.25% 代入③式，运用叠代方法算出参保居民 60 周岁后各年月账户养老金 Q_t（表 4－10），最后把居民预期寿命 74 岁和 Q_t 代入④式，算出参保居民各年养老金总额现值 OV。

表4-10　　按100元缴费参保居民60周岁后各年月账户养老金　　单位：元

Q_{61}	126.34	Q_{68}	180.51
Q_{62}	132.69	Q_{69}	188.83
Q_{63}	139.27	Q_{70}	197.45
Q_{64}	150.05	Q_{71}	206.39
Q_{65}	157.26	Q_{72}	215.64
Q_{66}	164.73	Q_{73}	225.22
Q_{67}	172.48	Q_{74}	235.15

根据已知数值及函数关系式⑤和④可以看出：当个人账户基金贴现率 θ 不断增大时，居民养老保险缴费现值与60周岁后待遇给付现值均呈不断下降趋势（图4-5）。其中，两条曲线交叉点就是贴现率均衡点，即 $\theta = 6.72\%$，此时居民待遇现值与缴费现值相等，居民选择100元缴费的收益率就是 6.72%；而当 θ 越大于 6.72% 时，居民待遇现值就越小于缴费现值；当 θ 越小于 6.72% 时，居民待遇现值就越大于缴费现值。在此条件下，居民往往不愿长缴多缴费。

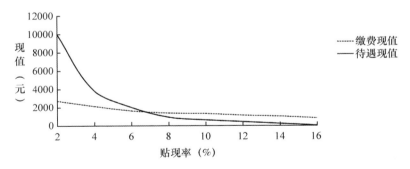

图4-5　贴现率与参保居民缴费现值和待遇现值的变动关系

（2）不同缴费档次参保居民收益不公平

根据②和④式及前述相关数值，在此可叠代算出，待遇现值与缴费现值相等时，城乡居民选择200元至2000元不同缴费档次的均衡贴现率，也即城乡居民参保收益率，从图4-6中可以看出，城乡居民选择的缴费档次越高，其待遇收益水平就越低，这是不公平的，不利于居民选择高档缴费。

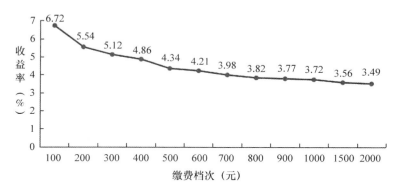

图4-6 城乡居民选择不同缴费档次参保的待遇收益水平

（3）不同参保年龄参保居民收益不公平

如果选择年龄在16—45周岁的200元年缴费居民各一位，用叠代方法分别算出这位居民的待遇现值与缴费现值相等时的均衡贴现率，则参保收益变化就表现为：参保年龄越高，参保居民收益水平也就越高（图4-7）。这明显利于大龄居民，而不利于年轻居民参保。

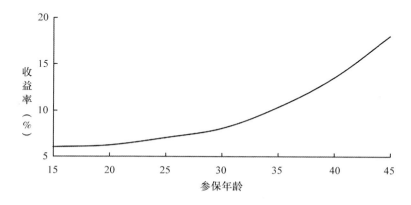

图4-7 不同参保年龄的待遇收益水平变化

不同缴费档次和不同参保年龄待遇收益不公平必将使居民逆向选择，即倾向选择低档缴费并尽量缩短缴费期限，且年龄越大参保热情越高，尤其对小农意识浓厚且精打细算的农村居民来说，更会因这种不公平而做出这样的选择，目前城乡居民基本养老保险实施中就普遍出现了这种情况，很不利于制度运行，所以政府在制度推进中必须调整累退激励的制度设计。

（二）不同地区参保居民养老待遇不公平

城乡居民基本养老保险是由中央制定的宏观制度框架，各地在实施时具有很大自主性和灵活性，如可适当增加基础养老金和缴费补贴，提高缴费标准甚至增加丧葬补贴等，加之各地经济财政状况不平衡，这必然导致地区间城乡居民养老待遇不公平。例如，从表4－11可看出，2013年全国城乡居民基本养老保险人均养老金（包括基础养老金和个人账户养老金）为906.98元，高于该水准省份共14个，分别为北京、天津、内蒙古、上海、江苏、浙江、山东、广东、海南、重庆、西藏、青海、宁夏、陕西，而其他省份均低于该水准。其中，最高的是上海，人均达6996.15元。而低于700元的共计有6个，分别是河北、吉林、湖南、黑龙江、江西、贵州，最低与最高相比，最低的仅占最高的9.01%，差距比较大。另外，随着国家城乡居民养老待遇正常调整机制的确立，近年一些经济发达或财政状况较好的地区普遍都提高了基础养老金。2014年北京、天津和上海分别将基础养老金提至430元、540元和220元，而吉林、河北、安徽等省仍执行70元最低标准，省际最低与最高差距目前已达10倍，替代率差距达27%[1]；同省内各市县区待遇差距也比较大，如辽宁基础养老金最低标准为70元，而目前大连已提至180元[2]，沈阳已提至130元[3]。薛

① 李唐宁：《我国各省基础养老金差距逐步拉大最高达10倍》，人民网，http：//politics. people. com. cn/n/2014/1128/c1001－26108618. html。

② 大连市人民政府：《大连市人民政府办公厅关于提高城乡居民基础养老金标准的通知》，大连市人力资源和社会保障局网站，http：//rsj. dl. gov. cn/dlrsw/zwgk/zcwj？ &page＝4。

③ 丁宁：《沈阳市城乡居民基础养老金每月上涨至130元》，《沈阳晚报》2015年1月7日。

惠元等（2014）对东中西部8个县区差距的研究表明，这些地区在缴费档次、基础养老金补贴、账户补贴及待遇给付等方面均有不同程度的差距：一是从最低缴费档次看，东部县区的标准要大大高于中西部县区；二是东部富裕地区最低缴费档次替代率高于中西部地区，中西部最低档与最高档缴费替代率差距高于东部地区，甚至有些地区间养老待遇差距已经超过了经济差距；三是东部最低缴费档次投入产出比低于中西部地区①。

表 4 – 11　　　　2013 年中国各地区城乡居民基本养老保险人均养老金比较

地区	养老金领取人数（万人）	基金支出（亿元）	人均年养老金（元）
全国	14122.3	1348.3	906.98
北京	31.6	17.1	5147.09
天津	71.0	16.7	2234.33
河北	840.2	60.6	684.76
山西	345.6	29.8	819.26
内蒙古	192.8	27.3	1342.50
辽宁	360.4	31.1	819.85
吉林	218.4	15.0	651.81
黑龙江	244.6	17.9	694.40
上海	46.7	34.4	6996.15
江苏	942.1	148.5	1497.06
浙江	577.1	105.3	1733.28
安徽	842.8	63.7	718.55
福建	375.4	29.6	748.21
江西	416.6	28.2	642.56
山东	1315.2	138.6	1001.18

---

①　薛惠元、仙蜜花：《新型农村社会养老保险地区差距研究——基于东中西部8个新农保试点县的比较分析》，《经济体制改革》2014年第1期，第76页。

续表

地区	养老金领取人数（万人）	基金支出（亿元）	人均年养老金（元）
河南	1229.5	95.7	739.52
湖北	610.1	48.3	751.33
湖南	888.1	58.9	630.45
广东	791.3	90.9	1091.55
广西	514.1	48.0	886.99
海南	68.1	7.6	1060.97
重庆	377.1	38.4	968.05
四川	1090.2	93.9	818.05
贵州	425.5	30.2	674.62
云南	431.5	33.5	737.41
西藏	22.7	2.8	1157.85
陕西	398.8	39.8	947.27
甘肃	278.3	21.1	718.96
青海	40.3	4.6	1073.43
宁夏	36.3	4.2	1107.86
新疆	99.5	9.0	857.54

注：人均年养老金＝基金支出/养老金领取人数，但因基金支出中有非养老金支出，故在此扣除5%基金。

资料来源：根据相关数据计算整理而得。数据参见中华人民共和国国家统计局《中国统计年鉴（2014）》，中华人民共和国国家统计局网站，http://www.stats.gov.cn/tjsj/tjcbw/。

待遇给付公平是城乡居民基本养老保险发展当然内涵的必要目标。如果这个目标不能实现，造成待遇"碎片化"，则制度不可能持续。当前，城乡居民基本养老保险待遇地区差距终将表现为城乡居民内部不公平，进而影响低待遇地区城乡居民的参保积极性，以至于对制度不认同，不利于制度持续运行，所以必须完善制度设计来弥补因地区经济不平衡而造成的地区差距。

（三）不同地区养老保险政府补贴分配不公平

政府补贴分为基础养老金和缴费补贴，当前这两项补贴某种程度上也存在不公平，主要是由于补贴分配依据不合理。无论中央还是地方，在确定各地基础养老金和缴费补贴标准时，主要依据的是一刀切的按地区经济水平配给的模式。从中央来看，中央财政对中西部省份基础养老金给予全补，对东部给予50%补助[①]；从地方来看，地方也依据中央分配模式对各地补贴标准做了划分，如海口和三亚两市与省财政分担比例为6:4，其他市县与省财政分担比例为4:6[②]。该模式在某种意义上虽具合理性，但仅是宏观的，它忽视了制度实施的重心是市县，市县城乡居民状况、人均GDP、人均财政收入及人口老龄化等对地区补贴能力的影响。这因为从全国来看，东部有些省份（农业）人口较多、人均GDP及财政收入较低，而中西部有些省份不仅应保人口少，而且人均财政收入也占优势（表4-12）。2013年东部11省市人均地方财政收入为9235.95元，中西部20省市是3966.63元，东部是中西部的2.33倍，但东部的河北、海南、山东三省却分别为3194.83元、4760.21元和5547.06元，低于全国5836.39元的水平，而西部的内蒙古和重庆分别为6965.77元和5869.91元，接近或高于全国水平。同时，人均GDP也不均衡。东部的河北、辽宁、福建、山东、海南等都低于内蒙古（67498元）。另外，各地人口状况差异较大。东部由于城镇化率较高，农村人口比重平均为34.91%，而中西部该比例为54.93%，是东部的1.57倍，但东部的河北、辽宁和山东的人口状况相比中西部也不乐观，河北农村人口比重在54.4%，接近中西部比例，辽宁人口老龄化指标和老人抚养比分别为10.31%和13.84%，而山东作为人口大省老年人抚养比为14.59%，居东部首位，并且农村人口比重达49.05%，高于中西部地区的许多省份，如吉林、黑龙江、内蒙古等。

---

① 目前，对东中西部所包括的省份，国内还有不同划分法，本书根据相关资料在此采取如表4-12的划分法。

② 杨杰：《10月起新农保养老金提至85元》，《海口晚报》2012年7月9日。

表4-12　　　中国各地区人均GDP、人均地方财政收入及人口状况

地区		人均GDP（元）	老人抚养比（%）	总人口（万）	乡村人口比（%）	人均财收（元）	老龄化指标（%）
东部地区	北京	93213	10.70	1961	13.80	18667.35	8.70
	天津	99607	12.27	1294	19.50	16069.22	8.52
	河北	38716	11.00	7185	54.40	3194.83	8.24
	上海	90092	9.39	2302	10.70	17852.57	10.12
	江苏	74607	14.20	7866	38.10	8350.46	10.89
	浙江	68462	10.87	5443	37.70	6976.19	9.34
	辽宁	61686	13.84	4375	35.95	7643.64	10.31
	福建	57856	10.02	3689	41.90	5744.66	7.89
	山东	56323	14.59	9579	49.05	4760.21	9.84
	广东	58540	8.60	10430	33.50	6789.31	6.75
	海南	35317	9.40	867	49.50	5547.06	7.60
中部地区	吉林	47191	11.07	2746	46.60	4212.91	8.38
	黑龙江	37509	9.96	3831	43.50	3334.17	8.32
	安徽	31684	14.65	5950	55.20	3487.49	10.18
	江西	31771	10.75	4457	54.30	3637.71	7.60
	河南	34174	12.49	9402	59.43	2568.98	8.36
	湖北	42613	13.38	5724	48.17	3828.28	9.09
	湖南	36763	14.63	6568	54.90	3091.90	9.78
西部地区	广西	30588	13.93	4603	58.20	2862.70	9.24
	内蒙古	67498	8.67	2471	43.38	6965.77	7.56
	山西	34813	10.21	3571	50.32	4764.83	7.58
	重庆	42795	17.36	2885	44.98	5869.91	11.56
	四川	32454	16.77	8042	58.17	3462.02	10.95
	贵州	22922	13.64	3475	65.04	3472.05	8.57
	云南	25083	10.56	4597	63.20	3505.39	11.07
	西藏	26068	6.71	300	77.29	3165.17	6.19

续表

地区	人均GDP（元）	老人抚养比（%）	总人口（万）	乡村人口比（%）	人均财收（元）	老龄化指标（%）
陕西	42692	11.10	3733	52.70	4683.78	8.53
甘肃	24296	12.00	2558	62.85	2374.45	8.23
青海	36510	8.06	563	53.78	3978.49	6.30
宁夏	39420	7.44	630	50.18	4893.20	6.41
新疆	37181	9.00	2181	56.46	5173.38	6.19

注：人均 GDP 是 2013 年的数据；老人抚养比是 2011 年的数据；总人口是 2010 年第六次人口普查的数据；人均地方财政收入是用 2013 年全国各地区地方财政收入除以 2010 年各地区人口数而得；乡村人口比重是国家统计局根据 2011 年人口变动情况抽样调查数据推算；人口老龄化指标是根据第六次人口普查各地相关数据计算整理而得。

数据来源：中华人民共和国国家统计局：《中国统计年鉴（2012、2014）》，中华人民共和国国家统计局网站，http：//www.stats.gov.cn/tjsj/tjcbw/。

从地方来看，县区层面这种状况更为明显，如 2009 年江苏有 36 个县区低于全国水平①，2013 年山东有 51 个县区人均地方财政收入不足 2000 元，甚至部分县区不足 1000 元（表 4 - 13），如莒县、莘县、冠县、郯城县、兰陵县等，远低于全国 5836.39 元的水平。而中西部某些县市区，如 2013 年西部百强县准格尔旗（23472 元）、神木县（11964.8 元）等却大大高于全国平均甚至发达市县。同样，人口方面市县区差异也较大，如 2013 年山东的济宁、德州、聊城和菏泽四地市农村人口比重仍接近或超过中西部 54.93% 的平均水平，且人口规模庞大，都在 500 万至 900 万人（表 4 - 14）。如果中央和地方只是宏观地确定补贴标准，那么这些县区财政随制度运行必不堪重负，极易导致政府补贴不能及时到位和养老金不能按时发放等后果，最终将使补贴效用大大降低。

---

① 根据《江苏统计年鉴（2010）》中的各市县区地方财政收入和常住人口数计算并比较而得。

表4-13　　　　2013 年山东省部分市县区人均地方财政收入

县区	总人口（万人）	人均地方财政收入（元）
商河县	62.8	1066.24
峄城区	39.7	1936.07
山亭区	51.1	889.43
莱阳市	86.6	1276.89
栖霞市	58.8	1350.29
坊子区	54.6	1905.24
临朐县	88.2	1177.87
安丘市	95.3	1443.47
鱼台县	47.1	1742.80
金乡县	64.6	1549.00
嘉祥县	87.5	1420.81
汶上县	78.0	1444.05
泗水县	62.4	1097.76
梁山县	78.4	1089.62
岱岳区	96.6	1252.45
宁阳县	82.0	1335.56
东平县	79.4	1263.87
五莲县	51.7	1519.15
莒县	113.1	820.57
沂南县	91.7	1254.26
郯城县	94.5	953.08
沂水县	114.2	1576.76
兰陵县	131.2	862.17
费县	83.4	1436.32
平邑县	103.2	1001.56
莒南县	102.0	1441.10
蒙阴县	55.3	1403.98
临沭县	63.5	1664.93
陵县	59.7	1543.85
宁津县	47.4	1341.77

续表

县区	总人口（万人）	人均地方财政收入（元）
庆云县	31.7	1470.54
临邑县	54.2	1983.49
平原县	46.9	1347.27
夏津县	53.0	1230.53
武城县	39.3	1792.93
乐陵市	70.0	1228.99
阳谷县	79.5	1258.63
莘县	101.5	780.52
冠县	80.1	938.28
高唐县	49.2	2281.89
临清市	76.3	1770.20
惠民县	64.1	1109.78
阳信县	45.2	1305.46
曹县	159.5	1147.34
单县	120.8	1341.13
成武县	69.5	1229.73
郓城县	122.7	1739.35
鄄城县	86.2	851.18
定陶县	66.6	997.24
东明县	80.3	1789.68

注：人均地方财政收入是用 2013 年各市县区地方预算财政收入除以各市县区人口数而得。

数据来源：山东省统计局：《山东统计年鉴（2014）》，中国统计信息网站，http://www.tjcn.org/tjnj/15sd/27986.html。

表 4-14　　　　　　　2013 年山东省各地市乡村人口比重

地市	总人口（万人）	乡村人口比重（％）
济南市	699.88	34.00
青岛市	896.41	32.27
淄博市	459.26	34.69

地市	总人口（万人）	乡村人口比重（%）
枣庄市	380.10	49.57
东营市	208.49	36.81
烟台市	698.93	42.15
潍坊市	922.52	48.24
济宁市	820.58	51.67
泰安市	556.83	46.24
威海市	280.56	39.68
日照市	285.05	48.69
莱芜市	133.27	44.82
临沂市	1015.90	49.64
德州市	567.11	52.26
聊城市	591.13	57.95
滨州市	380.59	48.80
菏泽市	836.79	58.39

数据来源：山东省统计局：《山东统计年鉴（2014）》，中国统计信息网站，http://www.tjcn.org/tjnj/15sd/27986.html。

政府补贴是保障老年居民基本生活和促进收入公平分配的关键，但如果政府在履行该项责任时，不能对补贴分配做宏观和微观的准确把握，或只顾一面而忽视另一面，尤其是中国地区发展不平衡及各地人口状况复杂多样，则政府补贴不但不能发挥弥补或调控收入差距和保障居民养老的作用，而且还将在某种程度上或某些地区助推收入差距扩大，如经济财政状况较好的地区不断提高基础养老金和缴费补贴，而落后地区只能选择维持现状，最终造成地区待遇差距过大，城乡居民对政策不认同，参保积极性不高，影响制度持续运行，所以有必要调整和完善补贴制度，以使补贴真正发挥补贴效用。

（四）养老保险基金省级统筹引致地区互济不公平

随着制度并轨及发展，基金统筹层次必然由县市级提升至省级，一方面是由于并轨后基金规模将增大，基金保值增值要求变得更紧迫；另一方面是由于通过省级统筹能使制度在更大范围内进行收入再分配，以实现制度促进社会公平之目的。而省级统筹以后，市县互济功能将增强，即市县间参保居民互济关系将更加紧密。由于个人账户基金是积累制的，缴费补贴及村社补助归居民所有，并可依法继承，所以通过个人账户基金是不可能实现地区间互济的。而基础养老金是由当地财政以转移支付和出口补形式，按月均等地发给年满60周岁居民的，目前同省内各市县区基础养老金标准也普遍不同（表4-15），高低不齐。经济财政比较好的市县区一般补贴比较高，比较差的则往往比较低。在此情况下，基础养老金该如何发放？均等发放还是照原来方式发放？如果选择后者，那么制度在省级层面促进地区公平的意义将会丧失，这既不符合制度建立初衷，也不符合社保再分配精神。如果选择前者，那么这不仅将引起同省内发达市县区与欠发达市县区间的矛盾，而且还将引起市县区参保居民间的矛盾，尤其是发达市县区参保居民的不满情绪和不公平感将可能增加，这直接影响其参保意愿，所以如何解决基金省级统筹后的互济公平问题，也是政府必须考虑的。

表4-15　　2015年山东部分地市县区城乡居民基本养老保险
月基础养老金发放标准

地区	月基础养老金（元）
青岛市	130
临沂市	85
威海市	95—110
滨州市	85
潍坊市	85
烟台芝罘区	150
东营市	150
东营垦利县	120

数据来源：山东省部分市县区人力资源和社会保障局网站。

（五）农村居民与城镇居民之间养老待遇保障实效不公平

随着政府补贴提高、基金保值增值机制建立及其实施、缴费档次增加，以及城乡居民政策认同加深，城乡居民参保积极性定会增加。但是，由于城镇居民现金收入比农村居民要高些，在此情况下，城镇居民将选择稍高档次缴费，相应待遇就会高些；农村居民一般选择低档次缴费，相应待遇就会低些，即在同一制度内的两种居民缴费水平及相应待遇将整体存在差异或差距。这种差异或差距如果不能在并轨后的制度内解决，那么将必然违背并轨主旨。但是，解决又面临两类居民收入构成不同的问题，即城镇居民养老待遇现金值虽比农村居民高些，但城镇居民没有土地保障且消费水平高；农村居民却有这份保障且消费水平低，即农村居民的保障水平可能并不比城镇居民低。因此，如何在待遇给付环节公平协调好待遇差的现金值与土地保障的关系，是政府必须考虑的事情。否则，对无固定工作和稳定收入来源的城镇居民是不公平的。

二　城乡居民基本养老保险制度外待遇给付公平问题

城乡居民基本养老保险制度外待遇给付公平问题是指城乡居民基本养老保险与城镇企事业单位职工养老保险的待遇差距问题。为了对两者养老金水平进行比较，本书在此引入养老金替代率指标，即参保居民在退休或年满60周岁后领取的养老金占其退休或60周岁前工资或人均纯（可支配）收入的比重，以此来衡量参保居民退休或60周岁后生活水平的变化。养老金替代率是反映和评价养老金水平的重要指标，通常其计算公式如下：养老金替代率（％）＝人均养老金÷平均工资（人均收入）×100％。由于城乡居民的养老待遇受个人缴费水平及缴费年限制约，精确计算较为复杂，为方便研究，在此将人均养老金简化为年度基金支出额/年度养老金领取人数，平均工资或人均收入以农村居民人均纯收入和城镇居民人均可支配收入为基准[①]，

[①] 城镇居民由于属于城镇非从业人员，与城镇职工相比，收入水平相对比较低，加之农村居民是城乡居民基本养老保险的主体，所以城乡居民人均收入在此以农村居民人均纯收入为基准。

以此对两者的养老金待遇做横向和纵向的比较。

从横向来看，根据表4-16，2013年年末，全国城乡居民基本养老保险人均年养老金和养老金替代率分别为906.98元和10.20%，而城镇职工该两项指标分别为20673.15元和76.69%，后者分别是前者的22.79倍和7.52倍，差距甚大。从全国各地区情况来看，无论是绝对额还是养老金替代率，城镇职工养老待遇都是数倍或十几倍于城乡居民，即便城乡居民最高水平与城镇职工最低水平相比，人均养老金和养老金替代率还是分别相差1.19倍和0.60倍。

表4-16　　　　2013年中国各地区城乡居民与城镇职工养老金水平比较

地区	城乡居民人均年养老金（元）	农村居民人均纯收入（元）	城乡居民养老金替代率（%）	城镇职工人均年养老金（元）	城镇居民人均可支配收入（元）	城镇职工养老金替代率（%）
全国	906.98	8895.9	10.20	20673.15	26955.1	76.69
北京	5147.09	18337.5	28.07	30059.71	40321.0	74.55
天津	2234.33	15841.0	14.10	22787.50	32293.6	70.56
河北	684.76	9101.9	7.52	22373.96	22580.3	99.09
山西	819.26	7153.5	11.45	23819.00	22455.6	106.07
内蒙古	1342.50	8595.7	15.62	21436.65	25496.7	84.08
辽宁	819.85	10522.7	7.79	20187.10	25578.2	78.92
吉林	651.81	9621.2	6.77	16240.76	22274.6	72.91
黑龙江	694.40	9634.1	7.21	18886.31	19597.0	96.37
上海	6996.15	19595.0	35.70	26910.39	43851.4	61.37
江苏	1497.06	13597.8	11.01	20783.42	32537.5	63.88
浙江	1733.28	16106.0	10.76	21320.54	37850.8	56.33
安徽	718.55	8097.9	8.87	18444.74	23114.2	79.80
福建	748.21	11184.2	6.69	22886.60	30816.4	74.27
江西	642.56	8781.5	7.32	15310.12	21872.7	70.00
山东	1001.18	10619.9	9.43	24903.64	28264.1	88.11
河南	739.52	8475.3	8.73	19665.90	22398.0	87.80
湖北	751.33	8867.0	8.47	18140.20	22906.4	79.19

续表

地区	城乡居民人均年养老金（元）	农村居民人均纯收入（元）	城乡居民养老金替代率（%）	城镇职工人均年养老金（元）	城镇居民人均可支配收入（元）	城镇职工养老金替代率（%）
湖南	630.45	8372.1	7.53	16992.59	23414.0	72.57
广东	1091.55	11669.3	9.35	22430.98	33090.0	67.79
广西	886.99	6790.9	13.06	18989.26	23305.4	81.48
海南	1060.97	8342.6	12.72	18917.34	22928.9	82.50
重庆	968.05	8332.0	11.62	16604.16	25216.1	65.85
四川	818.05	7895.3	10.36	16719.53	22367.6	74.75
贵州	674.62	5434.0	12.41	19441.04	20667.1	94.07
云南	737.41	6141.3	12.01	19740.83	23235.5	84.96
西藏	1157.85	6578.2	17.60	34422.17	20023.4	171.91
陕西	947.27	6502.6	14.57	21802.09	22858.4	95.38
甘肃	718.96	5107.8	14.08	20253.37	18964.8	106.79
青海	1073.43	6196.4	17.32	25288.77	19498.5	129.70
宁夏	1107.86	6931.0	15.98	21409.70	21833.3	98.06
新疆	857.54	7296.5	11.75	22968.82	19873.8	115.57

注：由于两项基金支出程度不同地包含了部分非养老金支出，所以在此对城乡居民基本养老保险基金支出和城镇职工养老保险基金支出分别扣除5%和10%的基金额，以保证数值更准确。前者基金支出包含的非养老金支出有转移支出、补助下级支出、上解上级支出、其他支出等，相对较少；后者基金支出包含的非养老金支出有社保管理费、抚恤救济费、补助下级支出、上解上级支出、转移支出、其他支出等，相对较多。

数据来源：中华人民共和国国家统计局：《中国统计年鉴（2014）》，中华人民共和国国家统计局网站，http：//www.stats.gov.cn/tjsj/tjcbw/。

　　从纵向来看，根据表4-17，1996—2013年全国城镇职工养老保险待遇一直在增长，除2000—2004年增幅比较小之外，其他年份均能保持匀速可观增长，年均增长幅度10.6%。其中，城镇企业职工人均养老金2005—2015年的年均增长幅度不低于10%，连续11年匀速增长，人均月养老金绝对额由2005年的714元提至2014年的2070元，10年间增长了近3倍（表4-18），最高的北京已超3000元。这主要是因为：一方面，在此期间企业职工与机关事业单位人员养老金差距不断扩大，企业职工不满情绪不断增长，群体间社会矛盾日益突出；另一方面，社会养老成本日趋攀升，企业退休职工压力增大，加之政府施政的民生转向，以及公平社会建设的不断推进，最终促使中央和地方政府不断上调企业职工养老金。可见，中国城镇职工养老金正常调整机制已基本形成。

表 4 - 17　　　　1996—2013 年中国城镇职工养老保险待遇增长

年份	人均年养老金（元）	年增长率（%）
1996	3938.05	15.70
1997	4445.99	12.90
1998	4988.23	12.20
1999	5806.44	16.40
2000	6006.34	3.44
2001	6179.88	2.89
2002	7091.88	14.76
2003	7279.13	2.66
2004	7682.66	5.54
2005	8325.75	8.37
2006	9507.34	14.19
2007	10837.17	13.99
2008	12539.86	15.71
2009	13785.26	9.93
2010	15066.47	9.29
2011	16829.87	11.70
2012	18810.35	11.77
2013	20673.25	9.90

注：城镇职工包括事业职工和企业职工；城镇职工人均年养老金 = 当年基金支出额/养老金领取人数；同表 4 - 15，基金支出中扣除了 10% 的非养老金支出项目。

数据来源：中华人民共和国国家统计局：《中国统计年鉴》（1995—2014 年），中华人民共和国国家统计局网站，http：//www. stats. gov. cn/tjsj/tjcbw/。

表 4-18　　　　　　　2005—2014 年中国城镇企业职工

养老保险待遇增长　　　　　　单位：元/月、%

2005 年	2006 年	2007 年	2008 年	2009 年	2010 年	2011 年	2012 年	2013 年	2014 年	年均增长率
714	848	925	1080	1200	1362	1511	1721	1893	2070	10

资料来源：根据相关数据计算整理而得。数据参见 2005—2006 年《中国劳动与社会保障统计年鉴》《全国社会保险情况》（2007 年，2010—2012 年），人力资源与社会保障部网站。

城乡居民基本养老保险自 2009 年试点至 2014 年并轨，不仅中央财政对最低基础养老金标准没有调整，而且地方对基础养老金和缴费补贴也没有做多大的提高，尽管在此期间，全国有 1500 多个县区做了补贴调整。2015 年 1 月，中央虽然提高了 15 元最低基础养老金，提幅达27.3%，但基数太小，与城镇职工或企业职工养老金的差距仍在持续扩大，离保基本目标依旧太远。目前虽然仍在城乡居民养老制度中设计待遇给付正常调整机制，但与城镇职工或企业职工养老金调整机制应保持什么关系？各级政府与具体制度都没有对此进行明确规定，如果不能使两者差距逐步缩小，那么必将增加城乡居民的不公平感乃至政策不认同度。华迎放（2014）调查显示：某市在新型农村社会养老保险试点时，老人领取 130 元养老金很满意，两年后养老金又增至 310 元，但面对城镇职工养老金连年上调，农村居民却表现得非常不满意①。待遇不公是社会不公的体现，如果待遇不能让居民满意，则不满情绪积累就会导致普遍政策不认同，最终阻碍城乡居民基本养老保险发展，所以健全城乡居民与城镇职工养老制度间待遇调整机制是非常必要的。

三　城乡居民基本养老保险待遇给付公平问题成因分析

（一）城乡居民基本养老保险缴费制度"收入关联"弹性不足

城乡居民基本养老保险实行的是固定缴费制度，与经济发展、物

---

① 华迎放：《居民养老保险城乡统筹：从合并到完善》，《中国劳动保障报》2014 年 9 月 5 日。

价变动及通货膨胀率等并没有建立弹性关联机制，而且目前个人账户基金记账利率普遍低于银行年平均存款利率。在这种制度条件下，参保居民选择的缴费档次越高，或参保年龄越年轻，其预期收益率就越低或收益损失就越大。当然，即便个人账户基金记账利率高于银行年平均存款利率，且参保居民预期收益增加，但这也不能丝毫改变不同缴费档次、不同参保年龄城乡居民的待遇不公平，因为个人记账利率的高低与参保居民间待遇公平与否没有直接关系。同理，政府补贴及基础养老金的增加或提高也不会改变这种现状。因此，城乡居民缴费制度弹性不足是不同类型参保居民待遇不公平的根本原因。

（二）城乡居民基本养老保险政府补贴制度"梯度层级"弹性不足

政策实施与目标对象契合是政策科学的重要原则，而城乡居民基本养老保险政府财政补贴制度却恰恰未贯彻好这个原则。虽然国家在制定政府财政补贴制度及地方在实施这个制度时，都在兼顾各地区经济财政实力的基础上，体现了一定的"梯度层级"，但均过于简单和宏观。其根本原因在于中央和地方忽视了制约地区补贴能力的其他因素，如人口状况（老龄化指数、乡村人口比重）、人均 GDP、人均地方财政支出等，如果把这些因素不纳入地区补贴能力评估中，仅从宏观上依据经济总量、财政总收入等来确定补贴标准，势必导致政府补贴分配不公平，最终会使政府补贴的针对性和实际效用大大降低。

（三）城乡居民基本养老保险待遇给付公平调控机制不健全

地区及城乡经济发展极不平衡是中国的基本国情，也是目前城乡居民基本养老保险地区间、城乡居民间、城乡居民与城镇职工养老待遇，以及省级统筹引致地区互济不公平的最根本原因。而要从根本上改变这种现状，需要国家长时期的持续均衡发展努力，这对城乡居民基本养老保险发展是不现实的。关键是，城乡居民基本养老保险制度对这种地域空间上的不公平没有做出针对性的调控机制安排，在地区经济财政实力不断分化、农村居民与城市居民经济收入差距持续拉大，以及制度实施的分散或不统一的助推下，必然导致地区间、城乡居民与城镇职工养老保险待遇的差距越来越大。当然，城镇居民并轨前后的社区补助不公平也是由这种调控机制不健全带来的，不过这种不公平是很容易解决的。

（四）政府对不同性质的养老保险资源配置不合理

由于长期受城乡二元分割体制乃至因此而生的制度路径依赖的作用，以及政府因这种体制而长期固化的政策安排上的偏向思维影响，政府对不同养老保险制度的资源配置出现不合理的现状，政府投入政策差异大。从表4－19可以看出，2004—2014年全国各级财政对城镇职工养老保险的投入不断增加，年均增长19.28%，基金累积年均增长27.69%，虽然近两年增幅有所下降，但累积基数越来越大。而且各级政府财政还承担了城镇职工养老保险制度运行的全部费用成本，尤其是事业单位的，这与城乡居民基本养老保险经办服务费用普遍不足形成鲜明对比。其中2011—2014年，国家财政企业职工基本养老金支出占当年全国社会保险总支出的比重在56%左右，而城乡居民基础养老金支出却仅占4%左右，前者的财政支出是后者的十几倍（表4－20）。国家财政社保支出的偏向严重，必然导致不同群体的养老保险制度待遇不公平。

表4－19　　2004—2014年中国各级财政对城镇职工养老保险的
投入及基金累积增长

年份	财政总投入（亿元）	财政投入增长率（%）	基金累结（亿元）	基金累积增长率（%）
2004	614	15.85	2975	34.80
2005	651	6.03	4041	35.83
2006	971	49.16	5489	35.83
2007	1157	19.16	7391	34.65
2008	1437	24.20	9931	34.37
2009	1646	14.54	12526	26.13
2010	1954	18.71	15365	22.66
2011	2272	16.27	19497	26.89
2012	2648	16.55	23941	22.79
2013	3019	14.01	28269	18.08
2014	3548	17.52	31800	12.49

资料来源：根据相关数据计算整理而得。数据参见中华人民共和国人力资源和社会保障部《人力资源和社会保障事业发展统计公报》（2003—2014年），中华人民共和国人力资源和社会保障部网站，http://www.mohrss.gov.cn/SYrlzyhshbzb/zwgk/szrs/tjgb/。

表 4 - 20　　　　　　2011—2014 年国家财政对城镇企业职工与
城乡居民基本养老金支出比较

年份	社会保险总支出（亿元）	企业职工基本养老金支出（亿元）	城乡居民基础养老金支出（亿元）	a 社会保险总支出占比（%）	b 社会保险总支出占比（%）	a/b
2011	18877	11027	590	58.4	3.12	18.7
2012	23931	13458	1049	56.2	4.38	12.8
2013	28744	16090	1237	56.0	4.30	13.0
2014	33681	19045	1537	56.5	4.56	12.4

注：a 代指国家财政城镇企业职工基本养老金支出，b 代指国家财政城乡居民基础养老金支出；a/b 代指两者的倍数比值。

资料来源：根据相关数据计算整理而得。数据参见中华人民共和国财政部社会保障司《全国社保基金决算说明》（2011—2014 年），中华人民共和国财政部网站，http：//sbs. mof. gov. cn/。

　　同时，从基金支出构成来看，城镇职工除享受养老金以外，还享受一定数量的抚恤救济费、各种补贴、医疗补助、死亡丧葬补助等支持，而城乡居民除养老金待遇外，基本上无补助或补贴（表 4 - 21），基金支出结构单一。基金支出构成不公平进一步拉大了城乡居民与城镇职工的养老待遇差距，因此，要想缩小城乡养老金差距，还需要重视养老金支出结构的公平性建设。

表 4 - 21　　　　城乡居民基本养老保险与城镇职工养老保险
基金支出项目构成比较

城镇职工	离退金退职金	各种补贴费用	医疗费用补助	死亡丧葬补助	抚恤救济费用	机构管理费用	补助下级支出	上解上级支出	转移支付支出	其他费用支出
城乡居民	个人养老待遇	—	—	—	—	—	补助下级支出	上解上级支出	转移支付支出	其他费用支出

资料来源：中华人民共和国国家统计局：《中国统计年鉴（2014）》，中华人民共和国国家统计局网站，http：//www. stats. gov. cn/tjsj/tjcbw/。

另外，国家财政对城乡居民基本养老保险的投入势头也不理想，不仅制度保障水平定位低，即"保基本"，而且相比城镇职工养老保险投入力度，前者的投入也不协调。根据表4-22，2011—2014年，全国各级财政对城乡居民基本养老保险的投入幅度大幅减低，基金累积增长因基金支出幅度不断增大及基金增值困难等也大大受挫，这两项指标在2014年已分别降至16.1%和27.91%，这对基金规模小、覆盖人口庞大的城乡居民基本养老保险根本不能起到大的作用。例如，从制度试点到并轨的5年间，中央财政在保障水平上始终没有增加更多投入，只有部分地区做了一些微不足道的提待补贴，而且对城镇居民的补贴也与农村居民基本相同，没有实质变化，并轨后虽然制度对高档次缴费给予了激励，但激励程度不是很大，况且选择高档次缴费的城乡居民也寥寥无几。这与对基金积累规模大、覆盖人口少的城镇职工养老保险的财政投入力度大且稳定增长相比，显然很不合理。城乡居民的个人缴费能力有限，且村社补助又普遍空缺，所以对其必须加大财政投入。只有如此，城乡居民与城镇职工的养老金待遇差距才能逐步缩小，而不至于越来越大。当然，受地区经济发展水平及政府财政支持能力的限制，短期内实现不同养老保险制度保障水平的统一也是不可能的，但政府至少要在不同群体养老保险制度的资源配置方面保证逐步向公平迈进，而不是雪上加霜。反之，则不仅不利于缩小城乡社会发展的差距，而且也不利于未来统一城乡养老保险制度的建设。因此，政府必须改变目前的养老制度资源配置政策。

表4-22　　　　2011—2014年中国各级财政对城乡居民基本
养老保险的投入及基金累积增长

年份	财政总投入（亿元）	财政投入增长率（%）	基金累积（元）	基金累积增长率（%）
2011	622.25	187.28	1231	185.45
2012	1173.25	88.55	2302	91.99

年份	财政总投入 （亿元）	财政投入增长率 （%）	基金累积 （元）	基金累积增长率 （%）
2013	1345.20	14.66	3006	30.58
2014	1561.80	16.10	3845	27.91

注：由于缺乏全国各级财政投入的准确数据，本书在此根据国家统计局对城乡居民基本养老保险基金收入的统计指标解释，采取基金收入减个人缴费再扣除5%的非财政补贴的办法来计算全国财政投入年度总额。

资料来源：根据相关数据计算整理而得。数据参见中华人民共和国人力资源和社会保障部《人力资源与社会保障事业发展统计公报》（2010—2014年），中华人民共和国人力资源与社会保障部网站，http://www.mohrss.gov.cn/SYrlzyhshbzb/zwgk/szrs/tjgb/。

第四节　城乡居民基本养老保险经办服务能力问题及成因

从20世纪90年代初至今，中国社会保险制度经办服务体系的建立已经三十年了。与之同步，中国城乡居民基本养老保险制度的经办服务体系也经历了从无到有、从不完善到相对健全、经办服务队伍规模由小到大的转变，这为城乡居民基本养老保险制度的发展做出了巨大贡献，各级政府对其也越来越重视。党的十八届三中全会通过的《关于全面深化改革的若干重大问题的决定》指出，要"加快健全社会保障管理体制和经办服务体系"。健全城乡居民基本养老保险制度的经办服务体系，增强经办服务能力，既是加快政府职能转变和深化行政管理体制改革的重要部分，也是推进城乡居民基本养老保险制度健康持续发展的客观要求。然而，随着城乡居民基本养老保险制度并轨，以及制度运行对精确管理、便利服务要求的日益增强，中国城乡居民基本养老保险制度的经办服务能力不足问题逐步凸显。本节将分析这个问题并揭示其原因。

一　养老保险高效经办服务能力的基本要求

养老保险高效经办服务能力必须以健全完善的经办服务体系为基础，即健全完善的经办服务体系是养老保险制度高效经办服务能力的基础性保障。而从实践来看，健全完善的养老保险制度经办服务体系普遍遵从如下原则：一是经办管理决策统一；二是经办权与养老保险业务的其他职权分立制衡；三是经办服务参与社会化；① 四是经办服务现代化、便利化②。经办管理决策统一是指养老保险经办管理机构从中央到地方要在组织上实现统一，不可政出多门、多龙治水；经办权与其他职权的分立制衡是指养老保险经办业务要与基金监管、基金投资运营等业务分离，使经办权与基金监管权、基金投资运营权相互制衡，以便实现养老保险业务经办、管理和服务的专业化和高效率；经办服务参与社会化是指养老保险经办服务不仅需要政府主动担当起主导责任，而且还需要社会多元主体或力量的积极参与，以保证养老保险经办服务高质量、高效率、高满意度；经办服务现代化是指养老保险经办管理服务的组织架构、人员配备及其素质、经办手段、服务方式、工作方法、经办规范及标准等要科学、健全和完善，符合现代社会保险制度经办管理服务的要求。

二　城乡居民基本养老保险经办服务能力存在的问题

（一）县区养老保险经办机构、乡镇社保所及社区服务站点不足

城乡居民基本养老保险工作主要是在县乡村社开展的。然而，2012 年，全国仅 1364 个县区建立了城乡居民基本养老保险经办机构，4137 个乡镇建立了社保所（仅占乡镇总数的 14.1%）③。城乡居民基本养老保险目标群体是广大基层城乡居民，不仅人数多且居住就业分散，尤其流动频繁，大批居民常年在外务工，许多举家外出，联系很困难，加之业务繁杂，专业性强，以至工作量大且任务重，如参保登记、保费征收、待遇计算、养老金发放、档案管理、信息核对及资格审查等。因此，必须进一步健全县区经办机构、乡镇社保所及社

---

① 周志凯：《试论养老保险制度可持续发展的条件》，《经济体制改革》2005 年第 6 期，第 119 页。

② 邓大松：《社会保险》，中国劳动社会保障出版社 2002 年版，第 56 页。

③ 王红梅：《建立和完善新型农村社会养老保险制度的思考》，《长江论坛》2011 年第 5 期，第 38 页。

区服务站点。否则，将影响经办服务的效率和便利性，甚至还对保费征收、养老金发放及基金安全造成不利。

（二）县乡养老保险经办服务人员少且自身业务能力存在问题

在经办人员配备方面。2013 年年底，全国社保经办人员实有 172177 万人，人均负荷比 1∶9692[①]。而具体到城乡居保，2012 年，全国实有经办人员 18161 人，如果按 2015 年全国参保人数 50472 万人计算，人均负荷比 1∶35982。而且，这是全国平均水平，具体到部分县乡镇（街道），经办力量更是不足。江苏省海门市城乡居民基本养老保险经办处仅有 13 人，而要负责 17 万人的经办服务和 10 多万人的被征地群众的养老保障，人均负荷比 1∶48148；江西省赣州市乡镇（街道）社保所大多数没有配专职人员，甚至所长都是兼职的[②]。四川省南充市县级社会保险经办服务人员共有 170 人，人均负荷比 1∶17000[③]。城乡居民基本养老保险经办服务人均负荷不仅高于全国社会保险经办服务平均水平，更是高于部分欧美发达国家（表 4 - 23）。正如中国社会科学院郑秉文研究员（2013）指出，中国社会保险制度的经办服务人均负荷已经接近极限[④]。

表 4 - 23　　　　欧美部分国家社保经办机构人均服务人口数　　　　单位：人

国家	加拿大	法国	意大利	西班牙	美国	乌拉圭	赞比亚
工作人员	3800	14200	35000	14000	65000	3500	476
人均指标	1184	725	400	614	785	257	735

资料来源：华迎放：《新型农村社会养老保险制度建设研究》，中国劳动社会保障出版社 2013 年版，第 59—60 页。

---

① 中华人民共和国人力资源和社会保障部：《中国劳动统计年鉴（2014）》，中华人民共和国人力资源和社会保障部网站，http://www.mohrss.gov.cn/SYrlzyhshbzb/zwgk/szrs/。

② 华迎放：《新型农村社会养老保险制度建设研究》，中国劳动社会保障出版社 2013 年版，第 46 页。

③ 张晓艳、喻琳：《南充城乡居民养老保险制度的建立和完善》，《论坛》2014 年第 2 期，第 4 页。

④ 郑秉文：《中国社会保险经办服务体系的现状、问题及改革思路》，《中国人口科学》2013 年第 6 期，第 2 页。

在专业及素质方面。根据表 4 – 24，2010 年，全国社会保障业务人员和专业技术人员分别占比 38.4% 和 32.0%，两者总人数占比在 70% 以上，这基本合理。但具体到县乡镇层面，经办服务人员的专业化及素质就显得不足。调查表明：城乡居民基本养老保险县乡镇（街道）经办服务人员多半是"半路出家"，且缺乏社会保险专业化培训，基本是"摸着石头过河"，很难胜任经办管理、经办服务[①]；河南省县乡镇（街道）经办机构专业人员较少，其中统计、会计、计算机、审计等工作人员仅占比 20%，高中及以下学历人数共有 2180 人，占比 21%（全国平均是 14.5%[②]，2008 年），且多数人员年龄老化，工作效率低且易出错[③]；笔者在滨州市和济南市部分县区社保局走访也了解到：大多数社会保险经办服务人员专业与岗位要求不相符，但又很少接受过专业培训，且文化层次多半是专科以下学历，有的甚至是复员退伍军人，社会保险知识非常欠缺，以至于对城乡居民基本养老保险政策的理解能力不高，对许多养老保险问题解释不清楚，工作效率比较低，很难提供高效、高质量的养老保险经办服务。

表 4 – 24　　　　　　　2010 年中国社会保障工作人员岗位结构

岗位名称	业务人员	专业技术人员	管理人员	其他人员
比重（%）	38.4	32.0	18.3	11.3

资料来源：人力资源和社会保障部社保信息中心。转引华迎放《新型农村社会养老保险制度建设研究》，中国劳动社会保障出版社 2013 年版，第 124 页。

在经办队伍稳定方面。根据图 4 – 8，2000—2012 年，全国各类社会保险经办服务人员年均在 123353 人，且还在持续增长，基本保

[①] 张开云：《新型农村社会养老保险：制度逻辑、制度困境与政策前瞻》，《中国社会科学院研究生院学报》2011 年第 1 期，第 100 页。

[②] 此处数据来源于人力资源与社会保障部社会保障信息中心、人力资源与社会保障部网站。参见华迎放《新型农村社会养老保险制度建设研究》，中国劳动社会保障出版社 2013 年版，第 123 页。

[③] 曹秀先、吴松涛：《河南省城乡居民养老保险经办机构和队伍建设分析》，《人力资源开发》2014 年第 8 期，第 38 页。

持队伍稳定。但具体到县乡镇层面，由于受地方财力及编制的限制，在编人员较少，以至于要根据需要不得不临时聘用部分编外经办服务人员，但其工作稳定性较差。湖北省枣阳市人大调研表明：因工作繁重和待遇低，多数编外人员工作不稳定，经办服务的效率性和连贯性难以保证①；笔者在滨州市县乡镇实地走访了解到：滨州市县级社保服务大厅近半数经办服务人员属编外，或是因工作需要而暂时借调人员，乡镇社保所除 1—2 名在编，其余均为编外，多数短期工作后就另谋他职。

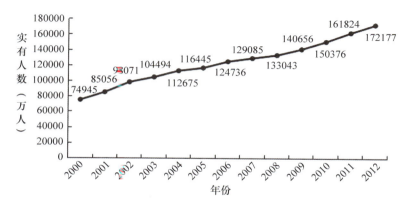

图 4－8　2000—2012 年中国各类社会保险经办服务人员实有人数

资料来源：根据相关数据绘制而得。数据参见中华人民共和国人力资源和社会保障部《中国劳动统计年鉴》（2001—2013 年），中华人民共和国人力资源和社会保障部网站，http://www.mohrss.gov.cn/。

（三）县乡（街道）养老保险经办管理关系不顺

城乡居民基本养老保险制度并轨以后，各地对并轨以前的经办服务资源做了盘点整合，但从实践来看，目前各地的普遍做法只是将两种制度原有的经办机构、工作人员、技术设备等做了简单调和，而对其内部经办管理关系却没有做统一调顺，尤其是县乡镇经办机构间的

---

①　湖北省枣阳市人民代表大会常委会：《关于对枣阳市城乡居民养老保险政策落实情况的调研报告》，湖北省人民代表大会网站，http://www.hppc.gov.cn/2013/1128/6510.html。

关系仍不清楚。基层养老保险经办服务仍由原来的乡镇、街道和村社干部或协理员负责，并未因工作量的大幅增加而增加额外的经办服务人员，以致基层经办服务职能空位，上下机构配合不顺畅，县区至基层站点积极性不高，主要是因为县区经办机构是事业单位，它在基层乡镇（街道）没有自己能管辖或制约的机构和工作人员，现有乡镇（街道）社保所多数不属于人保部门派出的行政性机构，隶属关系不顺，乡镇经办服务人员缺乏约束和积极性。笔者在滨州市惠民县社会保障局走访调查时，某领导也反映了同样的问题。同时，县乡镇（街道）经办机构设置及职责普遍不统一。在机构类型方面，目前全国主要有三种：单设专门型，如北京、江苏、安徽等；社保内设型，如天津、浙江、河南、湖北、广西、重庆等；而甘肃更是由行政部门代理（表4－25）。在机构名称及规格方面也不统一。河南省县区养老保险经办机构就有 7 种叫法，154 个县级机构有 120 个是股级规格，其余的均为正科级[①]；在职责设定方面也存在差异。县乡镇（街道）经办管理关系不顺，必然影响城乡居民基本养老保险经办管理服务开展，甚至还对制度运行造成不便。

表4－25　　中国城乡居民基本养老保险省级经办机构设置类型

设置类型	代表地区
单设专门型	北京、江苏、安徽
社保内设型	天津、浙江、河南、湖北、广西、重庆、陕西、宁夏
行政代理型	甘肃

资料来源：中华人民共和国人力资源和社会保障部农保处：《城乡居民养老保险制度统一省份情况》，《中国社会保障》2012 年第 3 期，第 33 页。

（四）养老保险经办管理信息系统融合与功能提升面临挑战

2014 年年底，全国已有 30 个省份 321 个地市（包括省本级）和

---

① 曹秀先、吴松涛：《河南省城乡居民养老保险经办机构和队伍建设分析》，《人力资源开发》2014 年第 8 期，第 38 页。

15 个省份 72 个地市（包括省本级）分别实现了养老和医保关系的转移接续连接，制度信息化服务能力大大提高①。然而，由于并轨前两种制度的信息系统是各自独立的，并且以县为单位分别组织实施，碎片化比较严重，加之与地方其他部门的公民信息系统彼此分割，所以信息系统融合并向省级层面集中必然面临挑战。具体来说有四个方面：一是两种制度间、平行地区间和上下机构间的信息软件在结构设计、模块设置、数据类型、指标体系等方面存在差异，操作流程和功能也不同，这必然为信息系统融合带来技术障碍；二是由于地方其他部门，如民政、银行、税务、公安、教育等的信息系统技术普遍比较落后，并且各自独立，与城乡居民基本养老保险信息系统还不能有效联接统一，这使信息资源共享比较难；三是并轨前两种制度信息系统功能普遍较简单，而随着参保人口和基金积累不断增多，以及待遇构成项目增加，如丧葬补助、医疗补助等，保险信息量也将不断增加，所以仅靠信息系统原有功能和技术是很难应对大量信息处理业务的，根本不能满足经办服务对高质量和高效率的要求；四是信息系统需专业人才维护和更新，这又如何保证？信息系统融合与功能提升解决不好，必将制约经办服务能力的提高。

（五）养老保险经办服务体系约束与互动能力较弱

城乡居民基本养老保险经办服务体系延续的基本是政府管理体制。无论是机构设置及其运作，还是保险业务，基本上全部由政府包揽，这虽凸显了政府主体责任，但未能实现对制度运行中各种权力的有效约束和制衡，政府不仅制定政策和整体规划，而且也全权负责经办服务、基金营运以及监督检查等，各种权力集于一身。根据养老保险管理理论②，城乡居民基本养老保险不仅要在行政上做到机构和政策统一，而且还要在业务和监督上做到分权管理和制衡约束，因为养老保险管理是涉及大量资金且复杂系统和极具风险的管理，需要更专

---

① 中华人民共和国人力资源和社会保障部：《2014 年人力资源和社会保障事业发展统计公报》，中华人民共和国人力资源和社会保障部网站，http：//www. mohrss. gov. cn/SYrlzyhshbzb/dongtaixinwen/buneiyaowen/201505/t20150528_ 162040. htm。

② 邓大松：《社会保险》，中国劳动社会保障出版社 2002 年版，第 59 页。

业的人员参与和更严格的监管保障，而适当的分权既能发挥专业性力量在基金投资运营中的高效作用，又能通过彼此权力制衡，以实现对基金运行各环节的严格监管，保障基金安全。当前，政府在城乡居民基本养老保险管理方面的集权不仅不利于经办效率提高，而且也不利于对基金的有效监管，很容易滋生官僚腐败，导致基金流失。耿永志2011年的调查显示：受访居民中有20.12%的反映养老金不能按时发放，有11.80%的反映资金不能全额发放①。另外，经办机制僵化，缺乏活力，所有工作都由政府自上而下安排和推动，参保居民及其他社会组织难参与，经办机构只对上级机构和同级政府负责，而不对参保居民负责，城乡居民作为业主，只能被动接受来自政府及其经办机构的管理，这样居民与政府及其经办机构互动交流局面就难形成，服务需求就难表达，这与城乡居民养老需求多元发展很不适应，必然会加剧经办服务的供需矛盾。因此，要提高经办服务能力和质量，必须革除这种体制的弊端。

三　城乡居民基本养老保险经办服务能力问题成因分析

（一）政府对城乡居民基本养老保险经办服务认识不到位

社会保险不仅有制度设计规律，而且还有经办管理服务特殊性，这种特殊性主要表现为公共性、全民性和半行政性。公共性是指经办服务是公共产品的重要部分，是政府履职尽责所包含的重要内容，即政府要承担主体责任；全民性是指社保经办服务是需要全体参保居民和全社会共同参与的事务，没有这种全型参与，经办服务的质量和效率就将大打折扣，国外社保经办服务实践就证明了这点；半行政性是指经办服务不全等同于行政事务，有其特殊性，但其又部分地兼具行政事务特点，如监督、依法实施、财务预算等，与行政有紧密联系。目前政府仅看到公共性和行政性特点，而没有看到非行政性和全民性，造成认识偏差，以至于把经办服务简单地等同于行政工作，以行政手段及方式处理经办管

---

① 耿永志：《新型农村社会养老保险试点跟踪调查——来自河北18个县（市）的农户》，《财经问题研究》2011年第5期，第128页。

理事务，如体制架构完全参照行政模式、制度实施采取行政方式、监管也以行政监督为主等，大包大揽，对其在经办服务中的地位和作用未全摆准、摆正，突出表现为各级政府在经办服务中的责任不清，现行政策和统筹层次现实，相当于默认县区政府是城乡居民基本养老保险主要责任人，而省市政府责任只承担宏观管理和业务指导，充其量再加上适当资金补助或转移支付责任。但事实是，城乡居民不仅是县民，而且也是市民、省民乃至国民。从国外社保实践及城乡居民基本养老保险制度来看，向城乡居民提供社保，同样是中央及省市政府的重要责任。同时，政府在经办服务中忽视了参保居民和其他社会主体的参与，单凭政府之力去供给各项经办服务，如靠拉队伍、聘用临时人员等解决经办问题，这与养老保险经办服务的长期性、复杂性和繁重性不相适应，《意见》虽然提出要探索参保居民代表参与社会监督，但至今仍未落实，对社会组织参与也未安排。这些必然会使经办服务部分偏离方向，不利于经办管理服务质量和效率的提高。

（二）城乡居民基本养老保险经办服务政策制定不科学

美国政策科学史家史密斯指出，政策制定科学与否是影响政策执行质量的首要因素①。而政策科学性是指政策具有合理性、明确性、协调性、稳定性及公平性五方面特征②。然而，综观《意见》以及各地实施办法，经办服务政策科学性普遍不足，主要表现为缺乏合理性、明确性和协调性。从合理性来看，主要是指政策对经办服务责任划分不合理，目前市县区在此方面承担了主要责任，而市县区作为基层政府，无论是财力还是人才技术资源，都不能足以担当得起，况且在基金筹集及待遇给付等环节已承担了如缴费提待补贴及激励金等；相反，省市财政能力强却未担此方面责任，只明确了基层财政困难的补助责任，以致在现实中经办经费投入普遍不足。2012 年，全国市县两级经办机构预算内经费实际支出占比分别为 92.4% 和 85.6%，

---

① T. B. Smith, " The Policy Implementation Process ", *Policy Sciences*, Vol. 4, No. 2, 1973, pp. 203 – 205.

② 丁煌：《政策制定的科学性与政策执行的有效性》，《南京社会科学》2002 年第 1 期，第 38 页。

缺口8% —14%①。从明确性来看，政策对经办服务规定较少，即便有也是宏观要求及目标任务之类的，政策安排不系统不具体，与基金筹集、待遇给付及保险关系转接等环节的制度实施无法紧密配套，如虽然规定了转接办法，但对转接流程、技术标准、服务方式等未明确，结果经办地区化和随意性严重，效率低且腐败频现。从协调性来看，政策未做好参与主体的协调，如政府、经办、人保及财政和社保所等，彼此关系不顺畅，权责强化和制衡不足。

（三）地方政府对城乡居民基本养老保险经办费用投入不足

制度对地方政府责任落实不到位，预留了太多回旋空间。当然，中央这样做也可能是为了照顾各地经济实际，利于制度全面铺开和落实。但殊不知，这样也为地方各级政府与中央或上级政府利益博弈预埋了种种托词。这是因为地方各级政府也是社会利益主体，政策执行也是要计算成本收益的，而城乡居民基本养老保险作为只贴不赚的政策，显然是无收益的。首先是中央财政在此方面的补贴资金，地方无法随意支配；其次是制度运行积累资金按规定须存入社保财政专户，地方也难支配；最后是地方还要为政策提供配套资金，如各种补贴及其他支出等，尤其是随着待遇调整机制的确立，地方财政支出还将增大，这从各地每年不断增长的财政配套资金就可看出。加之GDP主义长期影响和不科学政绩观的引导，以及现有经办服务政策对地方，尤其省市财政投入责任的不具体，监督机制欠缺等，许多地方政府必然不愿把更多资金投向经办服务。根据表4-26，2011—2014年中国地方社保经办机构支出财政总支出占比年均在1.10%，社保经办机构财政支出年均增长率由2011年的22.85%逐年降至2014年的5.80%。这说明地方对社保经办服务的投入不足。2012年年底，全国社保参保人次已达26.6亿，跨省转移资金179亿元，基金积累已达38106亿元，比20年前增加了131倍②。在此情况下，地方尤其财

①　郑秉文：《中国社会保险经办服务现状、问题及改革思路》，《中国人口科学》2013年第6期，第3—4页。

②　同上书，第5—7页。

力小且压力大的市县区对城乡居民基本养老保险经办费用的投入必将减少。

表 4 - 26 2011—2014 年中国地方财政社会保险
经办机构支出情况　　　　单位：亿元、%

年份	经办机构支出	经办机构支出财政总支出占比	经办机构支出增长率
2011	115.74	1.15	22.85
2012	129.19	1.10	11.62
2013	135.96	1.07	5.24
2014	143.84	1.18	5.80

资料来源：根据相关数据计算整理而得。数据参见中华人民共和国财政部《全国地方财政支出决算表》（2010—2014 年），中华人民共和国财政部网站。

（四）城乡居民基本养老保险经办服务人才历史欠账多

由于新中国成立以来长期受"姓资还是姓社"意识形态划分的严重拘束，中国社会保障学科体系及其专业建设比较滞后，社会保险专业人才培养长期被政府和社会所搁置和漠视，以至于 20 世纪 80 年代中期以后，随着中国经济市场化改革及社会保障事业的推进和发展，社会保险方面的理论、技术及经办服务人才凸显了难以支撑的局面，缺口巨大。研究及相关资料显示：行政事业单位社会保障专业人才隐性缺口巨大，全国城乡基层社会保障工作人员目前缺口近百万人，社会保险基金管理人才缺口上万人。[①] 在这种条件下，全国社会保险经办服务，尤其是县乡镇层面的经办服务，不得不使用大量"半路出家"的非专业人员来冒顶，结果是经办服务能力及效率迟迟难以提高，与社会保险事业快速发展对经办管理服务的要求和目标相距甚远。而目前各高校培养的社会保障专业人才，因受待遇、发展环境等限制，又不愿到基层县乡镇

① 李丽、赵丽华：《社会保障专业人才供需问题及对策探讨》，《劳动保障世界》2012年第 7 期，第 23 页；朱梅：《我国劳动与社会保障专业人才供求分析》，《职业时空》2011 年第 1 期，第 62 页。

去工作，大多流向城市，或转至其他行业。历史欠账太多，再加上政府在此方面的配套支持政策迟迟难以跟进，从而影响了中国城乡居民基本养老保险经办服务能力及效率的提高。

第五节　城乡居民基本养老保险政策认同提高问题及成因

城乡居民基本养老保险政策认同是指城乡居民在心理上对政策渐进接受和认可的趋同过程①。城乡居民基本养老保险能否为居民认同，直接关系到其发展。然而，2011 年和 2015 年《中国养老金发展报告》显示：2006—2014 年城乡养老保险遵缴率在下降，由 2006 年90.0%降至 2014 年 81.2%（表 4 - 27）。而城乡居保在并轨前后普遍存在"退停拒拖"保现象。2014 年山东日照有许多城乡居民退保②；蓬莱部分城乡居民中途拖欠和拒缴保费③；2011—2013 年潍坊临朐县城乡居民参保率与遵缴率不对称，参保率由 2011 年 84.42%增至2013 年 98.85%，但遵缴率始终在 75%左右（表 4 - 28）；笔者在惠民县姜楼镇及历城区利农社区走访也了解到：2014 年，姜楼镇农民"退停拒拖"保的也较多，当年应参保和续保的 2700 多人，而实际缴费的才 2000 多人，遵缴率仅 74%，而利农社区也有两位居民停保。

表 4 - 27　　　　2006—2014 年中国城乡养老保险遵缴率变化

年份	2006	2007	2008	2009	2010	2014
遵缴率（%）	90.0	89.9	89.5	87.7	86.5	81.2

数据来源：郑秉文：2011 年和 2015 年《中国养老金发展报告》。

---

① 齐鹏：《中国农村养老保险的政策认同研究》，《南通大学学报》（社会科学版）2015 年第 2 期，第 121 页。

② 李唐宁：《社保门槛提高遭农民退保最低缴费 100 变 300》，《经济参考报》2014 年4 月 21 日。

③ 尤宗越：《论居民养老保险基金管理工作创新思考》，《财经界》2014 年第 3 期，第30 页。

表 4 – 28　　　　2011—2013 年临朐县城乡居民基本养老保险
参保率和缴费率比较

年份	2011	2012	2013
参保率（%）	84.42	89.73	98.85
缴费率（%）	75.53	75.69	78.31
缴费率增长率（%）	32.42	0.21	3.46

资料来源：吴晶晶、薛兴利：《城乡居民养老保险发展的实证分析——以山东省临朐县为例》，《新疆农垦经济》2014 年第 9 期，第 83 页。

根据前文对城乡居民缴费能力的分析，这种现象因城乡居民缴费难而引起的可能性极小，而只能反映部分城乡居民对政策不认同或认同在下降。本节将对这个问题进行分析并揭示其原因。

一　养老保险政策认同的基本内容

养老保险作为一项重要的社会公共政策，它的制定及其实施不仅有诸多主体参与，而且还极具系统性和过程性，所以养老保险政策认同的基本内容具体包括以下几方面：

（一）目标群体对养老保险政策制定及实施者的认同

养老保险政策是政策制定者立足经济社会实际和目标群体养老需求判断而做出的，内含主客观两种成分，即不同政策制定者因价值取向不同，即便基于同一事实也会制定出不同政策。实践中因目标群体不直接参与政策制定，对其制定程序和具体内容不能完全认识和理解，所以养老保险政策认同首先来源于对制定者的认同。事实上，因目标群体信息来源单一和自身因素限制，以及参与政策制定的能力局限，导致养老保险政策认同受政策制定者的影响较大。其次是对政策实施者的认同。养老保险政策实施者能与目标群体直接接触，目标群体对其组织结构、管理手段及服务方式的评价直接影响政策认同。[1]

---

①　齐鹏：《中国农村社会养老保险的政策认同研究》，《南通大学学报》（社会科学版）2015 年第 2 期，第 121 页。

（二）目标群体对养老保险政策制定程序的认同

制定程序的民主、合法不仅能有效保障养老保险政策的科学与公正，而且还能在很大程度上提高目标群体的政策认同，即养老保险政策制定程序也能影响认同主体心中正义感及其是否接受的自觉性①。如果目标群体认为养老保险政策制定程序缺乏合法性和民主性，那么不管政策制定者和实施者使用什么手段、做如何好的宣传并要求目标群体积极参保，在非强制条件下，目标群体必定对其保持冷漠和抗拒；即便政策强制参保，目标群体为避免受罚而被迫参保，目标群体心理上也倾向于不认同政策，以致实践中常对其采取消极应对行为等。因此，必须保证养老保险政策制定程序民主合法，只有如此才能保证目标群体养老保险政策认同的逐步提高，进而促进政策的顺利实施②。

（三）目标群体对养老保险政策设计理念的认同

任何养老保险都是基于某种价值理念而设计的，价值理念不同，养老保险政策设计和实施效果也不同。如果养老保险政策的价值取向是公平的，那么政策实施将带来劫富济贫和缩小收入差距之效果；如果政策价值取向是效率（主要指经济效率）的，那么将导致资源优化配置和竞争环境的形成，不利于收入再分配和社会公平的实现。而养老保险政策选择何种价值理念，在很大程度上取决于政府和社会成员普遍认同的养老保障思想，也即目标群体对养老保障思想的认同，在很大程度上左右着养老保险政策的认同，即便自己的利益受到损失，目标群体也会对政策予以理解和接受。否则，即便自己受益，也不会对养老保险政策认同。例如，由于受再分配思想影响，新型农村社会养老保险的公平取向逐渐增强，政策认同也逐渐提高，但因保障水平低，其政策认同并不是很高③。

---

① 李晔、龙立荣、刘亚：《组织公正感研究进展》，《心理科学进展》2003 年第 1 期，第 78—84 页；石火学：《教育政策认同的意义、障碍与对策分析——教育政策执行视域》，《重庆大学学报》（社会科学版）2012 年第 1 期，第 149 页。

② 齐鹏：《中国农村社会养老保险的政策认同研究》，《南通大学学报》（社会科学版）2015 年第 2 期，第 121 页。

③ 同上。

（四）目标群体对养老保险政策设计内容的认同

养老保险政策的本质是养老利益分配政策，政策设计不同，养老利益分配结果也将不同，如受益或是受损，所以养老保险政策设计如何必是目标群体最为关心的事情，从而成为衡量养老保险政策认同的最重要标准，尽管政策制定者和执行者、制定程序及价值取向对目标群体政策认同也有影响。如果部分目标群体的养老利益受损，尽管其对养老保险政策的制定者和实施者、价值取向、制定程序等均没有异议，那么其政策认同也不会很高。因此，必须使养老保险政策设计更加科学和合理，以便更广泛地保障各层次目标群体养老利益的增长，最大限度地减少因养老保险政策而利益受损的人数①。

（五）目标群体对养老保险政策实施水平的认同

政策实施是养老保险政策中的重要阶段和环节，其水平和质量如何，在某种程度上也影响目标群体的政策认同，甚至有时还甚于其他方面的影响，如政策设计内容、政策制定程序等。而影响养老保险政策实施水平的因素主要有两方面：一是政策实施部门对政策精神的把握是否准确。因政策实施有相对独立性，实施者如果把握的不准，必导致政策实施背离政策精神，引起目标群体政策不认同；二是实施中运用的手段、方式、方法等是否恰当。如果实施者采取的手段、方式及方法不当，以致经办服务质量不高，不能满足目标群体的实际需要，甚至有时还让目标群体利益受损，那么必然会使目标群体滋生对养老保险政策不满意或反感，导致对养老保险政策的不认同②。

二　城乡居民基本养老保险政策认同存在的问题

（一）城乡居民对养老保险保障水平普遍不满意

2014 年，全国城乡居民基本养老保险人均月基本养老金只有 90 元③，

---

① 齐鹏：《中国农村社会养老保险的政策认同研究》，《南通大学学报》（社会科学版）2015 年第 2 期，第 121 页。

② 同上书，第 121—122 页。

③ 李忠：《24 省份提高城乡居民养老金标准》，中国新闻网，http：//www. chinanews. com/gn/2014/10 – 24/6713500. shtml。

全年共计1080元，仅占城镇企业职工基本养老金的4.3%，约为城市低保金的1/7和农村低保金的1/3，占同时期农村居民和城镇居民人均年消费支出（8383元和19968元）的比重分别为12.9%和5.4%[1]。而且，即便加上个人账户养老金，在低档次缴费和低养老基金收益条件下，总养老金也很有限，同时受经济通胀影响，其购买力仅够买一桶油或一点感冒药的，实在难以保障老年人的基本生活。笔者在滨州市惠民县姜楼镇某村走访就发现：走访的221名村民中，有60.2%的村民反映目前自己养老方面最困难的是经济支持不足（图4-9），大多数农村居民把养老还是寄托于家庭和子女。正如一位受访农村居民所说："儿女养老最可靠，也天经地义，而目前政府给的那点养老金还不够塞牙缝的呢。" 人力资源与社会保障部劳保所的张丽宾对全国6省12市县区74位城乡居民调查访谈也显示：城乡居民对目前城乡居民基本养老保险养老待遇普遍不满意[2]。

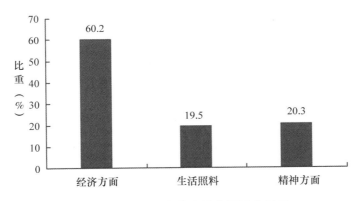

图4-9　走访对象养老需求最困难方面

（二）养老保险经办服务与城乡居民的要求存在差距

亚洲开发银行调查显示：在城乡居民对养老保险整体不满意项目

---

① 此处数据是根据前述相关数据计算而得的。

② 张丽宾：《我国城乡居民养老保险的调查与思考——从6省12市县区74位居民访谈说起》，《经济研究参考》2013年第72期，第14页。

中，首推是待遇，其次是经办（图4-10）①。李伟（2011）在河南五县的调查也显示：基层乡镇政策宣传效果比较差，80.6%的被调查者认为不满意；强制居民参保现象仍存在；经办弄虚作假时有发生；部分地区养老金发放不及时，4.7%的反映了这种情况，有的还被冒领等②。笔者走访也发现：少数城乡居民不愿参保与村社干部经办服务方式和态度也有关系；更有甚者，有些基层政府及其人员为了提高政绩，不适宜地采取粗暴方法和措施来执行政策，更是对城乡居民基本养老保险政策认同雪上加霜③。当前，中国城乡居民基本养老保险虽然实现应保尽保，但相当数量的参保率是行政强制的结果④。主要原因之一是由于城乡居民担心养老保险政策将来会变化，或者养老保险缴费被干部侵吞，导致养老利益受损。

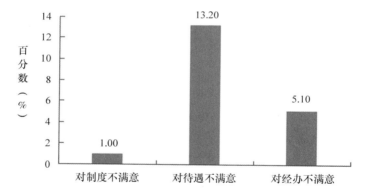

图4-10　城乡居民对城乡居民基本养老保险整体不满意情况

① 何平：《中国农村养老保险制度改革与发展报告——可持续性分析》，中国经济出版社2011年版，第173页。
② 李伟：《新型农村社会养老保险试点的调查研究》，《开放导报》2011年第1期，第95—96页。
③ 邬家峰：《预期理论视域中的新型农村养老保险》，《求实》2011年第1期，第95页。
④ 张朝华：《农户参加"新农保"的意愿及影响因素》，《农业技术经济》2010年第6期，第18页。

（三）城乡居民对养老保险政策认知存在局限

城乡居民是否参保与其政策了解度直接相关，与不了解政策相比，了解政策度高的居民参保比例明显高[①]。即政策认知越高，参保积极性越高，政策认同也越高。而影响政策认知的关键是文化素质。根据表4-29，被调查的居民对现行政策"比较清楚"和"非常清楚"的两项合计占比，高中学历的81.36%，大专及以上学历的88.89%，小学和未受过教育的分别为67.38%和59.32%，而选择"听说过但不清楚"的居民中，未受教育的39.83%，小学学历的31.54%，初中学历的28.1%，高中学历的18.64%，大专以上学历的仅11.11%。然而，统计显示：2010年中国农村劳动力初中以下文化的占82.61%，高中文化的占14.98%，大专及以上文化的仅占2.41%[②]。文化贫困必将限制农村居民对政策清楚理解，对政策所赋予的权益往往认识不到，更不清楚对其老年生活的意义，只看到享受利益必须长缴费，这对只重眼前利益的多数农村居民实在难以接受。

表4-29　　中国城乡居民文化程度与城乡居民基本养老保险政策认知情况

		未听说过	听说过但不清楚	比较清楚	非常清楚	合计
未受过教育	人数	1	47	57	13	118
	百分比	0.85	39.83	48.31	11.02	100
小学	人数	3	88	157	31	279
	百分比	1.08	31.54	56.27	11.11	100
初中	人数	1	68	122	51	242
	百分比	0.41	28.10	50.41	21.07	100
高中、中专	人数	0	22	63	33	118
	百分比	0	18.64	53.39	27.97	100

---

① 崔红志：《新型农村社会养老保险制度适应性的实证研究》，社会科学文献出版社2012年版，第127页。

② 中华人民共和国国家统计局：《中国农村统计年鉴（2011）》，中国统计出版社2011年版，第31页。

续表

		未听说过	听说过但不清楚	比较清楚	非常清楚	合计
大专及以上	人数	0	2	9	7	18
	百分比	0	11.11	50	38.89	100

资料来源：何平：《中国农村养老保险制度改革与发展报告——可持续性分析》，中国经济出版社 2011 年版，第 167 页。

同时，农村几千年传统文化理念、心理、习俗、习惯等对农村居民政策认知也有负影响，使农村居民对政策认同不高。笔者在滨州惠民县姜楼镇某村走访就发现：在走访的 221 名居民中，有 63.4% 的居民表示靠子女养老比较靠谱，而认为社会养老最佳的仅占 24.4%（图 4-11）。同时，农村居民普遍把主要收入都用于子女教育、建房医疗、生产经营、婚丧嫁娶等，而对自身的未来养老普遍不重视或根本就没有将其纳入自己的人生计划安排。这些说明传统的养儿防老文化对农村居民参保仍有排斥性，不合理的消费习俗或习惯对城乡居民参保或选择高档次缴费仍有制约作用。另外，短视和自满的小农意识也使农村居民往往只重眼前而忽视长远利益，只安贫乐道和因循守旧，而不主动接受社会养老新事物。例如，当笔者问某位不愿参保缴费的年轻居民以后养老咋办时，该居民表示，"目前还没有考虑这个问题，先走一步看一步，总会有办法的，儿女不可能不养老吧"。文

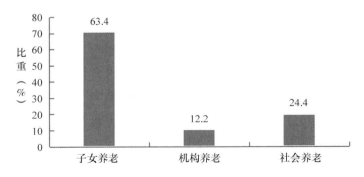

图 4-11 走访对象最佳养老方式

化素质及历史传统影响，使得城乡居民的政策认知存在局限，从而在某种程度上削弱了城乡居民基本养老保险政策认同。

（四）城乡居民利益表达被漠视对养老保险政策认同不利

崔红志（2012）在河北青县调查显示：由于青县对农村的社会治理框架作了改革，将原来的村代会由虚变实，成为由各方村民代表参加的权力机构，村民委员会成为其下的具体执行部门，村民代表由原来的摆设成为积极参与村庄事务的管理者，即村民利益表达权得到保障，结果村民在开展合作养老及城乡居民基本养老保险中都积极参与，不仅参保率高，而且还争相对政策做宣传和解释，这与改革前形成了鲜明对比[①]；笔者在滨州惠民县姜楼镇某村实地走访也发现：有些农村居民就是因自己的利益诉求长期被村委或当地镇政府漠视或不予解决才不愿参保的，他们认为政府不可信，参保缴费就是政府变相集资摊派。例如，当问一位未参保的村民为什么不参保时，该村民就直截了当地说："这是政府向农民集资的手段，缴几十年的钱，最后领那点钱，这是玩猫腻的。"可见，城乡居民利益表达被漠视对养老保险政策认同不利。

三　城乡居民基本养老保险政策认同问题成因分析

（一）城乡居民基本养老保险待遇定位低且待遇调整未规范落实

中国城乡居民基本养老保险保障水平坚持的是"保基本"原则，即城乡居民的缴费率、待遇给付、政府补贴等都是低标准的。这种原则从制度初建来说，有助于制度快速启动和推广。而且，这种养老金定位也与中国现阶段的经济发展水平相适应，即在长时期内中国仍将处于发展的初级阶段，整体经济发展水平虽然已居世界第二，但人均水平并不很高，人口总规模还非常庞大。但问题是，保基本或保障老年人基本生活究竟是怎样的？现行制度对此并未给出具体量规，而且实行固定缴费制度及待遇正常调整机制也尚未规范化，如待遇调整的

[①]　崔红志：《新型农村社会养老保险制度适应性的实证研究》，社会科学文献出版社2012年版，第159页。该调查选点典型，很有代表性。

时间、幅度、标准等不明确,即城乡居民养老金预期收入模糊。更重要的是,现行养老金水平与"保基本"还相距甚远。这些必给城乡居民,尤其农村居民带来心理不踏实或参保不合算的判断。保障水平是养老保险政策认同的重要衡量标准,如果不能满足多数居民的养老需求,那么政策价值就会受到普遍质疑乃至不认同,因为政策预期好坏与政策认同高低直接相关,尽管好的政策预期并不必然带来高的政策认同,但不如愿的政策预期必定不会带来高的政策认同①。

(二)政府对城乡居民基本养老保险经办服务建设不够

政策执行质量直接影响目标群体的政策认同。当前,城乡居民基本养老保险经办服务体系还不完善,尤其是基层经办服务能力不高,业务经办的手段、方式、方法、设施等还很落后。由于基金统筹层次低,基金运营收益不高甚至贬值,以致城乡居民养老金受损;城乡居民缴费和养老金的领取时间、地点、方式、方法等还不能快捷、便利和高效;业务经办错误还不能杜绝,经办人员服务方式和态度还未人本化转型等(这些本书在第四章第四节已做了分析,在此不再赘述)。这些问题使养老保险经办服务与城乡居民的要求还存在差距。养老保险经办管理服务水平低,在某种程度上制约着城乡居民政策认同的提高。

(三)基层干部养老保险工作作风存在问题

由于历史上基层政府及人员主要是作为基层,尤其是村社管控者而存在的,所以其公共服务职能很微弱。然而,随着税费改革和社会转型推进,基层政府职能转变未及时跟进,基层政府人员公共服务意识直至目前依旧淡薄,农村居民对其信任度日渐下降。同时,某些基层官员滥权和贪腐更是影响了基层政府人员养老保险政策动员及执行能力,以至于基层干部往往是作为城乡居民的异己力量而存在的。崔红志(2012)在河北的调查显示:相当数量的城乡居民对基层政府人员意见普遍比较大,以致对政府所举办的事情常常持怀疑、不配合

---

① 石火学:《教育政策认同的意义、障碍与对策分析——教育政策执行视域》,《重庆大学学报》(社会科学版)2012年第1期,第150页。

乃至否定的态度①。笔者在滨州市惠民县姜楼镇某村走访时也发现：未参保居民多数对基层政府人员及村干部有不满情绪，如问某位居民为什么未参保时，他就直言不讳地说："只要政府要求做的事情，我就坚决反对。"而城乡居民基本养老保险作为公共政策，又需要基层政府人员及村干去执行，结果城乡居民的这种心态和行为必然影响其养老保险政策认同，进而降低参保的积极性。

（四）城乡居民基本养老保险利益表达缺少机制保障

城乡居民基本养老保险政策是政府及其部门单方制定并自上而下强推的②，城乡居民，尤其是农村居民作为目标群体却始终不能在其中表达愿望和利益，只能处于被动接受地位，结果城乡居民与政府之间在养老保险政策制定及实施方面信息不对称，政策与居民养老需求和预期存在偏差（无论益于还是损于居民），而且还会在心理上增加城乡居民被漠视或歧视的失落感，以至于削弱城乡居民对养老保险政策认同③。然而，20 世纪 90 年代以后，城乡居民原来能表达愿望和利益的自治组织逐渐衰弱，"它不仅在形式上为村民的心理认同设置了障碍，而且在功能上使村民失去权威的依靠，在工作上使村民失去行使权力的保证"④，加之能代言自己利益的组织缺失及利益表达空间分散，彼此间很难交流集中，以致其利益诉求很难向政府反映，参与政府决策更是不可能。同时，城乡居民人大代表份额少和代表身份虚化又消除了表达的制度路径。六届至十二届全国农村居民人大代表所占比例分别为 11.7%、10.5%、9.4%、8%、8.4%、缺失、6.7%⑤，这与农村居民数量极不相称，而且这些代表大多还是村干

---

① 崔红志：《新型农村社会养老保险制度适应性的实证研究》，社会科学文献出版社 2012 年版，第 33 页。

② 并轨前的老农保、新农保、城居保都是如此。

③ 齐鹏：《中国农村社会养老保险的政策认同研究》，《南通大学学报》（社会科学版）2015 年第 2 期，第 123 页。

④ 吴从环：《权力的位移——村民自治制度 10 年实践考察》，《中国农村观察》2000 年第 1 期，第 78 页。

⑤ 十一届人大农民代表数据缺失，十二届人大农民代表按工农代表总数的平均值计算。

部、企业家或先富阶层，真正来自普通阶层的很少①。而且，现行制度虽提出要让城乡居民代表参与养老保险管理，但至今也没有成形机制保障。城乡居民基本养老保险政策制定及实施的民主性不足，必然会削弱城乡居民对政策的认同。

（五）城乡居民基本养老保险法制建设不足

城乡居民基本养老保险涉及城乡居民的长期利益，只有其保持稳定，才能被城乡居民所认同，走访中相当数量的居民对养老保险制度稳定都尤为关心。而制度稳定与否与其法制化程度相关。然而，目前中国城乡居民基本养老保险法制化建设非常不足，法律法规的层次建设、系统建设及统一建设都存在缺失，这与国外养老保险制度运行普遍拥有完备的法律保障差距甚远。养老保险法制建设的不足，必然让部分城乡居民产生未来养老保险政策会变化的担忧，进而不愿参保或即便参保也不会选择高档次缴费，有的甚至中途退停保等。

---

① 蒋国河：《农村改革、社会稳定与农民利益的政治表达》，《中共南昌市委党校学报》2009 年第 5 期，第 52 页。

第五章 国外城乡居民基本养老
保险的经验与启示

他山之石，可以攻玉。国外社会养老保险实践已有一百多年的历史，形成了比较健全和完善的制度及管理模式。而中国城乡居民基本养老保险制度的建立及发展比较短暂，制度包容的人口类型既有农村居民也有城镇居民，人口分布区域既有发达地区也有欠发达地区，且人口总量史无前例，制度模式之统账结合也是世界之首创，而国家现有经济财政承载力又很有限，既无成熟理论指导，又无实践经验可供借鉴。在此背景下，中国须借鉴国外各方面经验，以此实现制度建设及制度实施的逐步成熟和完善。基于该目的，本书对国外城乡居民基本养老保险发展模式及特点等进行分析，以寻求其中可借鉴的方式和做法。

第一节 国外城乡居民基本养老保险的
模式及特点

各国居民养老保险虽具有建立时的共同理论基础和经济社会条件[1]，但由于各国历史、经济、政治、文化等存在较大差异，所以在长期发展中形成了不同制度模式。根据中国城乡居民基本养老保险存

---

① "共同理论基础"主要是指前述的西方社会养老保险理论；"经济社会条件"主要指国际上通行的三个衡量农村养老保险制度是否建立的三个指标：第一，农业的 GDP 比重在 15% 以下，农业劳动力结构份额在 20% 以下；第二，农业人口占总人口比重低于 50%，老龄化趋势严重；第三，经济发展水平较高，人均 GDP 在 2000 美元以上。参见苑梅《我国农村社会养老保险制度研究》，东北财经大学出版社 2011 年版，第 83 页。

在的突出问题，本书在此选择在这些方面或某个方面占优势，或者与中国经济社会实际接近的日本、瑞典、智利及巴西四个不同养老保险模式国家，分析它们的养老保险制度及其对中国的启示，以求为中国城乡居民基本养老保险问题解决对策提供有效借鉴。

一　日本"多支柱型"养老保险模式及特点

日本养老保险模式属于当今世界占主流的社会保险模式。社会保险模式可看作城镇制度向农村延伸，典型实施的国家是德国、日本、法国、韩国、美国等。该模式基金筹集实行现收现付和个人储蓄积累制度，突出居民和企业雇主的责任，缴费与居民收入水平、待遇给付紧密关联，激励性比较强。同时，通过等额缴费和等额待遇机制强化了制度的再分配功能，比较符合社会保险缩小收入差距和促进社会公平的原则和目标。另外，制度的社会性和互济性比较强，保障水平和保障程度也普遍比较高。政府通过财政大量补贴，使更多的工业化和经济发展成果转移至农村，从而让农村居民分享了社会财富，实现了城乡共享和共赢。但该模式健康持续运行的前提条件是居民参保缴费能力和政府财政实力需较强，即只有整体经济水平达到相当程度，才能保障该制度运行。

（一）日本养老保险模式的建立

20 世纪 50 年代以后，随着城市化、农民兼业化和人口老龄化发展，日本农村原有的家庭养老越来越不能满足农村居民不断增长的养老需求，加之农业经济的衰退，使日本政府不得不于 1959 年颁布《国民年金法》，依法将农村居民和个体经营者纳入国民年金保险制度，由此正式确立了农村养老保险制度。但该制度实施后，农村居民普遍对保障水平不满意，这使政府于 1970 年又颁布了《农业者年金法》，在国民年金的基础上又为农村居民专门建立了农业者年金，以满足其对保障水平的要求。1973 年日本又在国民年金制度中设置了待遇随物价和通胀指数动态调整的机制，从而使国民年金水平大大提高。1985 年日本为解决群体间待遇差距问题，又改造了原有的国民年金制度，建立了全民均享的统一基础养老金制度。进入 90 年代以后，由于经济增长放缓、财政收入吃紧，以及人口老龄化加剧，以致日本不得不对制度作部分调整，如提高费率、降低养老金替代率，以及强化政府责任等①。经长期发展和调整，日本已经形成了包括国民年金、农业者年金及储蓄寿险②在内的多层次养老保险模式。

（二）日本养老保险模式的构成

日本养老保险模式构成有两方面：在国民年金方面。第一，参保对象。全体国民——农村居民、个体经营者及其配偶等必须参加，截止到 2009 年 3 月底，全国共有 6936 万人参加该层次保险。第二，资金筹集。政府补贴和参保缴费，政府补贴额依年度基金支出情况确定（表 5 - 1），个人缴费按参保对象不同实行分类缴纳，农村居民作为第一类参保人必须按确定额缴纳，同时制度还为低收入者提供了不同层次的缴费申请豁免政策，所需资金全由政府承担，缴费水平不断提高（表 5 - 2）。第三，年金给付。年金分为老龄年金、通算老龄年金、残疾年金、一次性死亡保险金、遗嘱年金、一次性退保保险金等，其中缴费满 25 年且达 65 周岁的可享受老龄年金，足额缴费满 40 年的可享受全额年金，同时领取人也可提前至 60 岁和延迟至 70 岁领年金，但年金将分别减少和增加。第四，管理营运。由厚生省下属独立法人年金机构管理，业务包括制度扩面、保费征收、信息记录、年金给付、商谈、裁定等，经办体制实行从中央到地方垂直管理，机构运作实行董事长负责制，全国经办服务信息系统、规范和标准统一，社会化便利服务，基金市场化分散投资，具体政策依年度投资准则而

---

① 日本政府 2004 年改革的基本思路就是"开源节流，增收减支"。一是逐步推迟退休年龄，计划到 2025 年将正常退休年龄提高至 65 岁，以减少养老金开支；二是阶段性地提高养老保险费率，决定到 2017 年把原 13.58%的厚生年金费率提高至 18.3%，国民年金缴费额从 15100 日元提高到 16900 日元；三是降低养老金替代率，由 2004 年的 59.3%降至 2023 年的 50.2%。参见何平《中国农村养老保险制度改革与发展报告——可持续性分析》，中国经济出版社 2011 年版，第 153 页。

② 该险种由日本农协（农业协同联合会）建立，具有个人储蓄性质，类似商业性养老保险，但不以营利为目的，缴费全由农村居民负担，政府不提供补贴，基金市场化运营，待遇包括死亡补偿、医疗补助、晚年生活保障和护理保障等。这种保险对弥补农业者老年生活需要及社保力量不足具有重要作用。

定。日本国民年金水平并不高，对保障老年人基本生活意义不大，只能起到缓解压力的作用。

表 5 - 1　　　　2004—2008 年日本国民年金保险基金收支统计　　单位：亿日元

年份	收入			支出	结余
	小计	缴费收入	财政补贴		
2004	35633	19354	15219	37253	1620
2005	37873	19480	17020	43350	5478
2006	39228	19038	17971	43082	3853
2007	38466	18582	18436	43435	4968
2008	37545	17470	18558	43317	5772

注：表中收支不包括第二类被保险人。

资料来源：何平：《中国农村养老保险制度改革与发展报告——可持续性分析》，中国经济出版社 2011 年版，第 152 页。

表 5 - 2　　　　1961—2009 年日本国民年金保险缴费水平　　单位：日元、%

年份	月缴额	缴费比例	年份	月缴额	缴费比例	年份	月缴额	缴费比例
1961	150	0.7	1978	2730	1.8	1995	11700	4.0
1962	150	0.7	1979	3300	2.0	1996	12300	4.1
1963	150	0.7	1980	3770	2.2	1997	12800	4.3
1964	150	0.6	1981	4500	2.4	1998	13300	4.4
1965	150	0.5	1982	5220	2.7	1999	13300	4.4
1966	150	0.5	1983	5830	2.9	2000	13300	4.4
1967	250	0.8	1984	6220	3.0	2001	13300	4.3
1968	250	0.7	1985	6740	3.1	2002	13300	4.4
1969	300	0.7	1986	7100	3.2	2003	13300	4.4
1970	450	0.9	1987	7400	3.3	2004	13300	4.4
1971	450	0.8	1988	7700	3.3	2005	13580	4.5
1972	550	0.8	1989	8000	3.3	2006	13860	4.6
1973	550	0.7	1990	8400	3.3	2007	14100	4.7
1974	900	0.8	1991	9000	3.4	2008	14420	4.8

续表

年份	月缴额	缴费比例	年份	月缴额	缴费比例	年份	月缴额	缴费比例
1975	1100	0.9	1992	9700	3.5	2009	14700	5.0
1976	1400	1.1	1993	10500	3.7	—	—	—
1977	2200	1.5	1994	11100	3.8	—	—	—

注：缴费比例＝月缴费额/职工月均工资额。

资料来源：何平：《中国农村养老保险制度改革与发展报告——可持续性分析》，中国经济出版社 2011 年版，第 149 页。

在农业者年金方面。第一，参保对象。有 50 公亩土地的居民必须加入，有 30—50 公亩土地的居民可自愿加入，以及这两类居民的家属且务农 3 年以上的也可自愿加入，不过近年参保人数不断下降（图 5 - 1）。第二，资金筹集。缴费、政府补贴及基金收益，但主要是缴费，工资费率在 6.8%—22.8% 的（表 5 - 3），政府补贴由中央财政承担，但因参保人数下降及财政吃紧，目前资金筹集很难。第三，年金给付。根据缴费高低、政府补贴多少及基金收益确定年金额，年金支出缺额由国库弥补，但目前支出压力比较大（表 5 - 4）。第四，管理运营。由农林水产省下属的农业者年金机构管理，农业委员会和农协参与经办，费用由财政承担，经办服务与其他年金统一，基金市场化分散投资。

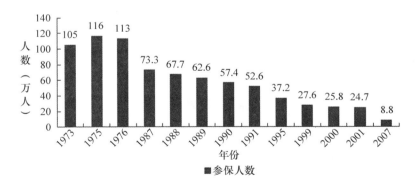

图 5 - 1　1973—2007 年部分年份日本农业者年金保险参保人数变化

资料来源：根据相关数据绘制而得。数据参见宋金文《日本农村社会保障——养老的社会学研究》，中国社会科学出版社 2007 年版，第 147 页。

表 5 - 3　　　　　　　　2001 年和 2009 年日本农业者年金

保险缴费水平　　　　　　单位：日元、%

年份	雇员月工资	农业者月缴费额	缴费比例
2001	307200	20000	6.5
	307200	67000	21.8
2009	294500	20000	6.8
	294500	67000	22.8

资料来源：何平：《中国农村养老保险制度改革与发展报告——可持续性分析》，中国经济出版社 2011 年版，第 150 页。

表 5 - 4　　　　　　　　1987—2000 年部分年份日本农业者

年金给付情况　　　　　　单位：人、亿日元

年份	1987	1988	1989	1990	1991	1995	2000
经营权转移年金给付人数	519422	55955	595643	629855	652645	629855	6537767
给付额	191.6	197.2	198.1	195.7	181.7	966.6	881.3
农业者老龄年金给付人数	307717	350640	399650	448094	496098	635353	583695
给付额	274	332	402	491	576	907	902

资料来源：宋金文：《日本农村社会保障——养老的社会学研究》，中国社会科学出版社 2007 年版，第 190 页。

（三）日本养老保险模式的特点

日本养老保险模式特点有以下几点：第一，制度体系多层性。不仅有全面均享的国民年金，而且还有补充性的农业者年金及储蓄性寿险等，这不仅保证了制度全覆盖和多层次养老需求满足，而且还促进了社会公平。第二，政府责任担当比较突出。政府在国民年金和农业者年金中的财政补贴分别达基金总额的 1/2 和 2/3，而且还承担了全部机构管理及信息系统建设经费。第三，经办管理借力社会组织。农协在经办服务中发挥了重要作用，具体承担了保费征收、待遇确定及年金发放等业务，同时还组建了非营利性质的储蓄性保险，有效地缓

解了年金保障水平不足的问题。第四，不同年金制度彼此相互支持。群体年金制度间资金供给可以互补，如 1986 年政府就将厚生年金和共济年金的部分基金用于国民年金开支，从而解决了各年金制度间因参保人数和资金筹集水平差异而产生的不平衡问题，同时也缩小了制度间的待遇差距，保障了制度体系稳定。第五，管理具有分类性、集中性和垂直性。管理中把不同保险业务分别委托给不同机构，虽然农协参与了部分国民年金和农业者年金的管理，但只是补充性的，在管理关系上，从中央到地方各级机构只对上级机构负责，而不受其他管理主体领导，包括地方政府，各级机构在各自管辖和职权范围行使权力，这保障了管理效率，但过分集权不利于基金监管，容易造成基金腐败。第六，经办服务规范和标准统一化建设突出。同种制度内及相异制度间经办服务规范和标准都实现了统一，尤其是信息系统建设，这为高效管理及制度转接创造了条件。

二　瑞典"基金自平衡型"养老保险模式及特点

瑞典养老保险模式属于社会福利模式。社会福利模式以瑞典、英国及加拿大等国为典型，根据覆盖范围不同，可分为全民型和特殊型两种。模式建立的理论基础是《贝弗里奇报告》的原则，体现了普遍保障理念，即任何公民只要满足一定条件和资格都可享受相关养老保险待遇，不分收入多少、工作状况及城市居民还是农村居民等。制度实行现收现付制，所有资金来源全由政府财政承担，个人不需缴纳任何费用，政府资金主要通过社会保险税筹集，所以该模式实施一般需要高经济水平支撑。但经济水平欠高的国家，通过特殊群体划分也可实施，不过保障水平普遍不高，类似中国的"五保供养"制度。但是，该模式虽对国民尽了最大公平的养老保障，但因福利刚性及经济财政不稳定，尤其是受全球化和老龄化影响，极易导致财政负担沉重，赤字压力大，甚至还制约经济发展。

（一）瑞典养老保险模式的建立

瑞典养老保险模式没有经历过城乡分割时期，在制度建立之初，农村居民与城市居民都可以无差别地参加，所以瑞典养老保险极具普遍性和公平性。1910 年瑞典政府经过 5 年调研颁布了全国第一个养老保险法案，并于 1913 年经议会通过后在全国实施，从而正式建立了面向全民的养老保险模式。制度规定，所有 18—65 岁的公民都可缴费参保，因经济困难而无力缴费的公民政府可向其提供养老金救济，但该居民必须接受家庭经济状况调查。然而，由于制度保障水平不能保障老年人基本生活，以致从 1946 年开始，直至 1976 年，政府先后又建立了国民基础养老金、补充养老金及部分年金。国民基础养老金与收入不关联，全民皆可享受，补充养老金与收入关联，相关居民须参加，部分年金可视退休年龄灵活获得。至此，瑞典形成了比较完善的养老金制度。然而，进入 20 世纪 70 年代后，受经济危机影响，瑞典经济财政不断恶化。劳动生产率由 1960 年 5% 降至 1980 年1.6%，财政赤字 GDP 占比一度达到 13%，1984 年受救济家庭达 30万户。同时，1985 年人口老龄化率和老年抚养比分别达到 18% 和29%。在这种背景下，瑞典对养老金进行调整和改革，主要是在原来现收现付制中引入部分积累制。以及把缴费模式由原来待遇确定型调整为缴费确定型，由此确立了目前瑞典由公共养老金、工作单位养老金①和商业养老金构成的完善养老金制度。

（二）瑞典养老保险模式的构成

瑞典养老保险模式构成有如下方面：第一，参保对象。制度层次不同，参保对象也不同。公共养老金分为最低保证养老金和收入关联养老金，前者面向无就业或收入比较低的居民，后者只要有稳定就业或有一定收入的都必须参保，不区分职业类型；工作单位养老金主要面向超过收入基准 7.5 倍且不属于公共养老金覆盖范围的群体。第二，资金筹集。最低保证养老金完全由政府以税收筹集，个人无须缴费；收入关联养老金由政府补贴和缴费形成，费率为工资的 18.5%，由雇主单位和个人各负担 50%，其中，16% 存入名义缴费确定账户，用于支付当下退休人员养老金，2.5% 存入实账缴费确定账户，用于个人积

---

① 工作单位养老金是根据瑞典雇主协会、蓝领总工会、白领工会联盟共同签署的集体协议而建立的，它是公共养老金之外的养老金制度，主要面向白领阶层雇员。

累，两账户分别按工资增长率和基金投资收益率计息。第三，待遇给付。年满 65 岁的参保者均可按规定领取养老金，但也可提前或延后领取，不过养老金相应要减少或增加（表 5 - 5）；养老金给付水平取决个人账户积累、名义账户增益及退休给付指数等，待遇给付动态调整，基本不受通胀影响。第四，管理运营。实行分级管理体制，社会事务部具体负责相关政策制定和预算，具体经办事务由其下属的社会保险局执行，社会保险局在全国各地设立不同层级机构，机构严格按制度规定运行，经费完全由参保者承担，同时还专门成立了管理实账基金的机构，即国家养老金管理局，具体负责基金的投资运营和管理。

表 5 - 5　　　　　　瑞典退休年龄选择与养老金受益情况比较

退休年龄	受益比例（％）	退休年龄	受益比例（％）
61	72	66	109
62	78	67	119
63	84	68	130
64	92	69	143
65	100	70	157

资料来源：Swedish Ministry of Heathy and Social Affairs，*Pension Reform in Sweden*：*A Short Summary*，http：//www. pension. gov. se.

（三）瑞典养老保险模式的特点

瑞典养老保险模式特点有以下几点：第一，基金有自平衡机制保障。设立名义账户，账户记账利率以社会平均工资增长率和经济通胀指数为参照，平衡率即为名义账户制度中资产和负债的比例。这样，一方面，个人账户基金积累能与社会经济发展水平同步变动，参保者名义账户养老金权益与此紧密相连，从而使参保者名义账户基金与个人账户基金都能自我平衡；另一方面，名义账户利率比较好调控，即使出现平衡风险，也可通过利率调整化险为夷（图 5 - 2）。第二，制度公平度非常高。公平体现在制度设计的各个方面。从责任担当来看，收入关联养老金筹集由政府、雇员单位和个人三方按比例负担，体现了权责公平统一。从养老金给付来看，除最低保证养老金享受有缴费 3 年期限制外，收入关联养老金只与个人缴费水平及时间长短相关，即缴费高且时间长的养老金就多，体现了待遇给付更加公平。从弱势群体兼顾来看，制度一方面向无就业或收入不高的群体提供最低保证养老金，当然，最低保证养老金与收入相关联，领取需经审查，收入越低，养老金的补助就越高，收入越高，养老金的补助就越低或没有；另一方面还为一些因疾病或其他特殊困难而无力缴费的群体提供了缴费补偿。第三，制度缴费与劳动激励度比较高。与改革前相比，现行制度更强调了缴费与养老待遇的正比关系，即缴费高低及时间长短对养老金高低有决定影响，从而激励参保者多缴费。同时，延迟退休政策激励度比较大，如延迟 1 年退休就比正常退休多拿 9% 的养老金，而延迟 2 年就可多拿 20%①。这不仅缓解了人口老龄化条件下劳动力供给，而且也增加了养老基金收入，避免或缓解了基金失衡风险。另外，参保者养老金只与缴费及其时间相关，而与就业地或城乡地域等无关，这利于劳动力在城乡及地区间自由流动，更有利于经济发展和地区间劳动力供给的市场调节。第四，制度安全性和互济性比较高。制度引入名义账户后，一方面通过现收现付制与部分积累制相结合，实现了基金自我平衡，从而缓解了人口老龄化对基金的支付压力，保障了基金的平衡安全；另一方面通过增强缴费激励和待遇缴费相关设计，调动了参保者劳动积极性，也避免或减少了各种逃避或拖欠费款的现象，从而保障了基金收入稳定。同时，管理中经办服务与基金运营分别由不同机构负责，实现了分权制衡，有效地保证了基金运行安全。另外，政府通过社保税筹集资金，对参保者补贴度非常高，并通过保证养老金机制，兼顾不同收入者的养老金公平，强化了制度互济性的功能。第五，制度运行之外设立风险储备金。虽然名义账户制有基金收支自平衡机制，但抗风险能力不是很大，所以政府在这之外又利用过去的养老资金设立了风险储备金，2005 年该项基金

---

① Holzmann R., Palmer E., *Pension Reform Issues and Prospects for Mon-Financial Defined Contr-ibution (NDC) Schemes*, World Bank, 2006.

已达 540 亿美元。同时，政府还针对养老金隐性债务，设置了利率调整终止机制，这些更强化了制度运行的风险应对能力。第六，制度体系各层次协调配合得比较好。制度体系共分三个层次，从覆盖对象、各自运行机制到经办管理服务，每层设计及责任划分都比较明确，运行也有序，并通过收入关联及收入不关联机制实现了各层次协调配合，从而使制度体系整体效率得到提高。第七，注重制度运行精算。制度对基金平衡比率、收入指数、年金除数、管理费用等都做了精算处理，这对预警基金平衡风险、降低制度运行成本及提高经办管理效率等都具有重要作用。

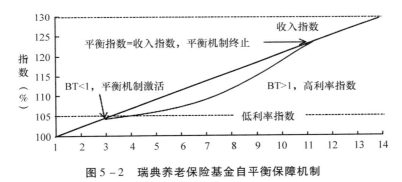

图 5 - 2　瑞典养老保险基金自平衡保障机制

资料来源：Swedish Social Insurance Agency, *The Swedish Pension Annual Report 2007.*

三　智利"基金私化管理型"养老保险模式及特点

　　智利养老保险模式属于储蓄保险模式。目前只有少数亚非拉国家采用，典型国家是新加坡和智利。该模式以家庭为中心来促进经济发展和社会稳定，突出强调家庭和个人在养老保障中的作用。基金的来源主要是雇员或雇主及雇员按工资比例定期缴纳的保险费、个体劳动或经营者根据收入定期缴纳的费用。而政府在资金筹集方面基本不承担责任，只给予财税、金融等政策上的支持和优惠，但必须承担参保者最低养老金的支出，以及基金投资运营最低收益保证的责任，即对基金支出及基金收益的缺额给予补贴，中国过去的老农村养老保险就是采用该模式。该模式具体实施机制就是建立完全积累制养老金个人账户，强化养老金积累。正是由于突出个人责任和淡化财政责任，所以受人口老龄化影响较小，不至于使国家和社会背上沉重包袱，但这种家庭内部的互济在其互济范围和数量上与社会统筹的互济互助差距很大，难以达到缩小收入差距和促进社会公平的效果，这对穷人或低收入者是不利的，客观上不利于社会稳定。而且，因基金规模较大，对资本和金融市场波动反应比较敏感，所以基金投资运营压力和风险也比较大，当然，政府一般都承担兜底责任。

（一）智利养老保险模式的建立

早在 1924 年智利就建立了现收现付制养老金制度，但进入 20 世纪 70 年代后，制度运行越来越难以持续。这是因为：一是世界经济危机对经济增长和财政收入造成很大压力，以及费率的不断攀升，都让雇员和雇主难以承受，以致逃费现象增多；二是人口老龄化加剧，缴费人数增长与领金人数增长倒挂严重，1961—1973 年，领金人数增长 209%，而缴费人数仅增长 60%[①]，人口结构不对称对制度财务平衡造成严重威胁；三是传统制度虽然有利于社会公平，但制度是由一系列彼此不协调的政策构成，碎片化严重和运行效率低下。1980年，皮诺切特军事政府为摆脱危机对制度做了根本变革，颁布了《3500 号养老金改革法案》，决定以个人账户制代替原来的现收现付制，建立完全积累型的养老金制度，这就是被世界及学界普遍誉为"智利模式"的养老金制度，即"实行的由个人缴费、个人所有、完全积累、私人机构运营的养老金私有化模式"[②]。其作为世界首个完全积累型模式，是对传统养老金制度的根本变革，极具典型性和代表性，其经验值得我国学者与政府研究借鉴。

（二）智利养老保险模式的构成

智利养老保险模式构成有以下几方面：第一，参保对象。所有正规就业及包括农村居民在内的非正规就业者都必须参保，不过非正规就

---

① 金玲：《新自由主义福利的拉美实践：智利养老保险改革策略的解析》，《山东青年政治学院学报》2015 年第 2 期，第 112 页。

② 郑功成：《智利模式——养老保险私有化改革述评》，《经济学动态》2001 年第 2 期，第 74 页。

业者在2008年养老金制度改革前是自愿参保的。第二，资金筹集。主要是个人缴费，费率为职工月工资收入的10%，由雇主代为扣除并交纳，当然，参保者也可以在10%基础上自愿增加缴费，政府只承担最低养老金支出及基金最低投资收益率不足补贴。第三，待遇给付。男女分别年满65岁和60岁即可按个人需求及账户积累情况按月或按年领取养老金，领取的方式多种多样，如向商业寿险公司购买生命年金、根据养老基金公司的安排领取、两者结合领取等，但参保者死亡后，商业寿险生命年金余额不能被继承，而养老基金公司打理的基金余额可以作为遗产分配给受益人。第四，管理运作。政府机构养老金监管局负责监管整个养老金体系的运作投资，账户管理及基金投资由私人养老金机构全权负责，管理费由参保者按工资2%缴纳，也可按账户余额或转移资产缴纳，但私人养老金机构必须设立储备基金，以防基金最低投资回报不足，当然，高回报收益要存入储备金，以备将来用。

（三）智利养老保险模式的特点

智利养老保险模式特点有以下几点：第一，基金来源缴费且完全积累。基金来源主要是缴费及积累收益，政府除特殊情况不补贴，这种以缴费定待遇模式有利于参保者积极参保并多长缴费（表5－6），乃至保证基金代际平衡，避免或弱化人口老龄化对制度的负面影响。同时，基金积累的不断增大也将政府财政压力减至最低，对完善和活跃资本市场也有积极意义，如养老基金资产总额GDP占比由1981年的0.84%增至2001年的55.03%（表5－7）。第二，制度行业间统一性和公平性高。群体间养老保险缴费、待遇、服务等标准统一，这不仅提高了制度运行与管理效能，而且还避免了碎片化对制度运行的负面影响，但制度行业内互济性和公平性不足，很不利于低收入者或非正规就业者参保，本该由社保解决的公平问题却难以解决，不利于社会的稳定协调发展。第三，基金投资管理与监管责任高度分离。在基金投资管理环节完全引入市场机制，通过成立私人养老金管理公司对基金保值增值进行竞争性管理，而政府只通过养老基金监管局对该过程各个环节进行规范和监督，完全不深入介入，从而提高了私营养老金机构的灵活性和基金收益（表5－7），如1981—2005年基金年均收益率达 10.2%[①]，远高于制度建立前不足 3% 的水平，如 1975 年、1979 年、1981 年分别为 3.00%、2.82%、2.52%。第四，参保者对基金管理机构及投资方向有选择权。参保者根据自己的风险偏好和收益需求可自由选择账户基金机构和具体投资方向，这切实保障了参保者对基金管理的参与权和监督权，加之政府监管的完善，从而减少或避免了基金腐败。第五，制度运行整体效率高。制度构建以市场供给为基础，突出个人养老责任，淡化政府资金供给责任，强化政府担保及监管责任，同时还保证个人对基金投资选择及监管权利，而且制度设计也统一，这些都极大地提高了制度运行效率。第六，制度转轨成本由政府承担。政府通过采取认可债券、自由选择和收入增长等办法，实现了制度平稳转轨，成本由政府分批次承担，而且利益代际分配也相对合理，从而提高了制度认同度，减少了制度运行阻力，降低了代际风险，但同时也增加了政府偿债负担，如制度实施以来，政府财政每年要偿债数十亿美元，1998 年就达 27.52 亿美元，财政支出占比达 22%[②]。第七，基金投资组合化与多元化。私人养老金机构将基金分为五支，每支都配以不同的投资工具或种类，并让有不同投资需求和偏好的参保者从中选择，而且投资领域或方向也实现了多元化，如由最初的政府债券投资逐步向银行储蓄、公司债券、公司股票、信用投资、矿业地产以及海外基金等投资，从而使基金投资结构更加合理，投资收益能力逐步提高。投资安全性在政府的监管下也更有保障。

表 5 - 6　　　　　　　智利养老保险参保人数情况

年份	参保人数（万人）	参保人数总人数占比（%）
1981	140.0	37.1
1985	228.4	45.7

[①]　李志明、邢梓琳：《智利私营化的养老保险基金管理》，《学习时报》2014 年 9 月 29 日，第 2 页。

[②]　吴建胜、李翠萍：《智利养老保险制度改革概况》，《中国劳动》2001 年第 10 期，第 50 页。

年份	参保人数（万人）	参保人数总人数占比（%）
1990	373.9	58.9
1995	532.1	67.0
1996	557.1	68.1
1997	578.0	68.7
1998	596.6	68.3
1999	610.6	66.6
2000	628.0	68.5
2001	642.8	69.0

数据来源：Ale Jandro Ferreiro Yazigi, *The Chilean Pension System*, Los Trabajadores Press, Chile, 2003, pp. 119 – 122.

表 5 – 7　　　　　　　　**智利养老保险基金资产情况**

年份	养老基金资产总额（亿美元）	养老基金资产总额 GDP 占比（%）
1981	2.36	0.84
1985	24.73	10.03
1990	79.24	24.21
1995	205.90	38.76
1996	218.19	37.44
1997	238.49	39.04
1998	247.34	40.27
1999	300.49	49.21
2000	323.61	50.91
2001	355.62	55.03

数据来源：Ale Jandro Ferreiro Yazigi, *The Chilean Pension System*, Los Trabajadores Press, Chile, 2003, p. 226.

四　巴西"公平普惠型"养老保险模式及特点

巴西养老保险模式属于社会救助模式。这种模式主要流行于发展中和不发达国家，由于经济条件有限，难以实施缴费型养老保险制度，但又面临大量生活贫困的农村人口，所以通过实行养老金救助制度，以确保特别困难的农村老人享有基本养老保障。通常的做法有两种：一是对全体农村老人发放普惠养老金，但目前很少见；二是通过家庭经济调查，对生活贫困老年人给予养老金补贴。该模式基金筹集主要源于政府财政投入，受益者完全不缴费，补贴标准主要参照当地最低收入及日均消费水平，当然，实施国财力有所差异，所以补贴也各不相同。这种模式的优势在于：在经济发展水平较差条件下，最大限度地扩大了社保覆盖面，防止了老年贫困。但是，由于保障水平较低，容易引发受益者劳动惰性，不利于激发受益者个人责任感，所以该养老保障方式的效率不高①。

（一）巴西养老保险模式的建立

巴西农村养老保险属于专门型制度，其建立过程比较曲折。1923 年巴西社保制度仅覆盖城市某些企业劳动者，后来又扩至所有企业雇员、自雇者、政府人员等。1945 年《巴西社会服务组织法》又把农业劳动者划入社保覆盖对象，但由于当时政府不给予拨款而陷于夭折。1955 年以后，巴西通过成立农村社会服务机构并向城市产业融资，以此再向农村人口提供救助，但直至 1963 年，关于农业劳动者的社保及援助才得以成形，并于 1967 年对缴费办法作了规定。1971 年《11 号补充法》又扩大了农业劳动者社保项目，其中包括养老金，但仅是最低标准的救助养老金。1974 年政府又规定，农村居民无须缴费即可享受最低工资一定比例的养老补贴。至此，面向农村居民的非缴费型养老金制度正式确立。后经多次调整制度体系并不断完善，农村居民人人都可获得额度均等的养老金。同时，1996 年政府又针对农村贫困人口设立了"养老金辅助计划"，以此来解决日益严重的社会贫困问题。该计划通过收入调查，为家庭人均收入低于法定最低工资的农村家庭中 67 岁及以上的老人或无法独立生活或工作的残疾人提供养老救助。

---

① 杨翠迎：《农村基本养老保险制度理论与政策研究》，浙江大学出版社 2007 年版，第 40—41 页。

（二）巴西养老保险模式的构成

巴西养老保险模式构成有以下几点：第一，覆盖对象。农村人口。第二，资金筹集。无论是养老金辅助计划，还是农村养老金体系，农村居民均无须缴费。其中养老金辅助计划资金完全由政府财政拨付。而农村养老金体系资金主要由 2.2% 的农产品初次销售缴费、3% 的城市职工工薪附加税、国债收入及政府其他税收等几方面构成。第三，待遇给付。虽然个人不要缴费，但农村居民从事农业生产活动的时间要在 15 年以上才能享受养老金，证明方式就是当地劳工组织开具的信函证明；领取年龄为男 60 岁和女 55 岁；月领取标准由原来的最低工资的 50% 提至目前的全额。第四，管理运作。养老金辅助计划由国家社保协会负责，农村养老金体系的资金收集与运行管理由中央政府及其相关下属机构负责；给农村居民发放社保卡，用以集中参保信息及领养老金，也可用来贷款抵押等[1]。

（三）巴西养老保险模式的特点

巴西养老保险模式特点有以下几点：第一，政府承担全部责任。无论资金筹集还是经办管理服务都由政府及其相关部门负责，农村居民不承担包括缴费在内的任何责任，这主要是因为制度属于社会救助性质，仅是对老年人养老风险或贫困进行抵御的补偿制度。但是，全国性的农村人口贫困意味着养老金待遇发放必将给政府财政带来沉重负担，特别是在经济财政状况不佳时，极易导致资金供给很难持续。第二，普惠补助与特殊救助相结合。农村养老制度体系对所有满足条件的农村老年人都提供额度均等的养老补助，同时又通过养老金辅助计划再给予经济条件非常差的老年人以养老救助，这体现了制度模式注重制度内公平的价值取向。第三，注重城乡分配公平。政府为农村居民建立养老保障制度之目的就是，缩小日益扩大的城乡收入差距及农民工流动压力，所以政府资金筹集除了主要采取财政转移支付形式外，还特别向城市正规就业职工征收工薪税，甚至将部分国债收入也

---

[1]　何平：《中国农村养老保险制度改革与发展报告——可持续性分析》，中国经济出版社 2011 年版，第 132—133 页。

用于制度投入，这体现了制度模式注重城乡分配公平的价值取向，当然这也是调控制度间社保公平的重要举措。第四，保障水平比较低。由于制度是无偿救助制度，加之政府财力的限制，所以保障水平比较低，目前年养老金仅为 130 美元[①]，比相同模式的阿根廷低 23 美元，不过要高于南非（93 美元）和斯里兰卡（1.25 美元，是目前社会救助模式国家中最低的）[②]。第五，养老金性别获取权利均等。1988—1998 年，政府通过不断减少社保受益资格限制，使农村妇女受益人数增长远超过男性，如在此期间，男性增长了 34.40%，而女性经济活动参与率虽然始终低于 40%，但增长却高达 87.74%，60 岁左右的女性受益率达到 80%，男女受益率之比在 30 岁后不断上升，65 岁左右接近 1，70 岁达到最大值，此后逐渐下降（图 5 - 3）。这些说明巴西农村劳动力虽然以男性为主，但妇女社保受益却最大。第六，经办管理高效灵活。农村养老金领取者人人都有社保卡，参与者所有信息

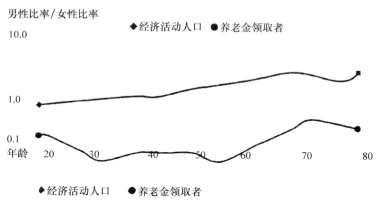

图 5 - 3   1998 年巴西农村男女经济参与率比值与
社保受益率比值变动趋势

资料来源：IBGE，1988、1998。

[①]   肖金萍：《巴西农村社会养老保险制度及其启示》，《全国高校社会主义经济理论与实践研讨会第 20 次会议论文集》（第三册），2006 年，第 166 页。
[②]   杨翠迎：《农村基本养老保险制度理论与政策研究》，浙江大学出版社 2007 年版，第 41 页。

都存入其中，持卡就可到相关金融机构领取养老金，由中央政府及其相关部门管理，制度运行两年一评估，经办效率比较高。同时，制度对养老金还赋予了多样性用途，如申请贷款、购买生活用品、支付各种费用，年金甚至还可以用于改善居住条件等，这些使养老金的价值在无形中得到提高。

第二节　国外城乡居民基本养老保险的共性及趋势

前文分析表明，各国基于本国国情面向城乡居民所建立的养老保障模式普遍不同。经济水平高些的国家制度建立的时间普遍较早，制度体系建设也较健全和完善，保障水平也较高；发展中国家在这些方面却普遍滞后或比较低。但尽管这样，国外城乡居民基本养老保险在制度建设及制度实施方面还是存在一些共性或一般规律的，对这些共性进行总结，必然为中国城乡居民基本养老保险发展带来更多的启发和指导。随着全球化、信息化、市场化、老龄化以及全球经济增长放缓时代的来临，各国都不断对本国养老保险体系进行改革和调整，以至于全球城乡养老保险呈现出新的发展趋势，跟踪这种趋势必然利于中国城乡居民基本养老保险前瞻性和统筹性建设和发展。本节着重对这种共性和趋势加以分析。

一　国外城乡居民基本养老保险制度的共性

（一）养老保险制度设计与养老待遇给付普遍统一

大多数国家养老保险制度设计及养老待遇给付统一。日本国民年金面向全体国民，农村居民强制参加，待遇统一均享，保证了养老金公平；农业者年金专属农村居民，并划分了不同参保类别，但同类群体制度设计及待遇统一。瑞典虽然制度设计多层次，但每种制度层次的目标群体适用的制度设计基本相同且待遇给付权责统一，并且待遇给付更注重群体间的公平调控，如最低保证养老金与收入相关联，经济审查收入越低的，养老金补助越高；反之就越低或没有。智利作为基金完全积累型国家，其制度设计适用于所有正规就业者以及包括农村居民在内的非正规就业者，各群体强制参加，待遇给付在行业间完全统一，并且缴费标准、基金管理及经办管理服务标准统一，避免了制度碎片化对制度运行的负面影响，提高了管理效率。巴西作为非缴费型社会救助国家，为农村居民建立了专门型的农村养老金制度，包括农村养老金体系和养老金辅助计划两个层次。农村养老金体系面向全体农村居民，不分地域和经济条件，待遇给付普惠均等，而养老金辅助计划面向经济条件非常差的老年居民，在普惠养老金基础上，再给予养老救助，但无论是哪种形式，同群体制度设计及待遇给付统一。制度设计与待遇给付统一，一方面保证了社会公平；另一方面也利于管理效率的提高。

（二）养老保险制度覆盖面广且转移接续灵活

无论是发达国家还是发展中国家，制度覆盖面都很广泛，基本能够包容全部农业人口。日本通过分类方式将农村人口分为三类：一是无固定职业、年龄不到 60 岁且拥有 50 公亩以上土地的农业者，二是拥有 30—50 公亩土地且从事农业生产超过 700 小时的农业者，三是前两类的配偶及直系子女且从事农业劳动达 3 年以上的农业者，针对不对类别施以不同保险方式，从而实现制度全覆盖。瑞典作为福利橱窗之国，自制度建立就把农村人口全部纳入了覆盖范围，甚至还包括在本国定居一定时限的外国侨民。智利和巴西虽然是发展中国家，且经济财力有限，但制度还是基本覆盖了农村大部分人口，如巴西养老金救助计划 1999 年的覆盖率就达 86.3%，2000 年救助金占社会总救助金比重达 75%[①]；智利 2008 年更是以强制形式将农村居民全部纳入制度覆盖。同时，这些国家的农村养老制度与其他社会保险制度之间均可灵活转接，非常便于参保者因身份变化而在城乡及不同职业间的自由流动，从而有利于劳动力优化配置和农村经济发展。

---

① 林义：《农村社会保障的国际比较及启示研究》，中国劳动社会保障出版社 2006 年版，第 104 页。

（三）政府养老保险责任履行普遍全面且到位

日本政府不仅通过立法确立并不断完善制度，而且在财政补贴方面也承担了主导责任，如国民年金政府补贴比例为50%，农业者年金占2/3以上[1]，经办管理费全部承担，同时关于基金投资管理运营、经办服务、监督检查等也都制定了完善政策和规范，设立了比较合理的运行机制，如制度运行定期评估等，从而保障了制度运行的整体效率。瑞典作为福利橱窗国家，在上述方面表现得更为成熟和完美，制度不仅切合本国经济社会实际，而且制度设计也更科学合理，如在制度中设置了基金自动平衡机制、制度各层次协调配合性强、注重制度运行精算、制度公平与效率兼顾得当、待遇给付与经济物价动态关联等，同时对经办服务也制定了严格完善的政策和机制。智利虽然是完全积累型制度，但政府责任不仅没有被削弱，反而还被强化了，如政府的担保和监管责任增强了，而且政府还负担了巨额制度转轨成本。巴西作为非缴费型养老金模式国家，政府在其中更是承担了全部责任，所有农民养老金均来自政府转移支付，经办费用全由国债支付，这种财政责任履行符合巴西经济水平不高且农村贫困人口较多的国情；同时，还通过制度建设保障了男女社保受益均等；另外，还通过健全和规范经办服务，提高了经办服务效率，如对救助年金计划从领取资格、申请程序、资金来源、救助金发放及计划实施评估等，都做了详细的政策规定及机制完善[2]。

（四）养老金保障标准与经济发展水平相称

国外无论缴费水平还是待遇给付，在一定时期都保持合理水平，随经济水平变化或逐步提高或有所削减。日本国民年金月缴费额由制度建立之初的150日元增至目前的14700日元，占职工工资的比例由1%增至5%，对低收入者实行不同比例的申请豁免政策，全额国民

---

[1] 何平：《中国农村养老保险制度改革与发展报告——可持续性分析》，中国经济出版社2011年版，第152页。

[2] 林义：《农村社会保障的国际比较及启示研究》，中国劳动社会保障出版社2006年版，第102—103页。

年金由 42000 日元增至 792100 日元①，但替代率水平因经济增长放缓
却总体在降低，当前在 20% 左右；农业者年金月缴费额设置了最高
和最低标准，农村居民根据个人能力可自由选择缴费；农村居民退休
后总养老金替代率保持在 60% 左右，完全能保障基本生活，符合国
际劳工组织 40% —70% 标准②。瑞典直接设立了基金自动平衡和待遇
动态调整机制，使保障水平与经济财政能力保持协调；智利缴费与待遇
给付强关联，直接使养老待遇与经济水平相适应，即经济状况好，缴费
就高，待遇也高。巴西正因经济水平不高，所以才实行了保障水平较低
的非缴费型养老金制度，但待遇与物价变动也关联，随经济水平提高养
老金也在上涨，如 2000 年巴西社保支出 GDP 占比达 16.26%，比上年
度增长 5.03%③，支出水平已与发达国家接近④。

（五）养老保险经办机构普遍健全且高效运转

制度的有效运行有赖于管理的科学运作。国外普遍的做法就是设
立全国专门管理机构，下设各级经办机构，各层级机构在各自权限内
独立行使权力，一般只对上级机构负责而不受与之平行的任何地方政
府或机构的制约，而且横向之间的各种权力，如经办权、基金管理
权、监督权，还形成彼此制衡关系。日本对不同年金保险分别设立管
理机构，各机构独立自治，且与农协合作经办。瑞典把经办业务和基
金管理分别委托给国家社会保险局和国家养老金管理局负责，相互独
立且彼此制衡。智利私人养老金公司管理基金，政府只负责监管。巴
西则把养老救助金的各环节事务分别委托给不同部门，各部门都设有
不同层级机构，各级机构权责明确。分级负责和彼此制衡的管理体制
不仅能满足在比较分散的农业人口中开展保险业务的需要，同时也能
集中全国的基金，发挥中央机构信息、人才和管理优势及资金规模效

---

① 此处国民年金数据分别是 1961 年和 2009 年的数据。

② 何平：《中国农村养老保险制度改革与发展报告——可持续性分析》，中国经济出
版社 2011 年版，第 55 页。

③ International Labour Office, *World Social Pretection Report 2014/15*：*Building Economic Recov-
ery*，*Inclusive Development and Social Justice*，Geneva：International Labour Office，2014，p. 142.

④ International Labour Office, *Social Pretection Global Policy Trends*，*2010 – 2015*，Geneva：
International Labour Office，2014，p. 31.

应，使基金最大限度地保值、增值①。而且管理民主机制比较健全，参保者的知情权和监管权一般都能保障。

（六）养老保险基金投资运营普遍市场化

国外在确保基金安全条件下，普遍开放基金投资管理，引入市场机制对基金进行运营，建立个人、市场投资机构及政府共担风险的投资模式。从基金投资分配比例来看，国内债券和股票占比大，普遍60%以上，这些投资相对安全，能保证基金收益整体稳定。同时，对部分基金还进行海外投资和各种短期融资，不过占比不高。基金市场运营，一方面能矫正传统基金过度依赖政府以及效率不高的弊端；另一方面也能减轻政府养老金支付负担，增加国民储蓄，促进本国资本市场完善和发展。1981—2001年，智利基金GDP占比和年均收益都大幅提高，而且对资本市场的发展也发挥了重要作用（表5-8②）。

表5-8　　　养老基金公司在智利资本市场金融工具供给中的比重　　　单位：%

年份	1988	1989	1990	1991	1992	1993	1994	1995	1996	1997	1998	1999	2000	2001
央行票据及国债	32.2	40.8	38.5	37.3	39.5	47.7	51.0	49.9	50.6	46.9	54.9	52.4	58.8	57.0
抵押债券	55.5	54.1	61.4	65.3	67.6	66.7	63.9	60.3	60.3	54.3	53.9	58.8	58.8	54.7
金融债券	48.1	47.8	59.3	62.1	60.3	56.0	57.2	55.3	55.3	53.2	51.9	51.0	39.8	35.4
金融股票	4.2	4.8	5.5	8.6	10.0	11.3	10.6	10.7	10.9	10.0	8.9	6.3	6.9	7.0

注：此处暂且将央行票据及国债归为货币市场。

数据来源：http//www.safp.cl.

二　国外城乡居民基本养老保险发展的趋势

（一）提高个人和市场在养老保险中的责任

经济财政压力增大是全球社保20世纪70年代以来面临的主要难

---

① 米红、杨翠迎：《农村社会养老保障制度基础理论框架研究》，光明出版社2012年版，第39页。

② 李毅、周仙：《智利养老保险基金对资本市场的推动作用》，《拉丁美洲研究》2006年第6期，第70页。

题，该难题又在短期内很难解决，以至于各国为维持制度稳定相继采取了一些应对措施，如由现收现付制向部分基金积累制调整、延迟退休年龄、灵活退休改革、申请资格及待遇给付变化、提高缴费率、降低再分配程度、加强基金市场化等，这些表明国外将养老责任逐步向个人和市场转移。同时，国外社保机构与其他利益相关者的合作也在增强，以保证上述政策能得以顺利实施。

（二）扩大养老保险制度对贫困弱势群体的覆盖

从 2012 年国际劳工大会社会保障底线倡议来看，扩大社会保障对贫困弱势群体的覆盖已成为国际共识，而农村居民及城镇非从业人员的养老正是各国关注的重点。许多欧洲国家继续发挥社保减震器的作用，而欧洲之外的其他国家也逐步加大了对贫困弱势群体的养老保障支持，如增加现金给付、量身制定参保缴费计划等①，以降低养老风险。2010—2012 年，全球养老金制度覆盖率在 90% 以上的国家有 45 个，低于 20% 的共有 57 个，与 2000 年相比，前者增加了 13 个，后者减少了 16 个②。目前，中国、巴西、南非等新兴经济体国家的制度扩面工作已经基本完成。中国 2012 年已经实现城乡居民基本养老保险制度全覆盖，而巴西和南非以非缴费型养老金已将农业人口全部纳入制度覆盖范围。部分亚非拉发展中国家虽然扩面任务还没有全部完成，但已经取得了可喜成绩。2009 年玻利维亚覆盖率为 90.5%，比 2000 年上升了 9.8%；泰国 2011 年为 81.7%，比 2000 年提高了 7.6%；斯威士兰 2010 年为 96.3%，比 2000 年增加了 94.5%；莱索托目前已经实现对 70 岁以上老年人的全覆盖③。另外，国际劳工组织等国际性组织，通过自身资源组织，也提出了全球社会保障改革框架，在某种程度上也推动了落后国家贫困弱势群

---

① ［丹］汉斯·康克乐伍斯基：《国际社会保障发展新趋势》，《中国民政》2014 年 12 期，第 56 页。

② International Labour Office，*World Social Pretection Report 2014/15*：*Building Economic Recovery*，*Inclusive Development and Social Justice*，Geneva：International Labour Office，2014，p. 87.

③ Ibid. ，p. 87.

体养老问题的解决①。

（三）强化养老保险制度运行风险的预警与控制

全球化、市场化和老龄化的不断纵深发展，在很大程度上破坏和削弱了养老保险制度原有安全运行的经济结构和社会结构，再加上农村显性或隐性社会风险的持续增加，以致制度运行的安全性和持续性被大大削弱，同时也暴露了制度风险应对能力缺失。20 世纪 70 年代以后，各国对养老金制度不断调整和改革实质就是健全或强化制度风险应对能力，以保证制度运行安全。目前，日本、瑞典、智利以及巴西等国都在制度中引入了基金精算预测或评估机制，并与之相适应还安排了基金风险储备金；部分国家的制度模式也逐渐向积累制发展，如瑞典就引入了部分积累制和名义账户制，智利更是抛弃了现收现付制而实行了完全积累制。不仅如此，部分发展中国家还把制度运行风险与农村社会风险相统一，将其同置于社会风险管理框架，合理安排社保制度、商业保险及社区互助计划，用整体性保障代替单一制度性保障，以化解或解决制度运行风险问题。

（四）建设更精准的便利的养老保险经办管理系统

大多数国家通过改进工作方式和工作方法逐步推动经办管理系统建设向"精确管理、便利服务"转变，以实现经办服务高效能和高质量。主要表现为对原有机构体制及部门进行改革，并通过社保综合信息系统建设对其优化整合，以此强化机构间的协调配合，提高经办服务效率。2010 年，法国通过社保综合信息系统实现了与不同国家或地区社保信息共享，确保了参保信息对称和质量；美洲南方共同市场国家及欧盟组织通过电子信息系统建设，也实现了跨国经办；墨西哥实现了社保问题当即识别和当即解决②。当前，中国在经办服务方面提出"精确管理、便利服务"目标，就是对国际经办服务趋势的顺应。

---

① 米红、杨翠迎：《农村社会养老保障制度基础理论框架研究》，光明出版社 2012 年版，第 35 页。

② ［丹麦］汉斯·康克乐伍斯基：《国际社会保障发展新趋势》，《中国民政》2014 年第 12 期，第 57 页。

第三节　国外城乡居民基本养老保险对中国的启示

不可否认，国外制度建设及制度实施普遍比较成熟和完善，其优势和特色也比较显著，尤其是发达国家。而中国虽然与其经济社会条件不同，甚至有的差距还非常大，但经济社会发展规律基本是相同的，国外制度实践面临的问题往往也是中国已经经历或即将面临的问题，所以国外普遍经验对中国城乡居民基本养老保险前瞻性制度建设，以及制度实施必有重要启示。

一　政府基本养老保险责任履行既要全面又要高质量

国外经验表明，养老保险运行要保证持续，政府责任履行就必须全面到位且高质量，如日本、瑞典、德国、法国等制度运行就可证明这点，当然其某些方面也欠完美。养老保险很复杂，需政府履行的责任很多，且难以替代，如立法、财政补贴、政策制定、发展规划、监督管理、兜底担保、外部政策支持及隐性债务偿付等。而且，不管是哪种模式，政府在其中都要扮演主导角色，当然这不仅仅单指财政补贴，还内涵了其他责任，如智利政府表面不担补贴责任，但实际承担了更多监督、兜底担保及转轨成本偿付责任，这些已远大于补贴责任。同时，国外尤其发达国家政府责任履行质量也普遍较高，不仅做到了就位和不越位，而且在制度体系构建、具体机制设置、经办管理服务等方面，都体现了高质量。但是中国政府责任履行的全面性和高质量还不如意，如社会参与不够、政府集权太多、法制不健全、财政投入不足、监管不到位、经办管理效率低下、政策科学性和系统性不足、兜底担保责任不明、管理制衡性欠缺等。因此，中国要加强城乡居民养老制度政府责任建设，既要注重全面性，又要保证质量。

二　基本养老保险基金要集中中央并市场化运营

国外经验表明，养老保险基金集中统一且市场化投资运营是养老保险健康持续发展的必然选择。瑞典、日本、智利等国对养老保险基金投资运营都建立了非常完善的保障机制，养老保险基金投资收益在平衡基金收支方面发挥了极其重要的作用。而在中国，城乡居民普遍缴费少、政府财力有限且养老保险基金支付压力非常大，所以对城乡居民基本养老保险基金进行市场投资运营显得更为紧迫和更加必要。当前，城乡居民基本养老保险统筹层次要尽快由县市级提升至省级，并逐步过渡至中央统筹，在中央主导下对基金实行适度市场化政策，积极引入市场投资公司，并拓展养老保险基金投资领域和渠道，明确养老保险基金收益的最低标准，健全相关责任机制，以克服政府垄断带来的弊端。当然，具体投资方式、方法及机制要切合国情，对国外经验不能生搬硬套和僵死不变。

三　基本养老保险待遇给付与制度设计要公平统一

　　制度性养老保障由城市延伸至农村的发展路径，普遍经历的事实就是：工业化水平达到相当水平或成熟阶段，农村和农业需要城市和工业支持，城乡及工农差距增大逐渐引发了一些社会矛盾。建立城乡居民基本养老保险制度，一方面是为了实现城乡居民老有所养之目标；另一方面也是为了缩小城乡发展差距，所以国外养老保险制度的设计普遍体现出支农惠农倾向，如巴西向城市职工征收工薪税用于农村养老金支出、日本把部分厚生和共济年金用作国民年金支出、瑞典对低收入者发放最低保证养老金等，从而确保城乡养老保险待遇公平。同时，国外也普遍重视养老保险制度统一建设，如日本、瑞典、智利等国在制度初建时都坚持制度设计全民或覆盖群体统一，无论养老保险缴费水平和待遇给付，还是经办服务及基金管理等，不同地区之间及中央和地方之间都普遍统一。这既利于养老保险制度运行效率的提高，也利于参保居民对养老保险制度认同及养老保险制度公平度的提高。然而，中国城乡居民基本养老保险虽然有普惠型基础养老金，但因地区及城乡发展差异较大，以致地区、城乡及不同制度间的养老保险缴费及待遇差距比较大。而且，中国城乡居民基本养老保险制度统一性虽然比并轨前有了很大的改善，但因历史遗留、政策制定不具体及制度分散实施等影响，制度"碎片化"

问题依然非常突出，这对中国城乡居民基本养老保险制度运行效率及公平度的提高极为不利。因此，效仿国外，结合国情，统一中国城乡居民基本养老保险各地制度设计，并建立不同地区、城乡及不同养老保险制度间待遇调控机制是必要的。只有这样，中国城乡居民基本养老保险促进社会分配公平的目标才能实现，而不至于起到逆向分化的作用。

四 个人的养老保险基金筹集责任要适度提高

国外经验表明，政府财政主导性支持并不是养老保险制度健康运行的最安全依靠，尤其随着全球化和人口老龄化加深，以及经济增长放缓，包括发达国家在内的多数国家都意识到了这个问题。因此，国外始于20世纪70年代的养老保险制度改革和调整，普遍都是以减少政府责任而逐步增加个人缴费或供资责任为路径或目标的，如延迟退休年龄、提高缴费率、降低制度再分配性等。而中国城乡居民基本养老保险发展也同样面临经济财政压力不断增大的问题，尤其是制度所包容的人口史无前例，政府财政能力有限且公共支出不断膨胀，所以提高个人在城乡居民基本养老保险基金筹集中的责任是大势所趋。

五 基本养老保险经办管理服务要精确便利

精确管理与便利服务是对社会保险经办服务能力的高标准要求，它既是国外城乡居民基本养老保险经办管理服务建设的普遍趋势，也是当下中国城乡居民的普遍渴求。当前，中央政府虽然在《意见》中也提出了这项要求，但还没有得到具体落实，经办管理服务能力建设还很滞后或薄弱，与国外差距还很大，不仅经办管理体制构建不合理，而且经办管理机构及其人员等方面的建设也仍旧不够，根本不能满足中国城乡居民基本养老保险制度运行，以及城乡居民对更高水平养老保险经办管理服务的需要。根据中国国情和村社实际，对其尽快制定统筹规划并加大政府财政投入，尤其是在经办机构健全、信息系统功能完善、经办服务运行机制创新、经办服务工作队伍建设、经办服务规范和标准可操作性等方面用力，着力提高中国城乡居民基本养老保险经办服务精确管理和便利服务的能力。

第六章　城乡居民基本养老保险制度
推进路径与改进对策

推进中国城乡居民基本养老保险发展，尽快实现城乡居民老有所养之目标，并实现城乡养老保险制度一体化，必须立足中国基本国情，并借鉴国外普遍经验，对现有制度设计及其推进工作予以创新和完善，努力构建一套切实可行、行之有效的中国城乡居民基本养老保险制度体系及工作策略。

第一节　调整和完善城乡居民基本养老
保险制度设计

目前城乡居民基本养老保险存在的问题在很大程度上是由部分制度设计造成的，如果对其不做及时调整和完善，那么日积月累将会积重难返，并且其负面影响在制度实施中还会不断放大。调整和完善应着力于以下几方面。

一　建立城乡居民基本养老保险强制参保制度

通过立法强制城乡居民参保，以解决目前居民参保中普遍存在逆向选择和非理性行为问题，如年轻居民不愿参保、缴费低档和短期化、个人账户养老金替代率低等。而且，在非强制下还会因选择自由而导致"退停拒拖"保现象，这一方面影响制度正常运行；另一方面还导致部分基金损失，最终由政府买单，以至于加重财政负担。另外，只有实行强制参保，城乡居民基本养老保险才能将城乡全部非正规就业人口纳入制度，制度才能算是真正的"全覆盖"，基金收入才能更有保障。中国城乡居民养老制度虽于 2012 年 7 月实现全覆盖，但仅是地理意义上的，即制度在全国各地建立并向符合条件的居民开放，而不是实质参保意义上的。当前，无论是农村还是城镇，均有相当数量的居民还未参保，且中途退停保的也不在少数。《2014 年中国社会保险发展报告》显示：截止到 2014 年年底，城乡基本养老保险符合参保条件的人数共 10.5 亿人，但参保人数是 8.42 亿人，参保率为 80%①。其中，符合城乡居民基本养老保险参保条件的城镇居民仍有 2600 万游离在制度外。江苏昆山市在城乡居民基本养老保险中引入强制参保机制后，不仅提高了参保率，而且还有效防止了居民非理性行为。但是，强制参保须与缴费豁免机制相配套，以解决贫困弱势群体缴费难问题，所需支出由政府财政负担。

二 调整和完善城乡居民基本养老保险缴费制度

（一）变固定缴费为比例缴费

中国城乡居民基本养老保险缴费是固定缴费，其缺陷是城乡居民缴费水平与经济增长无法动态关联，不能随着经济增长和城乡居民收入增加而提高，以致缴费常常滞后于经济水平，不利于个人账户养老金稳定持续增长，所以为了使缴费水平和城乡居民收入增长同步变化，必须确立比例缴费制度。该制度的优势是：当城乡居民收入增加，城乡居民缴费就增加；反之缴费就减少，从而保证城乡居民在困难时也能持续缴费，而不至于断缴，进而使基金收入持续增长，基金支付能力不断提高。同时，该制度还体现公平，即当人均纯收入年增长达 4.08% 时，随着缴费年限延长，养老金替代率将呈倒 "U" 形，此时养老金给付与缴费年限及档次不正相关②。另外，还有利于城乡养老保险转移接续乃至并轨。城乡居民缴费标准等于上年度农村居民

① 中华人民共和国人力资源和社会保障部：《2014 年中国社会保险发展报告》，中华人民共和国人力资源与社会保障部网站，http://www.mohrss.gov.cn/SYrlzyhshbzb/zwgk/szrs/。

② 黄锦英、罗倩倩：《新型农村社会养老保险替代率精算分析》，《中州大学学报》2011 年第 5 期，第 12 页。

人均纯收入乘比例系数①。系数值设置多档次，既要兼顾低收入城乡居民的缴费能力，也要满足高收入城乡居民的高档次缴费需求，最大限度地扩大城乡居民基本养老保险制度的覆盖面。

（二）变逆向激励缴费为正向激励缴费

建立缴费正向激励制度，以扭转账户基金累退增长态势。建立基础养老金与缴费档次、年限相关联的激励约束机制，鼓励居民早缴、多缴和长缴。在待遇领取环节，对缴费满15年的，每增一年就增发一定数额或比例的基础养老金，也可根据所超年限分段递增；在缴费环节，根据缴费档次，加大补贴。但是，激励要正向递增，不能是目前的累退性态势。同时，保证富人与穷人适度公平，不仅激励不能过大，让富人占有更多养老资源，而且还要配套穷人补贴，如提高缴费豁免标准、设低收入者待遇补贴等，以促进社会公平。

（三）变单一方式缴费为多元方式缴费

非正规就业下，缴费方式也会影响管理效率提高，所以完善多元缴费方式②是必要的。缴费时间可按月、季、半年及一年缴，也可一次趸交；缴费渠道可由村干部或协理员直接收缴、可通过银行等金融机构从本地或外地按时汇缴、可由别人（亲属、朋友等）代缴等；因农村居民手头现金少而农产品多，不妨准许农民以粮食作物、经济作物等易变现物品缴费，以激励一些需求高而现金少的农村居民参保。缴费方式多元，不仅能适应多数农村居民常年外出务工和增收比较慢的现实，而且还便于困难城乡居民有灵活时间和余地地按时缴费。

（四）建立城乡居民困难缴费豁免调查机制

在缴费中，可借鉴国外经验对困难群体（如五保户、残疾人、低保户、因特殊变故而贫困户等）建立完善、规范和分层的申请豁免制度，不过豁免力度相比以前要有所提高，以便在目前缴费档次增加和缴费标准不断提升的情况下，保障社会公平。根据经济收入水平对困

---

①　关于城乡居民基本养老保险比例缴费系数值，国内不同学者尽管在具体数值上有所不同，但总体差异不大。邓大松和薛惠元2010年提出2%—10%，曹信邦2011年提出4%—8%。

②　目前，中国城乡居民基本养老保险缴费普遍都是由村干部或村协理员在某一时间统一收缴的，这种方式由于城乡居民流动比较频繁，以致很不便利。

难群体进行分类，不同类别施以不同标准的缴费豁免办法，但给予豁免前社保部门要对其进行收入调查①，以免有些参保者或村干部冒顶困难者违规违法享受免缴费政策的现象。

三　调整和完善城乡居民基本养老保险待遇制度

（一）建立城乡居民养老待遇弹性给付制度

面对人口老龄化形势，城乡居民基本养老保险却刚刚获得初步发展，不仅基金规模很小，而且制度保障能力也很有限。要实现制度持续运行，就需保证城乡居民待遇给付与保费收入相称，不能出现失衡。鉴于居民退休年龄偏低、增收慢且不稳定，要维持合理待遇水平，提高待遇给付年龄，延长缴费期②，必定是目前和今后时期的当然选择。因此，借鉴国外经验，建立适应中国城乡居民养老待遇给付年龄选择制度。政府对城乡居民领全额养老金条件作出规定，每延迟一年领取就增发一定额度养老金，延迟年龄不设上限。待经济发展和城乡居民收入达到一定水平，再将领待年龄调至 65 周岁，男女相同。这种制度比较符合目前中国城乡居民的生存劳动现状，即只要健康准许，就不退出劳动。

（二）完善城乡居民养老待遇正常调整制度

继续完善待遇给付调整机制，以保证代际公平。根据职工工资、居民人均收入和物价变动逐年调整，调幅略高于城镇职工养老金增幅，有条件、有步骤地缩小城乡待遇差距，充分发挥养老保险收入再分配功能。这一方面保证居民代际内公平，另一方面也促进不同群体代际间公平。而待遇给付调整主要是基础养老金的调整。基础养老金调整所需资金由政府财政承担，具体办法是，以县区经济财政收入、农业人口数、人口老龄化指标等为基础，将全国各县区划分三类：发达县区、中等发达县区和欠发达县区，第三类由中央财政全担，后两类由中央和地方财政按不同比例共担。其中，第二类按 6：4，第一类

---

① 此处"收入调查"是对贫困弱势群体享受缴费豁免政策的收入调查，而不是收入调查型农村养老保险中对参保者是获得全额还是获得部分养老金资格的调查。

② 张云刚：《新型农村社会养老保险制度探索》，《四川师范大学学报》（社会科学版）2010 年第 4 期，第 52 页。

按5：5。而除实行比例缴费之外，地方政府各级财政也要参照上述办法分担责任，以改变目前国家各级财政负担"上轻下重"态势。通过这些逐步使个人账户养老金替代率达24%，总替代率达45%①，缩小与城市的差距。

（三）建立政府最低养老待遇承诺与补偿制度

在制度实施中，政府对居民最低养老待遇承诺和待遇损失补偿保障，对促进制度持续稳定具有重大意义，这是其他任何激励措施或政策都无法比拟的，特别是在制度建立之初，以及历史惨痛阴影尚未散去条件下，更是十分必要。一是建立政府最低养老待遇承诺制度，即当居民参保后，因制度设计风险、通胀及人口老龄化和基金收益影响，常导致账户养老金不能满足居民老年最低养老金需要，鉴于此，政府必须事先向居民保证最低养老待遇。最低养老待遇的确定，一般可根据当时的经济水平、物价变化等因素确定，用养老金替代率表示。最低待遇承诺既是制度信誉和制度认同的保证，也是制度持续稳定的保证。二是建立最低待遇损失补偿制度，即当政府承诺的最低养老待遇出现损失或缺口时，政府必须担补偿责任，并建立政府财政担保机制予以保障。

（四）建立城乡居民养老金多元功能制度

根据城乡居民实际，尤其是居民收入普遍不高的现状，既要兼顾生产，又要照顾生活，仅凭现有资金很难满足需要。不妨建立养老金多功用制度，以缓解其资金不足难题。例如，除用养老金保障老年基本生活外，也可在病重就医时通过一定审查程序和手续用其支付医药费，不过只能借支账户中积累余额；在生产生活中面临资金困难时，也可用养老权证办理质押贷款，从而将死钱变为活钱，进一步增强制度吸引力②；借鉴国外经验③，也可将养老金兑换成必需生活物品发给年老居民，如行动不便的无子女老人无法支取现金并购买生活物品

---

① 国际劳工组织养老金替代率平均标准为55%。

② 赵殿国：《积极推进新型农村社会养老保险制度建设》，《经济研究参考》2008年第32期，第18页。

③ 养老金功用多样化在国外很普遍，如巴西、德国等，尤其是在农村居民收入少的情况下，更需要实行这种制度。

等，使制度设计更具人性化和弹性。不仅调动居民参保积极性，也能促进农业发展。

（五）设置农村居民与城镇居民养老待遇保障实效①城乡协调参数

为保证退休农村居民和城镇居民在待遇保障实效上公平，各地可根据本地实际，不妨在养老待遇给付环节设置待遇保障实效城乡协调参数，保证城乡居民待遇保障能力公平，所需资金由地方财政（如市、县、区）承担。如果一地区农村居民人均拥有土地比较少，那么可使该参数向农村居民倾斜；反之，如果农村居民人均土地比较多，那么可使参数适度向城镇居民倾斜，因为城镇居民的消费水平普遍较高。当然，如果一地区居民养老保险缴费、实际收入（含土地）、消费水平等差距不大，也可不设这种参数，如个别发达地区。

四　建立城乡居民基本养老保险制度实施效果评估机制

评估是制度实施的必要环节，只有定期用科学手段、方法、指标等对制度实施情况综合评估，制度及实施中的问题和缺陷才可能被发现和解决，制度实施才能获得良好效果。然而，城乡居民基本养老保险制度实施却缺少该环节，以致在制度及实施中的问题和缺陷不能及时发现和解决，影响了制度实施效果。因此，不妨借鉴国外经验，如日本、瑞典、巴西等定期对制度实施进行评估，在制度中引入评估机制是必要的。对制度实施各方面如经办管理效率、经办服务规范、经办机构建设、基金投资收益、基金监管、居民满意情况等设计评价指标和标准，并借助专业力量定期对其评估。根据评估结果，确定相应问题的解决对策。而且对养老保险制度实施质量进行评估，也符合服务型政府建设的要求。

五　协调统一各地城乡居民基本养老保险制度设计

鉴于城乡居民基本养老保险制度实施各自为政现象，中央政府必须尽快协调统一各地基本制度设计，以适应未来城乡统筹发展深化、人口

---

① 保障实效是指城乡居民养老金保障老年城乡居民基本生活的实际效果。

城市化加快、人口流动性增强等社会发展趋势①。各地区城乡居民基本养老保险缴费档次、缴费标准、基础养老金提待标准、缴费激励金计发系数或办法、统筹管理层次、基金管理及投资运营办法、转移接续等制度设计逐步统一，使各地养老保险不仅相互协调，而且养老金划转也更容易。否则，制度分散实施的时间越长，未来整合难度就越大，发展后遗症也就越多。但是统一并不是制度各方面都统一，只是在基本设计方面，至于反映和适应地区差异的制度设计还要保留，直至各地均衡发展实现。当然，政府对差异要有调控政策，不能造成地区制度差距过大。

第二节　建立城乡居民基本养老保险高效基金筹集与管理制度

城乡居民基本养老保险基金运行包括三个环节：筹集、投资运营和支付。要实现基金高效运行就必须有高效基金筹集与管理制度，如高效筹资机制、高效投资运营机制、高效支付机制以及高效监管机制等，实现基金供给稳定可靠、收益有保障、支付平衡及监管安全。注重基金运行高效建设，既是国外普遍经验，也是城乡居民基本养老保险发展的内在要求，所以必须建立高效基金筹集与管理制度。

一　建立城乡居民基本养老保险高效基金筹集制度

中国城乡居民基本养老保险筹资由个人、集体、政府及其他社会经济组织、公益慈善组织和个人资助等构成。此外，还应拓展市场和其他筹资模式②（图6-1）。从国外实践来看，养老保险筹资正向多元化、综合化方向发展。具体到中国，由于农村人口较多、政府财力有限和城乡居民收入不是很高，所以须结合国情积极拓展多元筹资。

①　张云刚：《新型农村社会养老保险制度探索》，《四川师范大学学报》（社会科学版）2010年第4期，第53页。

②　刘峰：《我国新型农村社会养老保险改革推进中的困境与突围》，《湖南社会科学》2011年第5期，第111页；刘迪平：《新型农村社会养老保险长效供给研究》，博士学位论文，苏州大学，2010年，第166页。

目前制度筹资虽体现了多元化，但多数筹资因缺少机制或政策保障难以落实，所以要保证筹资有效，就必须建立高效的基金筹集制度。

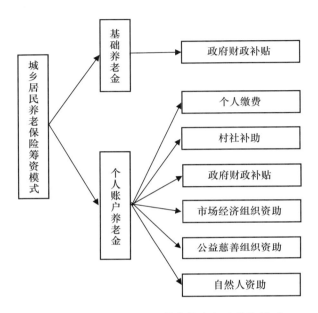

图6-1 中国城乡居民基本养老保险筹资模式

（一）合理划分养老保险筹资比例并明确筹资标准

建立高效基金筹集制度首先要合理划分各筹资主体的筹资比例，并明确各自筹资标准，尤其是政府筹资比例。目前制度虽对基金筹集做了由个人、村社和政府三方负担的规定，但对三方负担比例却未明确，这影响了随居民待遇不断调整和提高各主体筹资标准的确定，不利于基金合理筹集。从国外看，农村居民缴费所占比例普遍不高，一般为10%—30%，而政府补贴占比却较高，占主导地位，如法国为60%、希腊和波兰为90%、奥地利为70%、德国为70%。根据中国国情和村社实际，政府补贴总养老金占比应在60%，个人缴费占比应在25%，村社补助应在15%。目前政府补贴比重太高，已达90%，而个人缴费占比很低，村社补助更是普遍空缺。按最低缴费100元、基础养老金70元、费补30元和缴费满15年，预期余命15年计算，一位城乡居民个人缴费总养老金（不计收益）占比仅 10%。可见，养老保险筹资比例不合理，政府须提高个人和村社筹资比重，尤其村社补助空缺须克服，并结合城乡居民及财政收入确定合理标准。当然，从国外来看，养老保险筹资比例和筹资标准随经济发展及居民收入提高而不断变化，即比例由不合理到合理和标准由低到高变动。但无论怎样变化，政府必须占主导地位。

（二）提高个人养老保险筹资水平

个人缴费始终都是基金收入的重要来源，而要保证该来源持续稳定，政府必须做好三方面工作：一是制度上形成激励城乡居民"早多长"缴费机制；二是通过改革、调整和完善农业、土地、保险、补贴等政策促进农村经济发展和农村居民收入增长，使城乡居民收入差距保持在比较小范围；三是政府要为城镇非正规就业居民提供就业和创业支持政策，如金融政策、技术培训政策等，促进其收入不断增长。中国是农业大国，不仅农业人口多和农业经济效益低，而且地区经济发展不平衡，所以要结合经济和产业结构调整及农村实际，深化农村土地确权改革并建立农村土地流转制度，推动农村土地市场流转和农业现代化转型，提高农业和土地规模效益，并积极推进农村城镇化和工业化发展，以增加农村居民收入和拓展农村居民发展空间。而且还要完善好农村金融服务网络，发展好农业专业合作组织，以提高农村居民养老保险融资能力和市场经济博弈能力。通过农村经济发展及相关政策完善，可逐步提高城乡居民基本养老保险缴费水平，以改变目前城乡居民基本养老保险个人筹资水平比较低的现状。

（三）强化村社组织和乡镇（社区）企业养老保险缴费补助责任

村社补助不仅能吸引居民广泛参保，而且也会在某种程度上激励居民选择更高档多长缴费。集体补助不在于多少，只要有，居民就有定心丸，居民参保就会显著提高[1]，二者的相关系数达到 0.7893[2]。

---

[1]　郑鸿、李繁慧：《新型农村养老保险基金筹集机制创新研究——基于金寨县城市化进程的视角》，《经济研究导刊》2010 年第 2 期，第 45 页。

[2]　杨燕绥、赵建国、韩军平：《建立农村养老保障的战略意义》，《战略与管理》2004 年第 2 期，第 39 页。

目前，对城乡居民基本养老保险村社补助制度须在以下几方面做出调整和完善：第一，建立核查性强制补助制度。村社养老保险缴费补助不设限制，可多可少但不能一点没有。但在强制补助的同时，必须配以村社收入核查制度，对那些确实有收入的村社组织，要强制其向城乡居民缴费提供补助，补助额由村社大会决定，以避免有些村社组织或其干部借口种种理由或因腐败而不愿履责。目前，因缺乏硬约束，有些村社补助变得十分随意、不规范、不公平，甚至有能力补助却逃避责任①。目前，村干部或宗族势力侵占集体资源、贪污腐化等越发泛滥②更是需要实行养老保险核查强补制度。第二，实施激励乡镇（社区）企业向城乡居民提供补助政策。借鉴老农村养老保险及国外经验，政府向乡镇（社区）企业实行财税、金融、土地、技术等优惠政策，不过优惠要大于其补助支出，鼓励他们支付养老保险缴费补助。当然，优惠政策要与养老保险补助支付关联，补助越多，优惠越多。这不仅可以提高养老保险制度筹资水平，而且还可以促进乡镇及社区经济发展。第三，实施盘活村社闲置资产资源的政策。当前，农村集体中的一些资产资源（如荒地、山林、水面、沟渠、房屋、水利设施等）因人口减少而闲置浪费的越来越多③，基层政府和村集体不妨采取一些优惠政策引入市场机制予以盘活、利用和开发，以增加集体收入。同时，对城镇社区闲置资源也这样。第四，鼓励农村种养业大户提供补助。目前，农村地区种养业大户逐渐增多，政府不妨通过优惠政策，如向其提供良种、价格、肥料、技术培训、服务等补贴，鼓励他们向农村居民提供不同标准的养老保险缴费补助。同时，租地的农村居民也可以通过减少租金方式，获得他们的养老保险缴费补助支持。第五，建立城镇社区

---

① 曹文献、文先明：《集体补助视角下新型农村养老保险的财力支撑研究》，《金融与经济》2009 年第 8 期，第 64 页。

② 据权威部门统计，目前在基层农村所有违法违纪案件中，村干部腐败占了 70%，由村干部引发的群众上访占农村信访总量的 50%。参见陈晓英《村干部腐败已"触目惊心"位小权大缺少监督》，中国共产党新闻网，2008 - 10 - 12，http：//cpc. people. com. cn/GB/64093/64371/8203477. html。

③ 大量调查显示：目前农村集体资产资源闲置流失严重，有些地区已出台了盘活政策，如章丘市等。

独立财务，强化县区财政社区公益资金拨付责任。

（四）建立养老保险政府财政高效筹资机制

1. 建立养老保险公共财政预算支持机制

由于长期以来中国政府财政职能主要是以服务经济建设为重点，所以在此方面的支出一直很大，尽管随着经济社会转型，建设性支出在财政支出中的比重逐渐下降，但目前仍是最大的，加之政府管理体制改革始终走不出"黄宗羲定律"的怪圈，政府运转支出一直保持相当大的比例①，而社会文教等公共产品支出自进入 21 世纪以来，始终保持在 26% 左右②。但这 26% 的财政支出仅有 10% 用于城镇和农村社保支出，在重城轻乡思维的影响下，政府财政对城乡居民基本养老保险投入就可想而知了，正是财政欠账使得城乡居民基本养老保险很长时间难有实质性进展。因此，政府必须建立公共财政预算支持机制，将城乡居民基本养老保险支出依法纳入年度预算，并结合政府体制改革，突出财政支出公共性，弱化建设性，不断增加社保支出，尤其农村社保支出，形成向城乡居民适度倾斜的局面。预算支持主要着眼基础养老金补贴、缴费补贴、缴费豁免、基金平衡等。预算资金不妨通过开征社保税、高消费税、遗产税、资源税及房产税等筹集③，这既可解决资金难题，又可促进社会公平，尤其对调节垄断行业高收入有重要意义。

---

① 中国行政支出财政支出占比增长迅速，由 1990 年 9.83% 增至 2006 年 18.73%，2004 年更达 19.38%；从绝对额看，2006 年行政支出达 7571 亿元，比 1990 年超出 17 倍多。总之，从整体看，中国行政支出无论规模还是增速都呈现持续上涨，甚至超过财政收入和 GDP 增长，幅度基本在 20% 左右。而从世界看，大多数国家如 OECD 等的行政支出普遍比中国低，基本在 15% 以下（2010 年），而支出在此之上的国家往往都是经济社会处境艰难的国家。行政支出过大，表明行政效率比较低。根据世行评估，目前中国政府行政效能在全球 215 个国家中排 93 位，行政效能堪忧。参见《中国行政成本规模大增速快占财政支出近 2 成》，网易新闻网，2014 - 04 - 21，http://data.163.com/14/0421/07/9QBATP0B00014MTN.html。

② 刘迪平：《中国新型农村社会养老保险长效供给研究》，博士学位论文，苏州大学，2010 年，第 170 页。

③ 卢海元：《实行农村先行战略构建和谐社会基石——关于加快建立中国特色新型养老保险制度的建议》，《中国社会保障的科学发展（第三届中国社会保障论坛文集）》（下册），2008 年，第 1327 页。

2. 建立养老保险各级财政筹资合理分担机制

政府必须对城乡居民基本养老保险现行财政分担结构做优化和调整，以建立各级财政养老保险筹资合理分担机制（表6-1）。中央和省市财政要适当提高负担比例。中央财政承担欠发达县区[①]全部最低基础养老金、全部账户赤字补贴及部分缴费补贴，缴费补贴负担标准可定为每人每年10元，以后视情况再调整[②]；省市财政按不同比例承担发达和中等发达县区部分最低基础养老金、部分缴费补贴及部分剩余账户赤字补贴；县区财政承担剩余基础养老金、剩余缴费补贴、剩余账户赤字补贴。当然，因各地经济财政状况差异大，所以确定省市县财政筹资责任要坚持"灵活"原则，具体由三级地方政府协商确定，每年可适当调整，以保证财政责任分担合理。但要想从根本上解决财政筹资结构问题，必须诉诸国家财税体制改革，真正构建起各级政府财事权统一的公共财政体制。对经济比较困难地区，中央可下放一些财政权力，上收一些公共事务责任，以减少地方财政压力[③]。

表6-1   中国各级财政城乡居民基本养老保险筹资责任分担结构

中央财政	省市财政	县区财政
欠发达县区全部最低基础养老金、全部账户赤字补贴及部分缴费补贴	发达和中等发达县区部分最低基础养老金、部分缴费补贴及全部剩余账户赤字补贴	剩余基础养老金、剩余缴费补贴及剩余账户赤字补贴

3. 建立养老保险以县区及其指标为基础的"梯级"政府补贴机制

中国地区间经济水平、财政收入和人口状况具有复杂性和不平衡性，如果政府在确定城乡居民基本养老保险地区补贴标准时所参考的指标太宏观，如目前以东中西经济地理划分为参照，那么所定标准必

---

① 书中关于发达县区、中等发达县区及欠发达县区的划分依据相同。

② 邓大松、薛惠元：《新型农村社会养老保险制度推行中的难点分析——兼析个人、集体和政府的筹资能力》，《经济体制改革》2010年第1期，第91页。

③ 李玉燕：《我国新型农村养老保险中地方财政的筹资困境及求解》，《福州党校学报》2011年第1期，第38页。

然降低补贴的针对性和有效性，这是很不合理的。因此，中央及省市政府在确定不同地区城乡居民基本养老保险政府财政补贴标准和各级财政负担责任时须以县区及县区经济水平（GDP、产业结构、财政收入）和人口状况（城乡居民人口数、农业就业人口数、老龄化和高龄化程度等）指标为基础，而不是"一刀切"。同时，在政府转移支付方面，中央及省市也要遵循该原则。当然，这种梯级补贴政策随着县区经济社会发展指标变化，也要进行适当调整。总之，从中央到地方，既要协调统一，也要动态调整。

4. 设立养老保险中央政府调剂补偿金

借鉴法国经验，设立中央政府调剂补偿金，在目前基础养老金调剂补偿的基础上，再为城乡居民基本养老保险区域协调发展提供更高层次和更全局性的调剂资金保障。这主要是由于随着中国经济发展，仅靠现有基础养老金调剂补偿已难以满足地区间制度公平发展需要，特别是欠发达县区与发达县区的经济差距仍在持续扩大，更需建立该制度。当然，援助欠发达地区也是经济发达地区的义务，这也是转移支付的特殊方式①。调剂补偿金由开征的调剂补偿税②形成，征税主要面向工业企业、耕地市场转让及高收入行业等。另外，中央每年不妨把反腐收缴的部分资金划入其中，以增强资金协调地区公平的调剂补偿能力。调剂补偿金主要用于平衡欠发达、中等发达、发达等县区养老待遇和经办服务差距，如支持欠发达县区提高基础养老金、缴费补贴、经办管理费用支

---

① 韩晓建：《农村社会养老保险资金筹集可持续性研究》，《河北师范大学学报》（哲社版）2010年第6期，第35页。

② "调剂补偿税"的实质就是国外针对农村养老保险资金筹集实行的"城镇—农村转移补贴"（如特种税和其他行业转移性补贴）。例如，巴西农村社保资金来源之一是政府向农产品购买方征收的2.2%农产品税，这是用工业补贴农业的具体办法；农村养老保险的大部分资金来自政府向城镇职工征收的工薪税；法国农村养老保险资金近60%来自其他社会群体的社会保障基金积累。由此可见，国外政府向工商行业或城镇工薪阶层征收的所谓特别税费和行业转移补贴，其实质是政府以财政或税收手段（如税收、费用划拨等）将城镇社会保障或工业企业中的部分资金用于补贴农村养老保险。然而，尽管实行特种税费和行业转移补贴的制度在国外并不十分普遍，但从南美和中东国家的实践来看，它有助于解决城乡居民收入差距过大问题，有助于提供稳定的农村养老保险基金。参见林义《农村社会保障的国际比较及启示研究》，中国劳动社会保障出版社2006年版，第16页。

出及弥补账户赤字等。调剂补偿金以基金投资模式运作，专款专用。

5. 建立养老保险地方财政特殊账户注资扶助机制[①]

目前，地方财政给予困难群体（低收入者、重度残疾人、单亲家庭、失独家庭等）的是最低档缴费 100 元扶助，这在制度建立初期不仅能帮助他们参与到制度之中，而且还能保证他们在年老时享有平均养老待遇，但随动态性和激励性补贴制度作用的发挥，困难群体与其他居民的待遇差距将逐步扩大，最终使最低标准扶助失去保障意义。因此，地方财政须建立特殊账户注资扶助机制，即根据居民收入和人均养老金水平拨出专项资金，依据一定标准适时注入困难账户，以提高困难群体养老保险缴费和养老金水平。

6. 设立养老保险政府财政筹资风险储备金

社保具有刚性特征，即无论哪种养老保险都潜在地面临财政筹资风险，尤其在当前时代，这种风险大大增加，目前国外养老保险筹资压力就证明这点。而中国城乡居民人口多，加上经济增长开始转入中低速，所以未来城乡居民基本养老保险财政筹资必然面临基础养老金和缴费补贴持续增长的风险。如果发生风险，必将影响制度运行和社会稳定，所以国家应设立养老保险财政筹资风险储备金。中央和地方每年从土地出让和拍卖收入、财政预算内外收入中按比例提取部分资金，形成国家财政筹资风险储备金，以应对财政筹资风险。风险储备金由国家基金机构集中管理，市场运营，专款专用。另外，借鉴国外（如美国、挪威等）经验，设立中国城乡居民基本养老保险主权基金也不失为一种好办法[②]。

（五）建立养老保险市场筹资机制

公共产品理论指出，市场虽不会主动提供公共产品，甚至对公共产品供给在某种程度上具有强烈排斥性，但其是物质财富的主要来源域和创造域，是公共产品实现的基础和保证，所以市场筹资应成为中国城乡居民基本养老保险高效基金筹集的重要部分。然而，要发挥市场

---

① 穆怀中、柳清瑞、沈毅：《新型农村养老保险的财务负担水平分析》，《社会保障研究》2011 年第 4 期，第 9 页。

② 杨勇刚、姜泽许：《推动新型农村社会养老保险健康发展的建议》，《中国财政》2010 年第 11 期，第 75 页。

的功能和作用，必须借力于政府调控，即政府在这方面必须制定相应的优惠政策，以激励各种市场主体积极参与。根据中国经济发展实际，当前城乡居民基本养老保险市场筹资不妨采取以下办法：一是发展农村合作金融并向其融资，如安徽省小井庄通过与农村金融合作有力地支持了政府财政；二是对市场主体实行减税或减费政策，激励其为城乡居民参保缴费提供补助；三是政府直接向市场主体提供财政补贴，在保障其经济效益和经营安全的同时，激励它们参与城乡居民基本养老保险市场筹资。通过财税、金融等优惠政策，激励市场主体参与养老保险市场筹资具有理论可行性（图6-2）。比如，在对市场主体实行优惠政策之后，市场主体的私人边际成本就会下降，它的市场利润就会增加，随之也就有更多资金资助城乡居民参保缴费，城乡居民参保率就会提高，即供给曲线由 S_1 降至 S_2，使养老保险市场筹资通过市场得以实现，不仅增加了市场主体的资金补助，而且还增加了城乡居民的养老保险缴费，养老保险市场筹资水平由原来的 Q_1 增至 Q_2。此时，政府就成为市场筹资的启动者，或者正像有的学者所说的隐匿合伙者，分担了部分筹资，当然这更体现了政府的主导作用。市场筹资在目前城乡居民基本养老保险中虽已被正式提出，但还未被制度化落实，所以应加强这方面的配套政策建设，以使其切实发挥筹资作用[1]。

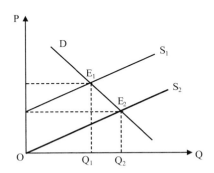

图6-2　中国城乡居民基本养老保险市场筹资的政府激励效应

---

[1]　刘迪平：《中国农村社会养老保险长效供给研究》，博士学位论文，苏州大学，2010年，第172页。

（六）建立养老保险社会公益筹资机制

政府应利用宣传、精神奖励、自身权威及适当优惠政策等，引导更多的社会公益组织、慈善组织、社会企业、慈善家、经济企业等给予城乡居民基本养老保险筹资以一次性捐助或定期资助，甚至可以直接举办针对筹资的社会事业，如发行福利彩票、利用自身资源（如文艺、媒体等）搞一些公益收入等。同时，尽快建立和健全相关参与机制，明确参与程序、规范和责任。不妨采取以下方式：一是定期特殊资助，即引导上述组织和个人分别与不同地区贫困弱势群体结对，开展自愿性一对一（一个组织或个人对应一部分困难群体）定期资助，以提高困难群体的缴费和养老金水平，但该资助不能替代制度给予这个群体的缴费豁免及财政注资扶助；二是一次性普惠捐助，即一些有经济实力的社会组织、企业或个人可不指定对象地给予某地区所有居民以一次性捐助，不过对这种捐助金的个体化配置，要遵循公平与效率兼顾原则；三是政府性公益补助，即政府可将通过举办社会事业而获得的收入依据一定原则对居民补助，具体补助额或补助对象由政府根据实际确定，但该补助不能替代财政补贴。此外，也可采取其他方式。城乡居民基本养老保险公益筹资也是《意见》提出的，政府和社会要结合国情和农村实际，对其实现机制和方式尽快探索，以切实发挥其筹资作用。

（七）积极争取养老保险其他筹资

城乡居民基本养老保险筹资除上述制度路径外，还要充分利用各种条件，争取其他筹资。例如，可利用国际性组织（如国际货币基金组织、世界银行、世界粮农组织、亚投行等）在促进"三农"发展方面的投资、扶贫、公益等政策，争取一些商业性和非商业性资金或援助，来资助贫困弱势群体参保；可利用国外华人社团组织（如爱国商会、华人企业家协会等）及港澳台社会组织等，开展一些爱国支农、支保筹资。这些筹资能补充制度筹资不足的问题。

二 建立城乡居民基本养老保险高效基金管理制度

借鉴国外养老保险基金管理方面的经验并结合中国实际，对中国城乡居民基本养老保险基金投资运营做具体制度构建，形成有中国特色的城乡居民基本养老保险基金投资运营体系，以保证中国城乡居民基本养老保险基金投资收益目标的实现，一方面增强城乡居民基本养老保险基金筹集能力；另一方面提高城乡居民基本养老保险个人账户养老金替代率。具体可从以下几方面着力。

（一）提高养老保险基金统筹层次至省级

中央应尽快出台城乡居民基本养老保险基金统筹由县市级提至省级的时间表和具体操作办法，统一部署和统一推进，并成立省级基金机构，为开展基金集中多元投资创造政策和组织条件。同时，加强基金征收和运营的规范管理建设，保障基金全程运作的安全完整，以改变目前责任不清、账目混乱、效益低下及管理分散的现状。当前，部分省市如上海、湖南、广东、重庆等已实现省级统筹，有效保证了基金筹集、使用、运营和监控的安全和效率。当然，提统可不走城镇职工养老保险逐级提升的老路子，不妨由市县直接归集到省。

（二）建立养老保险基金多元投资运营机制

在统筹层次提升至省以后，要借鉴国外经验，对基金实行多元投资运营并实现制度化。在保证安全的情况下，政府可以对基金投资比例和限额做适当的限制，并适度引入市场机制，引导部分保险基金投向流动强和收益稳的固定收益类债券、票据、基金等，如央行票据、货币基金、企业及金融债券、短期债券等，确保这种投资资金占绝对优势。同时，也可将部分资金投向公共基础设施、大型公共工程和公益项目建设等，甚至也可拓展生产投资，如能源、金属、烟草、医药、电力等收益高且稳定的行业，这些行业因受垄断经营影响，产品需求弹性高，利润空间比较大，一般超出市场平均利润；而且在金融、农业及建筑等行业也可选择一些具有长期投资价值的产业投资，投资方式可选择参股、借贷、持股等，通过分享经济发展成果，提高基金收益[①]。另外，若条件成熟，也可进行海外投资，尤其是在中国资本市场还不成熟条件下，不妨将部分资金投资于资本市场完善的国家和地区，这可降低基金只投国

①　华迎放：《新型农村社会养老保险制度建设研究》，中国劳动社会保障出版社2013年版，第107页。

内市场的风险，美国和智利实践就证明了这点。1970—1997 年，美国社保基金平均收益率为 0.24%，标准差为 2.16%。在投资收益率为 3% 情况下，如果仅投资美国国内证券，则标准差为 5.8%；如果还投资国外证券，标准差可降至 5.1%。在投资收益率为 8% 情况下，如果仅投资美国证券，标准差为 14.7%；如果还投资国外证券，标准差可降至 12.3%[①]。但海外投资须中央主导，个别省市不可搞这种投资，主要是由于基金规模小和人才技术条件不足，风险预测和规避能力有限。在海外投资初期，可以选择风险比较小的政府债券、企业债券和中国 3A 企业海外股票。而随着对海外资本市场的了解和风险管理技术的提高，再逐步向私募股权基金和部分金融衍生品扩展。但为了保证基金绝对安全，海外投资所占的比重不能太大。日本农业者年金海外投资仅占 13%，德、法等国该项比重也最低。此外，还可以建立中国城乡居民基本养老保险投资银行[②]，面向发展潜力比较大的中小企业和信誉度高的城乡居民发放小额贷款，这既利于基金增值，又利于缓解这些主体融资难的问题，也能推动民营、农业、社区等经济共同发展。多元投资的最大优势是在平抑市场风险的基础上，也能确保基金高效收益。

（三）建立养老保险基金委托投资运营机制

与基金省级统筹和多元投资相配合，借鉴国外经验，必须建立基金委托型投资管理机制[③]。具体就是：将城乡居民账户基金集中或委托于

---

① Baxter, M., and R. King, "The role of international investment in a privatized social security system", *Risk Aspect of Investment-Based Social Security Reform*, edited by Campbell and M. Feldstein, The university of Chicago press, 2001. 转引王信《养老基金的国外投资：国际经验与中国的选择》，《证券市场导报》2003 年第 3 期，第 23 页。

② 华迎放：《新型农村社会养老保险制度建设研究》，中国劳动社会保障出版社 2013 年版，第 107 页。

③ 目前，国内学界有些学者对城乡居民基本养老保险基金投资管理持省级集中投资运营观点。这种模式虽然有一定优势，如能避免投资趋同引发风险集中、政策操作较方便等，但管理成本比较高，况且部分省份在人才、技术、信息等方面还存在能力不足，尤其是当基金积累规模比较大的时候，对这种能力的要求将会更高。并且，这种分散化投资还会产生"羊群效应"，对国内资本市场往往产生负面性扰动（华迎放，2013）。因此，从长期来看，中国城乡居民基本养老保险基金应实行国家集中管理运营制度，这不仅仅是因其具有极大优势，而且还因其更符合国外普遍经验和中国建立统一国民养老保险制度的目标。不过，在制度建立之初，可以实行这种制度，但这也仅仅是一个短期的过渡。

省级基金机构，省级基金机构作为受托人和账户管理人再把基金委托给中央政府社保基金机构投资运作，然后再由它通过市场竞争招标形式委托给商业性经济机构投资运营（图6-3），但省级基金机构、中央基金机构以及基金外包机构都必须接受中央社保基金监管委员会的监督检查。这种模式的优点：一是基金规模投资优势明显，管理成本可大大降低；二是投资方式更加灵活多样，既可直接投资低风险固定收益类产品，又可利用国家人才、技术、信息等优势内设投资机构进行市场投资，还可用选择受托投资机构的方式搞市场投资；三是当资金规模增大后，国家可利用它来调整经济产业结构，使产业结构或经济结构更加合理，从而使经济持续发展和劳动力充分就业目标得以实现，让就业和保障能相辅相成；四是国家层面集中投资运营，不仅利于中央制定基金投资中长期规划，而且还利于基金走出国门，开展海外投资。当然，由国家集中投资也有局限。例如，投资风险过度集中，如果出现管理或投资漏洞，则会影响资本市场稳定；商业机构为获得投资基金可能会搞寻租行为。不过这些可通过监管机制建设来解决。

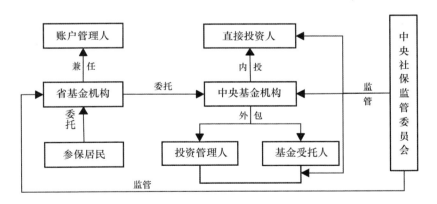

图6-3　中国城乡居民基本养老保险基金委托投资治理结构

（四）建立养老保险基金投资运营最低收益保证机制

保证养老保险基金投资最低收益是国外的普遍做法，如瑞典、智利等，这对确保基金保值增值和增强参保居民制度信任及认同有根本意义。因此，在对城乡居民基本养老保险基金进行投资运营时，中国中央政府也必须以最终担保者身份对基金投资最低收益做出保证。如果受托商业性投资运营机构不能实现基金最低投资收益保证，那么首先要由商业性投资机构来弥补，商业性投资机构无法弥补的就由政府财政承担兜底补偿责任，切实保证参保居民账户基金合理收益。当然，最低收益标准的确定以基金投资运营时社会所有投资资本平均收益为基准，由中央政府相关部门根据资本市场相关指标每年定期公布，作为商业性投资机构运营基金的依据和参考，并负责向参保居民解释。

（五）建立养老保险基金投资运营风险评定与控制机制

城乡居民基本养老保险基金投资运营必然面临各种风险，对此政府须建立风险评定控制机制来应对。借鉴国外经验，中央基金理事会或管理机构每年要召集由各行业（如经济、金融、投资等）专家、政府代表、社保基金管理者等参加的投资决策会议，对年度投资方向、领域、受托投资机构选择及具体比例和限额等做出民主基础上的科学决策，尤其对每项投资的风险要做出等级评定，并据此制定城乡居民基本养老保险基金投资政策，以确保基金安全。

（六）建立养老保险独立自治型基金监管机制

当前，中国社保基金监管权由人保部执行，具体是由其中的社保基金监督司来负责的。显然，这种监管架构无论在监管主体独立性和地位、监管执法手段和力度以及专业人员配备上等都很难能胜任监管工作，当前基金管理中形形色色的违规违法，甚至犯罪现象频发就足以证明基金监管机制的低效率。因此，必须借鉴国外经验，如德、法及瑞典等国，建立独立、高效和统一的社保基金或养老保险基金监管机构，实现基金投资管理权和监管权分立，彻底改变政府及其社保部门集政策制定者、实施者和管理者等身份于一身的不合理现状。具体来说，社保基金监管机构应实行委员会制[①]，会员由全国人大财经委

---

① 这种管理体制类似于银监会、证监会和保监会。在委员会制度的运作下，监管机构的决策权和管理权不单属于任何一个会员以及委员会最高执行官，而是由委员会所有会员共同行使，委员会决策通常是按照协商一致原则运作，从而既能约束权力滥用，对中国城乡居民基本养老保险基金投资管理有效监管，又能集思广益并确保基金监管科学合理。

员会、社保部、证监会、银监会、审计署、财政部、监察部、人民银行等部门负责人、参保人代表（各类参保代表要合理配置，并保证话语权）、行业专家及外部独立董事等人员组成。监管委员会依照机构章程独立民主地选举最高执行官，最高执行官只对委员会和国务院负责，除此之外，不受任何机关和政治压力干扰和制约。监管机构在各地设立必要办事处或工作机构，实行垂直管理。对城乡居民基本养老保险基金筹支及投资全程监管，严禁各种违法违规行为，确保基金在各环节的绝对安全。同时，对城乡居民基本养老保险各项业务，管理规章也要进一步完善和规范，尤其是涉及基金内控和稽核的制度。而且，监管机构对每个环节都要监控到位和定期检查，基金收支信息也要定期通过媒体或其他方式向社会发布，严格接受社会各界的监督，基层村社也要定期向参保居民公示基金收支信息，真正做到公开透明，让基金在阳光下运行，切实让群众放心。

第三节　建立城乡居民基本养老保险高效经办管理服务体系

城乡居民基本养老保险经办管理服务体系不完善，既影响了政府社会保险供给质量和效率，也制约了制度可持续运行。因此，中央和地方政府须厘清建设思路并加大投入，构建高效经办管理服务体系。具体做好以下几方面。

一　建立垂直管理的养老保险经办机构

根据城乡居民基本养老保险特点，并借鉴国外经验，如德、日、法等国，中央应在全国范围内建立起定性明确、职责清晰、关系顺畅、垂直管理、自治独立、服务规范的经办机构。设立中央社会保险局，垂直管理全国各省市县乡（镇）各级经办机构（图6-4），并明确机构事业单位性质，工作人员参公管理，消除他们的后顾之忧。同时，统一界定和明确各级养老保险经办机构的职责，理顺它们的经办管理和运行关系，定编定岗且权责统一，并形成经办服务的激励机制，以提高经办效率和服务质量。另外，在组织人事①上，省级以下机构要与本级地方政府完全脱离，只对上级经办机构负责，在法律及政策规定范围内独立行使养老保险经办权，不受法律及政策外的任何组织或力量的干扰和影响。

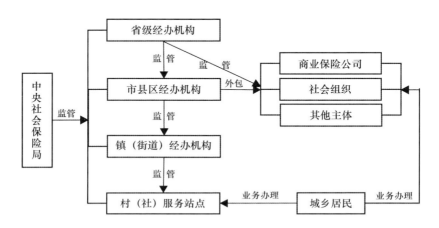

图6-4 中国城乡居民基本养老保险垂直管理型经办机构

二 建立灵活高效的养老保险经办服务供给机制

无论从国外经验还是从中国现实国情来看，完全依靠政府来提供经办服务是不现实的，所以必须切实转变思路，建立更加灵活且切合实际的城乡居民基本养老保险经办服务供给机制。有些服务必需政府提供的就由政府提供，有些服务可交给社会（如社会组织）完成的就交给社会，而有些经办服务靠政府和社会提供不占优势或效率较低的，就交给市场来提供，即由政府或经办机构向市场（商业服务机构）购买。经济欠发达县区财政较紧张，人员编制和经费供给难以维持经办工作开展和提供更优质的经办服务，此时政府不妨以优惠政策或适当市场价格，将其委托给资质条件好且信誉高的商业保险公司或其他机构（社工机构、金融机构、农民合作社、公益组织等），以保

---

① 经办工作人员的招聘也要由省级经办机构、组织人事部门统一独立组织。

证经办质量和效率（图6-4）。但是，委托只是功能委托而不是责任迁移，对外包项目仍要承担最终责任①。

三　建立养老保险经办经费财政与基金共担机制

目前经办经费不足问题比较突出，但由于地方财政压力比较大，所以完全由地方财政负担也不合理，而全从基金列支也不符合制度初建及基金积累规模小的现实，不利于制度运行。因此，应建立财政与基金共担的经费保障机制，即二者各担50%。具体是：中央确定人均经办费用标准，地方根据本地参保人口，计算出本地年度经办费用总额，然后由省市县财政共担其中的50%，具体分担办法参照前述的政府补贴分配，各级财政所担资金必须纳入同级财政预算，并确保足额及时到位，而另外50%资金由经办机构依法从基金积累中提取。而且，经办经费使用须细化，落实到每个村社及经办人员，并随业务发展逐步增加。同时对基层财政仍有困难的，省市要给适当支持；对依靠省市县财政仍不能满足需要的，中央要以转移支付或调剂补偿金形式给予支持，保证地区经办质量均衡。另外，对经办经费使用要加强审计和监督，保证专款专用。但需明确的是，经办机构虽垂直管理，但市县区也要依法承担同级经办经费投入责任。

四　建设全国统一的养老保险信息管理系统

一是研发和建设全国统一信息系统，在中央建成信息集中库，并实现中央系统库与各省系统库连接；二是完善和提升省系统库技术服务功能，使其能满足居民便利缴费、待遇领取、信息查询、关系转移接续等需要，并有效控制重复参保及冒领等违法行为；三是建设省市县乡村信息网络，实现省级范围内居民经办信息即时共享；四是建设省级养老保险信息监控系统，确保经办业务及基金运行即时监控；五是建设居民综合信息平台，为经办服务提供信息保障。

---

① 华迎放：《新型农村社会养老保险制度建设研究》，中国劳动社会保障出版社2013年版，第141页。

五　完善基层村（社）养老保险经办服务站点

以城乡居民便利服务为宗旨，完善基层村社养老保险经办服务站点。一是在农村村居、城镇社区及基层公共场所等设立统一便民服务站点，向城乡居民提供一站式服务；二是便民服务站点要设意见反馈箱、举报电话、咨询服务台等，并印制经办服务手册及办事指南等；三是引导金融机构强化便民利民目标，加强其基层网点建设，如在公共场所、居民居住点、镇（街道）驻地、基层服务平台等设立自助服务终端等，以便居民在任何的时间和地点都可以办理养老保险业务；四是在金融服务合作中要安排监督和风险控制，以避免金融机构为自身利益而故意滞留社保金及部分居民冒领养老金现象。

六　提高养老保险经办人员的业务素质

一是加大社保人才培养与使用；二是严把用人入口，通过公开招聘，选拔高素质人才充实经办队伍；三是定期培训，通过举办讲座、外出观摩、实地考察及集中学习等形式，提高经办人员的政策水平和业务技能，使其与城乡居民服务需求同步适应；四是完善基层经办人员待遇及发展环境，通过增编制、提待遇、发展平台等调动其工作积极性和主动性，以稳定基层经办队伍事业心；五是完善工作激励机制，对在经办服务中做出显著成绩或有创新的要给予不同奖励，如与工资、晋升等挂钩，以激发经办人员的工作热情；六是完善责任追究机制，对被动消极或有过错损失的要给予惩处，以约束行为和强化责任。

第四节　完善城乡居民基本养老保险法规及外部支持环境

中国城乡居民基本养老保险问题的解决，不仅需要完善制度机制，还需要完善相关法律法规及外部支持环境。因此，根据中国国情和基层村社实际，具体要做好以下几方面工作。

一　强化政府城乡居民基本养老保险供给责任

根据国情和农村实际，中国当前须加快推进政府及公共财税体制改革，建设公共责任政府及中央和地方财权和事权统一的公共财税制度，切实转变政府施政理念。并且通过健全监督机制，规范和约束好各级政府权力，使其真正从不必要的、应让市场起决定作用的领域撤回来，坚决投身于社会管理和公共产品供给及服务建设，切实担当起主导责任，做好城乡居民基本养老保险发展的主导者、组织者和推进者。在制度建设、财政供给、经办服务、监督管理等方面，都要保证高质量和高效率，真正成为推动城乡居民基本养老保险发展的主体。

二　建立城乡居民基本养老保险利益表达机制

从国外经验看，农民社保利益所以受到政府重视并得到有效保障，除了具有健全的民主法制保障外，更主要的是由于国外农民组织化程度较高，依托组织力量农民可向政府表达各种诉求，甚至这些组织可代替政府直接参与经济社会管理，以至于农民在国家政治经济中的地位比较高，影响力也比较大。当前，中国不妨借鉴国外经验并立足村社实际做好以下工作：首先是改变村社自治组织弱化、农村居民人大代表比例低和代表身份虚化状态，让普通城乡居民广泛参与政府包括养老保险在内的各类社保政策决策，使广大城乡居民养老利益之声真正能发出来、传上去和有影响，从而在制度上切实保障城乡居民养老利益能及时表达；另外是加快发展城乡居民，尤其是农民社团组织，通过社团把分散的城乡居民整合成对政府和其他利益团体有制衡作用的集体，根本改变城乡居民在养老资源配置及制度安排中的不利地位，使城乡居民不仅能顺畅表达养老意愿并参与政策制定、执行及实施监管，还能在其中争得应有的养老利益。只有这样，城乡居民对养老保险政策才能普遍认同并积极参保[①]。在政策决策中须建立民众

---

① 齐鹏：《中国农村社会养老保险的政策认同研究》，《南通大学学报》（社会科学版）2015 年第 2 期，第 124 页。

利益表达机制，这样政策才能为群众普遍认同，政策实施才能耗费更低成本①。

三 健全城乡居民基本养老保险法律法规体系

全国人大常委会须单独制定《城乡居民养老保险法》，明确城乡居民基本养老保险法律地位，统一指导思想、基本原则、基本制度、主体责任、发展目标及评估标准等；国务院须出台《城乡居民养老保险基金管理条例》《城乡居民养老保险经办服务条例》《城乡居民养老保险法律救济条例》等配套法规；地方根据上述法律法规及地区实际制定实施细则。所有法律法规保持协调和统一，形成从中央到地方完整的法律法规体系，以保障城乡居民基本养老保险制度实施具有最权威最规范的法律法规依据。同时，还要建立社保争议或纠纷法律救济机制。制度实施中不可避免地要出些争议或纠纷，一般来说，争议或纠纷常发生在参保者与经办机构、参保者与基金管理机构、基金投资主体与基金监管主体等之间，如果双方或多方能协商解决的就协商解决，协商不成的就通过行政复议解决，而复议也不成或无法复议的就依法向法院起诉，由法院社保法庭判决或裁决。当然，在这个过程中，必须保持案件的独立性和程序的简化性，以保障协商、复议及审判过程的公平高效和城乡居民的养老保险权益。

四 加强城乡居民基本养老保险政策宣传

基层政府及其经办部门要采取措施并投入必要财力加强政策宣传，通过创新宣传形式、方法、手段等让城乡居民真正理解政策设计机制、关系及精神，提高城乡居民政策认知水平。一是基层县乡镇政府要通过财政预算拨出专项资金用于政策宣传，以便解决政策宣传中的资金困难；二是充分利用好社会中的各种新闻媒体（电视、广播、网络等）和社会组织的政策宣传和信息传播优势，让城乡居民对城乡

---

① ［美］加布里埃尔·A. 阿尔蒙德、［美］小 G. 宾厄姆·鲍威尔：《比较政治学：体系、过程与政策》，上海译文出版社 1987 年版，第34—35 页。

居民基本养老保险政策认知始终发生在自己身边，可时刻学习和领会社保知识和政策精神；三是基层经办机构要充分利用各种时机（如农闲、节日等）举办培训班，聘请社保专业人员到村社上课或做报告，对城乡居民开展社会保险知识辅导，着力为其讲清待遇给付水平、缴费标准、计发办法等，彻底计算好其参保利益帐，让其真正消除顾虑；四是充分发挥好村社干部政策宣传优势，在对其系统培训后，利用各种便利时间向居民普及参保知识及政策精神；五是基层经办机构及人员要增强宣传意识，真正做好政策实施的基层代言人[①]。同时，在政策宣传中也要做好家庭养老和社会养老之关系的解释，真正让城乡居民认识到两者根本不矛盾，社会养老是家庭孝道精神的现代拓展形式，通过参保能更好地提高养老水平和弘扬孝道精神。另外，对村社普遍盛行的不合理消费、养老观念及短视自满心理等，也要通过宣传正确引导，让其将更多资金投向养老保险，以便人生中的消费储蓄得到合理安排[②]。

五 转变基层干部养老保险工作作风

一是基层政府及干部作为城乡居民基本养老保险政策直接执行人，要不断增强政治觉悟，不断提高业务素质，在认真解读和把握政策精神基础上，积极主动地做好城乡居民身边的政策解说员和服务员，并耐心地帮助城乡居民排除各种政策疑问和利益顾虑，引导城乡居民积极参保；二是基层政府及其干部要改进城乡居民基本养老保险政策的执行方式，切实从村社实际和城乡居民切身利益出发，绝不搞政策实施的急躁冒进和片面追求高参保率和高基金积累率的行政强制，要让政策实施渐进有序，对城乡居民多宣传动员，以防城乡居民养老利益损失；三是城乡居民基本养老保险政策执行要公开透明，相关养老保险信息如银行利率、补贴标准、缴费额、养老金标准、基金

---

① 穆怀忠、闫琳琳：《新型农村养老保险参保决策影响因素研究》，《人口研究》2012年第 1 期，第 81 页。

② 齐鹏：《中国农村社会养老保险的政策认同研究》，《南通大学学报》（社会科学版）2015 年第 2 期，第 125 页。

收益等，要通过各种方式及时准确地向全体居民公开，切实保证城乡居民的知情权，接受城乡居民及社会各界的监督；四是基层政府及其干部要严格遵守各项基金管理规定，自觉接受城乡居民及社会监督；五是加强基层反腐力度，尤其对城乡居民身边的腐败要严厉打击，绝不手软，彻底净化基层干部队伍，使其真正成为城乡居民养老利益的保护者①。

---

① 齐鹏：《中国农村社会养老保险的政策认同研究》，《南通大学学报》（社会科学版）2015 年第 2 期，第 125 页。

第七章　结论及局限

第一节　研究结论

第一，城乡居民基本养老保险基金支付整体压力大且地区不平衡。主要是由政府财政筹资负担结构上轻下重、村社补助配套政策缺失、基金收益水平低、个人缴费累退激励等造成的，限制了基金收入增长。因此，必须调整参保、缴费、待遇等部分制度设计，建立基于政府财政的高效基金筹集及基金平衡制度，建立基于市场的高效基金收益制度。

第二，城乡居民基本养老保险基金监管能力不足，质量和效率低，突出表现为监管独立自治不够、协调制衡不强、科学监控不足及社会监督缺位。主要是由基金统筹层次低、监管行政化、法规不健全、监管投入不足等造成的。因此，必须提高基金统筹管理层次，建立独立自治型基金监管机制，建立基金投资风险评定与监控机制，健全监管法规，完善社会监督。

第三，城乡居民基本养老保险待遇给付公平问题突出，主要是缴费收益、地区待遇给付及政府补贴分配等不公平，与城镇职工养老待遇差距大。主要是由缴费"收入关联"弹性不足、政府补贴"梯度层级"不够、待遇公平调控机制不健全等造成的。因此，必须建立比例缴费机制、以县区及其指标为基础的政府补贴"梯度"分配机制，以及待遇公平调控机制等。

第四，城乡居民基本养老保险经办服务能力不足，质量和效率低，不能满足"制度规模"不断增大的需要。主要是镇村（社）经办机构及服务站点不健全、经办服务人员少且自身业务能力存在问题、经办信息系统功能不完善等，主要是由政府对经办服务认识不到位、经办服务政策制定不科学、地方财政投入不足等造成的。因此，必须建立基于政府和社会的高效经办管理服务体系。

第五，城乡居民基本养老保险政策认同提高乏力，限制了城乡居民参保及缴费档次提高。主要是由制度保障待遇定位低且待遇调整未规范落实、政府经办服务建设不够、基层干部养老保险工作作风问题等造成的。因此，除了提高城乡居民养老待遇和加强经办服务建设外，还须建立城乡居民基本养老保险利益表达机制、加强城乡居民基本养老保险政策宣传、转变基层干部养老保险工作作风等。

第二节　研究局限

第一，部分研究欠深入。因受数据资料局限，对城乡居民基本养老保险基金的支付能力还不能做中长期的精算预测分析，这对研究的深入有一定影响。这有待于进一步深入研究。

第二，部分资料欠丰富。研究运用的文献资料主要来源于国内，而对国外资料使用的相对较少，主要是由于中国城乡居民基本养老保险建立和发展的时间短，国外对其研究还比较少。

参考文献

一　主要著作

安增龙：《中国农村社会养老保险制度研究》，中国农业出版社2009年版。

曹信邦：《新型农村社会养老保险制度构建研究——基于政府责任的视角》，经济科学出版社2012年版。

车文博：《弗洛伊德主义原理选择》，辽宁人民出版社1988年版。

陈良瑾：《社会保障教程》，知识出版社1990年版。

崔红志：《新型农村社会养老保险制度适应性的实证研究》，社会科学文献出版社2012年版。

邓大松：《社会保险》，武汉大学出版社1989年版。

邓大松等：《中国社会保障改革与发展报告》，人民出版社2011年版。

邓大松等：《中国社会保障制度改革回顾、评估与展望》，中国社会科学出版社2009年版。

何平：《中国农村养老保险制度改革与发展报告——可持续性分析》，中国经济出版社2011年版。

侯文若：《保险法与保险实务全书》，企业管理出版社1995年版。

侯文若：《社会保障理论与实践》，中国劳动出版社1991年版。

侯文若、孔泾源：《社会保险》，中国人民大学出版社2002年版。

华迎放等：《新型农村社会养老保险制度建设研究》，中国劳动社会保障出版社2013年版。

景天魁：《福利社会学》，北京师范大学出版社2010年版。

李珍：《社会保障概论》，中国劳动社会保障出版社 2007 年版。

李珍、孙勇永、张昭华：《中国社会养老保险基金管理体制选择》，人民出版社 2005 年版。

林义：《农村社会保障的国际比较及启示研究》，中国劳保出版社 2006 年版。

刘昌平、殷宝明、谢婷：《中国新型农村社会养老保险制度研究》，中国社会科学出版社 2008 年版。

刘传济、孙光德：《社会保险与职工福利》，劳动人事出版社 1987 年版。

刘贵平：《养老保险的人口学研究》，中国人口出版社 1999 年版。

刘晓梅：《中国农村社会养老保险理论与实务研究》，科学出版社 2010 年版。

刘雄、张琪：《社会保险通论》，中国劳动出版社 2006 年版。

陆学艺等：《2013 中国社会形势分析与预测》，社科文献出版社 2012 年版。

米红：《农村社会养老保障理论、方法与制度设计》，浙江大学出版社 2007 年版。

米红、杨翠迎：《农村社会养老保障制度基础理论框架研究》，光明日报出版社 2012 年版。

彭高建：《中国养老保险责任问题研究》，北京大学出版社 2005 年版。

尚长风：《农村养老保险模式和财政三农政策研究》，南京大学出版社 2009 年版。

世界银行：《老年保障》，中国财政经济出版社 1998 年版。

孙敬之：《八十年代中国人口变动分析》，中国财政经济出版社 1996 年版。

谭克俭：《农村养老保障体系构建研究》，中国社会出版社 2009 年版。

庹国柱、王国军、朱俊生等：《制度建设与政府责任——中国农村社会保障问题研究》，首都经济贸易大学出版社 2009 年版。

汪泓主编：《社会保障制度改革与发展——理论方法实务》（论文

集），上海交通大学出版社 2008 年版。

王东进：《中国社会保障制度的改革与发展》，法律出版社 2001 年版。

王章华：《中国新型农村社会养老保险制度研究》，中国社会科学出版社 2014 年版。

严峻：《中国农村社会保障政策研究》，人民出版社 2009 年版。

杨翠迎：《农村基本养老保险制度理论与政策研究》，浙江大学出版社 2007 年版。

杨方方：《从缺位到归位——中国转型期社会保险中的政府责》，商务印书馆 2006 年版。

杨燕绥、闫中兴：《政府与社会保障——关于政府社会保障责任的思考》，中国劳动社会保障出版社 2007 年版。

袁志刚：《养老保险经济学》，上海人民出版社 2005 年版。

苑梅：《我国农村社会养老保险制度研究》，东北财大出版社 2011 年版。

张源媛：《农村社会养老保险制度解析》，中国社会出版社 2010 年版。

郑秉文、和春雷：《社会保障分析导论》，法律出版社 2001 年版。

郑功成：《论中国特色的社会保障道路》，武汉大学出版社 1997 年版。

郑功成：《社会保障概论》，复旦大学出版社 2013 年版。

郑功成：《社会保障学——理念、制度、实践与思辨》，商务印书馆 2000 年版。

郑功成：《中国社会保障 30 年》，人民出版社 2008 年版。

郑功成：《中国社会保障改革与发展战略》（总论卷），人民出版社 2011 年版。

郑功成：《中国社会保障制度变迁与评估》，中国人民大学出版社 2002 年版。

中国社科院语言所词典编辑室：《现代汉语词典》，商务印书馆 1999 年版。

［丹麦］戈斯塔·埃斯平编：《转型中的福利国家——全球经济中的国家调整》，杨刚译，商务印书馆 2010 年版。

［德］普莱尔：《东西方经济体制比较——研究指南》（中文本），中

国经济出版社 1989 年版。

［美］阿瑟·奥肯：《平等与效率——重大的选择》（中文本），华夏出版社 1987 年版。

［美］埃米特·沃恩、［美］和特丽莎·沃恩：《危险原理与保险》，张洪涛等译，中国人民大学出版社 2002 年版。

［美］加布里埃尔·A. 阿尔蒙德、［美］小 G. 宾厄姆·鲍威尔：《比较政治学：体系、过程与政策》，上海译文出版社 1987 年版。

［美］肯尼斯·布莱克、［美］哈罗德·斯基珀：《人寿保险》（下册），北京大学出版社 1999 年版。

［美］罗尔斯：《正义论》（中文本），中国社会科学出版社 1998 年版。

［美］米尔顿·弗里德曼：《资本主义与自由》（中文本），高鸿业译，商务印书馆 1986 年版。

［美］熊彼特：《经济发展理论》（英文版），哈佛大学出版社 1934 年版。

［香港］周永新：《社会福利的观念与制度》，中华书局 1998 年版。

［意］帕累托：《政治经济学教程》，巴黎古诺雷出版社 1909 年版。

［印度］阿玛蒂亚·森：《以自由看待发展》，任赜、于真译，中国人民大学出版社 2002 年版。

［英］安东尼·吉登斯著：《第三条道路：社会民主主义的复兴》，郑戈译，北京大学出版社 2000 年版。

［英］弗里德里奇·哈耶克：《法律、立法和自由》，邓正来译，中国大百科全书出版社 2000 年版。

［英］弗里德里希·冯·哈耶克：《自由秩序原理》（上），生活·读书·新知三联书店 1997 年版。

［英］哈特：《法律的概念》，张文显等译，中国大百科全书出版社 1996 年版。

Ball, Robert M. , *Social Security*：*Today and Tomorrow*, New York：Columbia University Press, Vol. 26, 1978.

Baxter, M. , and R. King, *The role of international investment in a priva-*

tized social security system, *in Risk Aspect of Investment-Based Social Security Reform*, edited by Campbell and M. Feldstein, The university of Chicago press, 2001.

George E. Rejd., *Social Insurance and Economic Security*, Prentice-Hall, Inc., Vol. 10 – 11, 1976.

George V., *Modern Thinkers on Welfare London*, Harvester Wheatsheaf Press, Vol. 89 – 90, 1995.

Gruber, J., & Wise., D., *Social security programs and retirement around the world*, Chicago: University Press for the NBER, 1999.

Hennock E. P., *British Social Reform and German Precedents*, *the Case of Social Insurance* (1880 – 1914), Oxford, Vol. 135 – 136, 1987.

Holzmann R., Palmer E., *Pension Reform Issues and Prospects for Mon-Financial Defined Contr-ibution* (*NDC*) *Schemes*, World Bank, 2006.

International Labour Office, *World Social Pretection Report 2014*: *Building Economic Recovery*, *Inclusive Development and Social Justice*, Geneva: International Labour Office, 2014.

International Union for the Scientific Study of Population, *Multilingual Demographic Dictionary* [*English Section*], Adapted by Etienne van de Walle, Ordina Editions, Vol. 36, 1982.

Lipton M., *Why Poor People Stay Poor*: *Urban Bias in World Development*, MA: Harvard University Press, Vol. 146, 1977.

Peter Edelman., *Future of Social Insurance*: *Incremental Action or Fundamental Reform?* New York: Brookings Press, Vol. 50, 2005.

二　期刊论文

曹文献、文先明：《集体补助视角下新型农村社会养老保险的财力支撑研究》，《金融与经济》2009 年第 8 期。

曹信邦：《中国农村社会保障制度缺位的政治学分析》，《云南社会科学》2005 年第 5 期。

曹信邦、刘晴晴：《农村社会养老保险的政府财政支持能力分析》，《中国人口资源与环境》2011 年第 10 期。

曹秀先、吴松涛：《河南省城乡居民社会养老保险经办机构和队伍建设分析》，《人力资源开发》2014 年第 8 期。

长春市社会保险事业管理局课题组：《长春市城乡居民社会养老保险基层平台经办管理服务体系建设研究》，《长春市委党校学报》2014 年第 2 期。

陈超、周宁：《农民文化素质的差异对农业生产和技术选择渠道的影响》，《中国农村经济》2007 年第 9 期。

陈淑君：《新型农村社会养老保险的财政支持研究》，《学术交流》2009 年第 7 期。

陈志富：《城乡居民社会养老保险制度运行过程中存在的问题及对策》，《商》2014 年第 10 期。

成新轩、侯兰晶：《城乡社会保障投入差异及对策分析》，《中国软科学增刊》2011 年第 52 期。

成志刚、公维才：《影响农村社会养老保险制度发展的非经济因素——基于 PEST 模型的分析》，《湖南师范大学社会科学学报》2010 年第 2 期。

邓大松：《从公共政策的角度看政府在社会保障中的职能》，《经济评论》2001 年第 6 期。

邓大松、薛惠元：《新型农村社会养老保险替代率精算模型及其实证分析》，《经济管理》2010 年第 5 期。

邓大松、薛惠元：《新型农村社会养老保险制度推行中的难点分析——兼析个人、集体和政府的筹资能力》，《经济体制改革》2010 年第 1 期。

邓大松、薛惠元：《新型农村社会养老保险制度推行中的难点分析》，《经济体制改革》2010 年第 1 期。

丁煌：《政策制定的科学性与政策执行的有效性》，《南京社会科学》2002 年第 1 期。

耿永志：《新型农村社会养老保险试点跟踪调查——来自河北 18 个县

（市）的农户》，《财经问题研究》2011 年第 5 期。

郭士征：《可持续发展养老保险制度的外部环境分析》，《上海财经大学学报》2006 年第 1 期。

郭文婧：《统一城乡居民养老保险彰显推进社会公平决心》，《经济研究参考》2014 年第 24 期。

郭秀亮、范作雄：《浅探构建中国农村社会保障体系》，《东南学术》1997 年第 1 期。

韩晓建：《农村社会养老保险资金筹集可持续性研究》，《河北师范大学学报》（哲学社会科学版）2010 年第 6 期。

汉斯·康克乐伍斯基：《国际社会保障发展新趋势》，《中国民政》2014 年第 12 期。

何文炯、金皓、尹海鹏：《农村社会养老保险：进与退》，《浙江大学学报》（人文社会科学版）2001 年第 3 期。

黄锦英、罗倩倩：《新型农村社会养老保险替代率精算分析》，《中州大学学报》2011 年第 5 期。

贾维萍：《对城乡居民养老保险改革的思考》，《陕西财税》2014 年第 9 期。

贾晓华、徐世江：《新型农村社会养老保险可持续性的经济学分析》，《生产力研究》2012 年第 7 期。

蒋国河：《农村改革、社会稳定与农民利益的政治表达》，《中共南昌市委党校学报》2009 年 5 期。

金玲：《新自由主义福利的拉美实践：智利养老保险改革策略的解析》，《山东青年政治学院学报》2015 年第 2 期。

景天魁：《底线公平与社会保障的柔性调节》，《社会学研究》2004 年第 6 期。

寇铁军、苑梅：《农村社会养老保险可持续发展研究》，《财经问题研究》2011 年第 1 期。

李剑阁：《新型农村社会养老保险制度的发展方向与重点》，《决策咨询通讯》2007 年第 6 期。

李伟：《关于新型农村社会养老保险试点情况的调查》，《经济纵横》

2011 年第 6 期。

李晔、龙立荣、刘亚：《组织公正感研究进展》，《心理科学进展》
　　2003 年第 1 期。

李毅、周仙：《智利养老保险基金对资本市场的推动作用》，《拉丁美
　　洲研究》2006 年第 6 期。

李迎生：《论政府在农村社会保障制度建设中的角色》，《社会科学研
　　究》2005 年第 4 期。

李玉燕：《我国新型农村养老保险中地方财政的筹资困境及求解》，
　　《福州党校学报》2011 年第 1 期。

梁永郭、王小春、于媛媛：《河北省新型农村社会养老保险可持续发
　　展研究》，《安徽农业科学》2011 年第 19 期。

刘峰：《我国新型农村社会养老保险改革推进中的困境与突围》，《湖
　　南社会科学》2011 年第 5 期。

刘军民、周志凯：《推进新型农村社会养老保险可持续发展》，《中国
　　财政》2010 年第 1 期。

刘向红：《影响新型农村社会养老保险可持续发展的若干制约因素》，
　　《农业经济》2011 年第 8 期。

刘子兰：《中国农村养老社会保险制度反思与重构》，《管理世界》
　　2003 年第 8 期。

卢海元：《农村社保制度：中国城镇化的瓶颈》，《经济学家》2002 年
　　第 3 期。

卢海元：《实物换保障：农村社会养老保险制度的创新之路》，《湖湘
　　论坛》2003 年第 1 期。

卢海元：《实行农村先行战略构建和谐社会基石——关于加快建立中
　　国特色新型养老保险制度的建议》，《中国社会保障的科学发展
　　（第三届中国社会保障论坛文集)》（下册）2008 年。

卢海元：《我国新型农村社会养老保险制度试点问题研究》，《毛泽东
　　邓小平理论研究》2010 年第 6 期。

卢海元：《中国农村社会养老保险制度建立条件分析》，《经济学家》
　　2003 年第 3 期。

陆解芬：《论政府在农村养老社会保险体系建构中的作用》，《理论探讨》2004 年第 3 期。

马雁军、孙亚忠：《农村社会基本养老保障的公共产品属性与政府责任》，《经济经纬》2007 年第 6 期。

牟放：《完善我国农村养老保险制度的政策建议》，《中央财经大学学报》2005 年第 5 期。

穆怀中、柳清瑞、沈毅：《新型农村养老保险的财务负担水平分析》，《社会保障研究》2011 年第 4 期。

穆怀忠、闫琳琳：《新型农村养老保险参保决策影响因素研究》，《人口研究》2012 年第 1 期。

钱振伟、卜一、张燕：《新型农村社会养老保险可持续发展的仿真评估：基于人口老龄化视角》，《经济学家》2012 年第 8 期。

秦建文、石伟文：《农村社会养老保险的问题与对策》，《改革与战略》2006 年第 6 期。

邱云生：《政府在新型农村社会养老保险机制构建中的角色定位》，《农村经济》2011 年第 6 期。

尚长风：《农村养老保险制度的财政学反思》，《南京大学学报》（人文社会科学版）2004 年第 5 期。

石火学：《教育政策认同的意义、障碍与对策分析——教育政策执行视域》，《重庆大学学报》（社会科学版）2012 年第 1 期。

石美遐、王丹：《推进我国新型农村养老保险试点工作的建议》，《国家行政学院学报》2010 年第 3 期。

孙志华：《新型农村养老保险模式选择》，《山东劳动保障》2009 年第 2 期。

田凯：《当前中国农村社会养老保险制度分析》，《社会科学辑刊》2000 年第 6 期。

王国军：《农村社会养老保险制度的经济可行性探讨》，《首都对外经济贸易大学学报》2002 年第 4 期。

王海娟：《从"四不出村"看城乡居民养老保险公共服务均等化》，《中国市场》2014 年第 33 期。

王红梅：《建立和完善新型农村社会养老保险制度的思考》，《长江论坛》2011 年第 5 期。

温海红、师山霞、李强：《城乡居民社会养老保险缴费水平及其影响因素》，《西安交通大学学报》（社会科学版）2014 年第 1 期。

邬家峰：《预期理论视域中的新型农村养老保险》，《求实》2011 年第 1 期。

吴从环：《权力的位移——村民自治制度 10 年实践考察》，《中国农村观察》2000 年第 1 期。

吴航、窦尔翔：《新型农村社会养老保险制度的筹资机制创新探讨》，《深圳大学学报》（人文社会科学版）2009 年第 3 期。

吴建胜、李翠萍：《智利养老保险制度改革概况》，《中国劳动》2001 年第 10 期。

吴晶晶、薛兴利：《城乡居民养老保险发展的实证分析——以山东省临朐县为例》，《新疆农垦经济》2014 年第 9 期。

吴永求、冉光和：《农村养老保险制度吸引力及公平性研究》，《经济与管理研究》2012 年第 10 期。

肖金萍：《巴西农村社会养老保险制度及其启示》，《全国高校社会主义经济理论与实践研讨会第 20 次会议论文集》（第三册）2006 年。

谢明柱、查奇芬：《基于 GM（1，1）改进模型的我国农村人口老龄化预测》，《长江论坛》2013 年第 4 期。

谢琼：《筹资模式之争与养老保险的可持续发展》，《广东社会科学》2007 年第 3 期。

薛惠元：《农村社会养老保险中的政府角色定位》，《农业经济》2007 年第 10 期。

薛惠元、仙蜜花：《新型农村社会养老保险地区差距研究——基于东中西部 8 个新农保试点县的比较分析》，《经济体制改革》2014 年第 1 期。

阳义南：《社会养老保险基金筹资机制改革的若干对策》，《农业经济问题》2005 年第 1 期。

杨翠迎、庹国柱：《建立农民社会养老金保险计划经济社会条件的实证分析》，《中国农村观察》1997 年第 5 期。

杨立雄：《对社会保障私有化存在的几个误区》，《中国人口科学》
2005 年第 4 期。

杨立雄：《建立非缴费性的老年津贴》，《中国软科学》2006 年第
2 期。

杨燕绥、赵建国、韩军平：《建立农村养老保障的战略意义》，《战略
与管理》2004 年第 2 期。

杨勇刚、姜泽许：《推动新型农村社会养老保险健康发展的建议》，
《中国财政》2010 年第 11 期。

尤蕾：《城乡居民养老保险改革下一步》，《小康》2014 年第 3 期。

尤宗越：《论居民养老保险基金管理工作创新思考》，《财经界》2014
年第 2 期。

张朝华：《农户参加"新农保"的意愿及影响因素》，《农业技术经
济》2010 年第 6 期。

张国平：《新型农村基本养老保险制度模式可持续发展机制建设》，
《经济研究参考》2006 年第 55 期。

张慧祯、陈炳枝：《关于建立新型农村养老保障制度的探索》，《科技
和产业》2010 年第 5 期。

张建伟：《中国农村社会养老保险制度转型与发展》，《中央财经大学
学报》2010 年第 5 期。

张丽宾：《我国城乡居民养老保险的调查与思考——从 6 省 12 市县区
74 位居民访谈说起》，《经济研究参考》2013 年第 72 期。

张同利、王坤：《我国农村社会保障制度的分析和设想》，《农业经济
问题》1996 年第 7 期。

张先锁、刘礼聪：《论中国社会保障可持续发展的制度困境》，《领导
科学》2011 年第 14 期。

张晓艳、喻琳：《南充城乡居民养老保险制度的建立和完善》，《论
坛》2014 年第 3 期。

张云刚：《新型农村社会养老保险制度探索》，《四川师范大学学报》
（社会科学版）2010 年第 4 期。

赵殿国：《积极推进新型农村社会养老保险制度建设》，《经济研究参考》2008 年第 32 期。

赵雨桐、黄君洁：《城市社区财政问题及其困境分析——基于黑龙江省佳木斯市 50 个社区的实证研究》，《佳木斯大学社会科学学报》2015 年第 4 期。

郑秉文：《普雷斯科特的社会保障理论》，《中国社会保障》2005 年第 2 期。

郑功成：《从城乡分割走向城乡一体化（上）：中国社会保障制度变革挑战》，《人民论坛》2014 年第 1 期。

郑功成：《智利模式——养老保险私有化改革述评》，《经济学动态》2001 年第 2 期。

郑鸿、李繁慧：《新型农村养老保险基金筹集机制创新研究——基于金寨县城市化进程的视角》，《经济研究导刊》2010 年第 2 期。

周弘、彭姝祎：《国际金融危机后世界社会保障发展趋势》，《中国人民大学学报》2015 年第 3 期。

周云涛：《中国"新农保"基金管理制度研究——试点问题分析与制度完善的构想》，《广西经济管理干部学院学报》2010 年第 10 期。

周志凯：《试论养老保险制度的可持续发展》，《理论月刊》2005 年第 6 期。

［美］哈维·莱宾斯坦：《配置效率与"x"效率》，《美国经济评论》1966 年第 2 期。

［英］卡尔多：《经济学的福利命题和个人间效用的比较》，《经济学杂志》1939 年第 9 期。

［英］希克斯：《消费者剩余的复兴》，《经济学杂志》1941 年第 2 期。

Aaron, Henry J., "The Social Insurance Paradox", *Canadian Journal of Economics*, Vol. 32, (August), 1966.

Barr, Nicholas, "Reforming Pensions: Myths, Truths, and Policy Choices", *IMF Working Paper*, WP/00/139, 2000.

Barro, R. J., "Are Government Bonds Net Wealth?" *The Journal of Po-*

litical Economy，Vol. 82，No. 6，1974.

Diamond，Peter A. ，"Individual Retirement and Saving Behavior"，*The Journal of Public Economics*，Vol. 23，No. 1/2（February/March），1984.

Duncan Foley，"*Resource Allocation and Public Sector*"，*Yale Economic essays*，Vol. 45 - 46，No. 7，1967.

Mitchell，O. S. ，Stephen Zeldes，"Social Security Privatization：A Structure for Analysis"，*AER*，Vol. 92，No. 3，2002.

Peter A. Diamond，"National Debt in a Neoclas Social Growth Modal"，*The American Economic Review*，Vol. 55，1965.

Samuelson，Paul A. ，"An Exact Consumption—Loan Model of Interest With or Without the Social Contrivance of Money"，*The Journal of Political Economy*，Vol. 66，No. 6（December），1958.

Titmuss，"Social Division of Welfare"，*Essays on the Welfare State*，London：Allen & Unwin. ，1963.

T. B. Smith，"The Policy Implementation Process"，*Policy Sciences*，Vol. 4，No. 2，pp. 203 - 205，1973.

三　报刊、报告、年鉴及网络文章

阿依努尔：《新疆"并轨"城乡居民养老保险》，新华网，http：//news. xinhuanet. com/local/2014 - 11/20/c_ 1113339899. htm。

白天亮：《居民基础养老金首次上调企业职工养老金"11"连跳》，中国共产党新闻网，http：//cpc. people. com. cn/n/2015/0116/c83083 - 26396740. html。

陈晓英：《村干部腐败已"触目惊心"位小权大缺少监督》，中国共产党新闻网，http：//cpc. people. com. cn/GB/64093/64371/8203477. html。

陈璇：《中国社保制度城乡差距大影响全民分享发展成果》，《中国青年报》2010 年 3 月 1 日。

冯勋：《我市完善城乡居民基本养老保险政策》，《安康日报》2014 年
　　10 月 27 日。

湖北省人力资源和社会保障厅：《2013 年湖北省人力资源和社会保障
　　事业发展统计公报》，湖北省人力资源和社会保障网站，http：//
　　www. hb. hrss. gov. cn/hbwzweb/html/xxgk/tjgb/64756. shtml。

湖北省人民代表大会常务委员会课题组：《关于对枣阳市城乡居民养
　　老保险政策落实情况的调研报告》，湖北省人民代表大会常务委员
　　会网站，http：//www. hppc. gov. cn/2013/1128/6510. html。

虎国锋：《合水县城乡居民养老保险信息系统建设工作现状、存在问
　　题及对策》，中共庆阳市人民政府网站，http：//www. qysw. gov. cn/
　　2013/1114/32397. html。

华迎放：《国外农村社会养老保险的经验与启示》，中国国情网，http：//
　　www. china. com. cn/guoqing/2012 – 07/11/content_ 25879304. htm。

华迎放：《居民养老保险城乡统筹：从合并到完善》，《中国劳动保障
　　报》2014 年 9 月 5 日。

黄继妍：《我省城乡居民养老保险并轨》，江西省人民政府网站，ht-
　　tp：//www. jiangxi. gov. cn/xzx/jxyw/zwxx/201411/20141125_ 10976
　　29. html。

江苏省人力资源和社会保障厅：《2013 年江苏省人力资源和社会保障
　　事业发展统计公报》，江苏省人力资源和社会保障厅网站，http：//
　　www. jshrss. gov. cn/sjybg/tjgb/201405/t20140516_ 134693. html。

姜宏建：《2015 年山东省基础养老金每人每月提高 10 元》，半岛网，
　　http：//news. bandao. cn/news_ html/201502/20150215/news_ 2015
　　0215_ 250398。

李唐宁：《山东等 15 省完成城乡居民基本养老保险并轨》，新华网，
　　http：//www. xinhuanet. com/。

李唐宁：《统一城乡居民基本养老保险社保门槛提高遭农民退保》，
　　中国西部开发网，http：//www. cnwest88. com/2014/domestic_ 04
　　21/194587. html。

李唐宁：《我国各省基础养老金差距逐步拉大最高达 10 倍》，人民网，

http：//politics. people. com. cn/n/2014/1128/c1001 – 26108618. html。

李涛：《山西城镇居民社会养老保险与新型农村社会养老保险并轨》，中国经济网，http：//sx. ce. cn/23/201406/27/t20140627 _ 16074 29. shtml。

李云平：《内蒙古提前两年半实现城乡居民养老保险并轨》，新华网，http：//news. xinhuanet. com/politics/2014 –02/24/c_ 119470338. htm。

李志明、邢梓琳：《智利私营化的养老保险基金管理》，《学习时报》2014 年 9 月 29 日。

李忠：《24 省份提高城乡居民养老金标准月人均领取约 90 元》，中国新闻网，http：//www. chinanews. com/gn/2014/10 – 24/6713500. shtml。

美媒：《中国地方政府自行其是加剧地方债务危机》，搜狐新闻网，http：//news. sohu. com/20150131/n408268630. shtml。

卫敏丽、朱薇：《我国农村人口老龄化程度高于城市达到 15.4%》，全国老龄论坛，新华网，http：//news. xinhuanet. com/society/2011 – 09/19/c_ 122056867. htm。

温家宝：《2010 年全国人大第三次会议政府工作报告》，网易财经网，2010 – 03 – 06，http：//money. 163. com/10/0306/14/613M4NDG00 253B0H_ 5. html。

温家宝：《2011 年全国人大第四次会议政府工作报告》，中国新闻网，http：//www. chinanews. com/gn/2011/03 –05/2885938. shtml。

徐博：《25 省份出台城乡居民养老保险新规》，中国共产党新闻网，http：//theory. people. com. cn/BIG5/n/2014/1030/c40531 – 259366 17. html。

徐博、罗鑫：《城镇企业退休人员养老金再涨 10%》，《新京报》2014 年 1 月 9 日。

杨杰：《10 月起新农保养老金提至 85 元》，《海口晚报》2012 年 7 月 9 日。

于靖园：《养老之变：城乡居民养老金并轨》，新浪新闻网，http：//news. sina. com. cn/c/sd/2014 – 12 –04/103831244354_ 4. shtml。

翟兴波：《河南建立统一城乡基本养老保险制度》，大众网，http：//
　　www. dzwww. com/xinwen/guoneixinwen/201402/20140213_ 9644288. htm。

赵殿国：《农村养老保险的基金管理与风险控制》，《中国劳动保障
　　报》2004 年 9 月 23 日。

中华人民共和国财政部：《全国财政年度收支决算报告》（2000—
　　2011），中华人民共和国财政部网站，http：//www. mof. gov. cn/
　　zhengwuxinxi/caizhengshuju/。

中华人民共和国国家统计局：《2005 年全国 1% 人口抽样调查主要数
　　据公报》，中华人民共和国国家统计局网站，http：//www. stats.
　　gov. cn/tjsj/tjgb/ndtjgb/。

中华人民共和国国家统计局：《2010 年第六次全国人口普查主要数据
　　公报（第 1 号）》，中华人民共和国国家统计局网站，http：//www.
　　stats. gov. cn/。

中华人民共和国国家统计局：《国民经济与社会发展统计公报》
　　（2009—2014），中华人民共和国国家统计局网站，http：//www.
　　stats. gov. cn/tjsj/tjgb/ndtjgb/。

中华人民共和国国家统计局：《中国统计年鉴》（1997—2012），中华
　　人民共和国国家统计局网站，http：//www. stats. gov. cn/tjsj/tjgb/
　　ndtjgb/。

中华人民共和国老龄工作委员会办公室：《中国人口老龄化发展趋势
　　预测研究报告》，中华人民共和国老龄工作委员会网站，http：//
　　www. cncaprc. gov. cn/。

中华人民共和国民政部：《2005 年民政部百城社区抽样调查报告》，
　　中华人民共和国民政部网站，http：//www. mca. gov. cn/article/sj/。

中华人民共和国民政部：《民政事业发展统计公报》（1992—1997），
　　中华人民共和国民政部网站，http：//cws. mca. gov. cn/article/tjbg/。

中华人民共和国人力资源和社会保障部：《2014 年人力资源社会保障
　　年度数据》，中华人民共和国人力资源和社会保障部网站，http：//
　　www. mohrss. gov. cn/SYrlzyhshbzb/zwgk/szrs/。

中华人民共和国人力资源和社会保障部：《2016 年 1 月社保快报数

据》，中华人民共和国人力资源和社会保障部网站，http：//www.
mohrss. gov. cn/。

中华人民共和国人力资源和社会保障部：《劳动和社会保障事业发展
统计公报》（1998—2007）、《人力资源和社会保障事业发展统计公
报》（2008—2013），中华人民共和国人力资源和社会保障部网站，
http：//www. molss. gov. cn/gb/ywzn. html。

中华人民共和国人力资源和社会保障部：《全国社会保险情况》
（2007，2010—2012），中华人民共和国人力资源和社会保障部网
站，http：//www. mohrss. gov. cn/SYrlzyhshbzb/zwgk/szrs/。

中华人民共和国人力资源和社会保障部：《中国劳动统计年鉴》
（1997—2008），中华人民共和国人力资源和社会保障部网站，ht-
tp：//www. mohrss. gov. cn/SYrlzyhshbzb/zwgk/szrs/。

中华人民共和国人力资源和社会保障部：《中国劳动与社会保障统计
年鉴》（2005—2006），中华人民共和国人力资源和社会保障部网
站，http：//www. mohrss. gov. cn/SYrlzyhshbzb/zwgk/szrs/。

中华人民共和国卫生健康委员会：《2011 年卫生事业发展统计公报》，
中华人民共和国卫生健康委员会网站，http：//www. nhfpc. gov. cn。

中郡县域经济研究所：《第十一届全国县域经济基本竞争力与县域科
学发展评价报告》，人民网，http：//expo. people. com. cn/GB/585
36/15467700. html。

四　政策、法规等文件

各省、直辖市、自治区城乡居民基本养老保险实施办法以及部分市
（县、区）实施办法等。

中华人民共和国：《中华人民共和国老年人权益保障法（2015 修
正）》，中华人民共和国全国人民代表大会网，http：//www. npc.
gov. cn/wxzl/gongbao/2015 – 07/03/content_ 1942893. htm。

中华人民共和国：《中华人民共和国社会保险法》，中华人民共和国中
央人民政府网站，http：//www. gov. cn/jrzg/2010 – 10/28/content_

1732870. htm。

中华人民共和国国务院：《国务院关于建立统一的城乡居民基本养老
　　保险制度的意见》（国发〔2014〕8 号）。

中华人民共和国国务院：《国务院关于开展城镇居民社会养老保险试
　　点的指导意见》（国发〔2011〕18 号）。

中华人民共和国国务院：《国务院关于开展新型农村社会养老保险试
　　点的指导意见》（国发〔2009〕32 号）。

中华人民共和国民政部：民政部关于印发《县级农村社会养老保险基
　　本方案（试行）》的通知（民政部发〔1992〕2 号）。

中华人民共和国人力资源和社会保障部财政部：人力资源和社会保障
　　部财政部关于印发《城乡养老保险制度衔接暂行办法》的通知
　　（人社部发〔2014〕17 号）。

五　学位论文

何大昌：《公平与效率均衡及路径分析》，博士学位论文，南京师大
　　学，2002 年。

黄丽：《中山市新型农村社会养老保险制度可持续发展研究》，博士
　　学位论文，西北农林科技大学，2010 年。

蓝霞：《中国城镇养老保险可持续发展及制度构建研究》，博士学位
　　论文，青岛大学，2010 年。

刘迪平：《中国新型农村社会养老保险长效供给研究》，博士学位论
　　文，苏州大学，2010 年。

赵庆国：《农村社会养老保险的可持续性问题研究》，博士学位论文，
　　沈阳农业大学，2004 年。

附　　录

城乡居民基本养老保险访谈调查个案的
基本资料和提纲

一　访谈调查个案的基本资料

（一）访谈滨州市社会保障服务大厅

1. 访谈时间：2015 年 7 月 16 日

2. 访谈对象：3 名工作人员。A 工作人员，男性，32 岁，从事社会保险服务 5 年，正式编制；B 工作人员，女性，28 岁，从事社会保险服务 2 年，临时编制；C 工作人员，女性，25 岁，从事社会保险服务 1 年，临时编制。

（二）访谈惠民县社会保障局

1. 访谈时间：2015 年 7 月 26 日

2. 访谈对象：2 名干部。D 是县社会保障局副局长，45 岁，分管社会保险业务工作，任副局长 3 年半；E 是城乡居保险科科长，35 岁，具体负责城乡居民基本养老保险业务管理，任科长 2 年零 3 个月。

（三）访谈济南市天桥区、历城区社会保障局

1. 访谈时间：2015 年 9 月 19 日

2. 访谈对象：2 名工作人员。F 是城乡居保处副主任，37 岁，具体负责城乡居民基本养老保险业务经办工作，任副主任 3 年零 2 个月；G 是社会保障服务大厅工作人员，27 岁，从事社会保障服务 2 年，正式编制。

（四）访谈滨州市惠民县姜楼镇社会保障所

1. 访谈时间：2015 年 7 月 27 日

2. 访谈对象：1 名工作人员。H 是公务员，女性，28 岁，从事社会保障经办服务工作 3 年零 5 个月。

（五）访谈姜楼镇 L 村

1. 访谈时间：2015 年 8 月 3 日

2. 访谈对象：221 名村民。村干 1 名。20—30 岁居民 21 名，31—40 岁居民 25 名，41—50 岁居民 42 名，51—60 岁居民 51 名，61 岁以上居民 81 名。其中，初中及以下文化的占被访居民的 75%，高中文化的居民占 23%，大专（专科）学历的占 2%。从事的行业主要是农业，同时农闲兼职打工，个别的在镇村还从事商业活动、生产经营等。

（六）访谈济南市山大路利农社区

1. 访谈时间：2015 年 12 月 18 日

2. 访谈对象：10 位城镇居民。30 岁及以下的 1 名，31—40 岁的 2 名，41—50 的 2 名，51—60 岁的 3 名，61 岁及以上的 2 名。10 名居民均无固定职业，人均年收入 10000 元左右，高中文化及以下的 8 名，大专学历的 2 名。

二　访谈调查提纲

（一）访谈城乡居民对城乡居民基本养老保险政策的知晓程度、知晓方式以及对养老保险政策的疑问。

（二）访谈城乡居民对城乡居民基本养老保险缴费、待遇的评价及满意状况。

（三）访谈城乡居民对城乡居民基本养老保险经办管理服务质量和效率的看法或评价。

（四）访谈基层经办干部在城乡居民基本养老保险政策实施中遇到的问题及其对现有政策及实施的看法或评价。

（五）访谈城乡居民最关心的生活问题及对未来自己养老的打算或计划。

（六）访谈城乡居民在心理上对城乡居民基本养老保险政策的认同状况及其相关制约因素。

（七）访谈基层社保干部对城乡居民基本养老保险基金投资及监管的看法。

后　　记

中国城乡居民基本养老保险制度的建立是中国基本养老保险制度发展的重大事件，具有里程碑意义。由于中国城乡居民基本养老保险制度建立及其实施时间比较短暂，既无适合国情的理论指导，也无厚实的实践经验参照，加之制度覆盖人口多，制度不完善，所以中国城乡居民基本养老保险制度研究成为当前国内养老保险制度研究的焦点和热点。中国城乡居民基本养老保险制度覆盖的群体主要是农村居民和城镇非正规就业者，这部分群体总体上就业不稳定、收入相对较低、保障少，伴随人口老龄化时代的到来，他们的养老问题日益突出，成为我国经济社会发展的难点和薄弱环节，如何满足城乡居民的养老保障需求事关家庭和谐、农村发展和社会稳定。城乡居民基本养老保险推进策略研究是农村养老问题的具体化和深入化，有助于我国更加公平、可持续、统一的城乡社会保障制度体系的建设。

本书是笔者在博士论文《中国城乡居民基本养老保险问题研究》的基础上进一步研究的成果。本书在回顾、梳理、分析中国城乡居民基本养老保险制度发展历程和现状的基础上，把中国城乡居民基本养老保险存在的问题具体分解为五个方面，即基金支付能力问题、基金监管能力问题、待遇给付公平问题、经办服务能力问题，以及政策认同提高问题。运用文献分析、比较分析、定量分析、访问调查等研究方法，分别对每方面的问题进行了分析和研究。而后又选择了在这些方面或某个方面占优势，或与中国经济社会发展实际相接近的四个典型国家进行了比较分析和研究，以求对中国城乡居民基本养老保险推进路径的启示。最后结合农村经济社会发展实际、城镇非正规就业者的特点等，借鉴国外经验，提出了中国城乡居民基本养老保险的推进策略。主要结论如下：一是城乡居民基本养老保险基金支付整体压力大且地区不平衡，必须调整参保、缴费、待遇等制度设计，建立基于财政的高效基金筹集及基金平衡制度，建立基于市场的基金收益制度。二是城乡居民基本养老保险基金监管能力不足，质量和效率低，必须提高基金统筹层次、建立独立的基金监管机制、建立基金投资风险评定与控制机制、健全监管法规、完善社会监督。三是城乡居民基本养老保险待遇给付公平问题突出，必须建立比例缴费机制、以县区及其指标为基础的政府补贴"梯度"分配机制及待遇公平调控机制等。四是城乡居民基本养老保险经办服务能力不足，必须建立基于政府和社会的高效经办管理服务体系。五是城乡居民基本养老保险政策认同提高乏力，限制了城乡居民参保及缴费档次提高，必须提高城乡居民基本养老保险养老待遇、建立城乡居民基本养老保险利益表达机制、健全城乡居民基本养老保险法律法规体系、加强政策宣传及转变基层干部养老保险工作作风等。这是对中国城乡居民基本养老保险研究的补充和发展。

本书得到了笔者的博士研究生导师山东大学宋全成教授的悉心指导和帮助。山东大学哲学与社会发展学院高鉴国教授、林聚任教授、马广海教授、程胜利教授以及中国人民大学社保系主任韩克庆教授、山东社会科学院人口学研究所崔树义研究员等对研究提出了很多宝贵意见，在此表示衷心感谢。此外还要感谢博士论文外审、本书稿出版前外审等专家，对本书提出的中肯建议，使书稿得到进一步完善。本书的顺利出版，还要感谢山东社会科学院、中国社会科学出版社的大力支持，责任编辑刘亚楠老师为本书的出版付出了辛勤劳动。本书在写作过程中，还参阅了大量专家、学者的文献资料，在此一并表示感谢！感谢所有在研究过程中给予我关心、支持和帮助的人！

本书是笔者对中国城乡居民基本养老保险问题的初步探索，限于时间以及自身能力水平，本书还存在诸多不足，真诚希望学界同人提出宝贵意见，以便在后续的研究中进一步完善。